商业银行
经济资本管理与价值创造

（第二版）

Economic Capital Management
and Value Creation in Commercial Bank

刘宏海◎著

中国金融出版社

责任编辑：张智慧　王雪珂
责任校对：李俊英
责任印制：丁淮宾

图书在版编目（CIP）数据

商业银行经济资本管理与价值创造/刘宏海著．—2 版．—北京：中国
金融出版社，2019.6
ISBN 978 - 7 - 5220 - 0074 - 9

Ⅰ．①商…　Ⅱ．①刘…　Ⅲ．①商业银行—资本管理—研究—中国
Ⅳ．①F832.33

中国版本图书馆 CIP 数据核字（2019）第 069855 号

商业银行经济资本管理与价值创造（第二版）
SHANGYE YINHANG JINGJI ZIBEN GUANLI YU JIAZHI CHUANGZAO(DI-ER BAN)

出版
发行　**中国金融出版社**

社址　北京市丰台区益泽路 2 号
市场开发部　（010）66024766，63805472，63439533（传真）
网 上 书 店　www.cfph.cn
　　　　　　（010）66024766，63372837（传真）
读者服务部　（010）66070833，62568380
邮编　100071
经销　新华书店
印刷　保利达印刷有限公司
尺寸　169 毫米 ×239 毫米
印张　21.25
字数　285 千
版次　2019 年 6 月第 1 版
印次　2019 年 6 月第 1 次印刷
定价　79.00 元
ISBN 978 - 7 - 5220 - 0074 - 9
如出现印装错误本社负责调换　联系电话（010）63263947

第一版序言

金融伴随着贸易和货币的诞生而诞生，商业银行业务伴随着交易的发展应运而生。随着贸易的快速发展，现代商业银行在 16 世纪的欧洲发源，并伴随着贸易的发展而不断发展。银行业初期承担更多的是便利结算功能，伴随沉淀的资金越来越多，银行逐渐承担了资金的期限转换和信用风险转换的职能，走向了专业风险管理的方向。

在银行发展初期，自有资金，即资本占其运营资金的绝大部分。后来随着沉淀资金增加，资本在资金来源中的占比逐步下降。由于银行业务的高杠杆、高风险特性，加之没有统一的监管规则和监管指标，造成在过去几百年经常出现银行倒闭清算的情况。金融本身强外部性的特点，使得银行倒闭对经济波动产生了推波助澜的作用。

随着经济发展，银行业竞争也日益激烈。银行作为经营风险的企业，要获得存款人的信任才能在市场上筹得更多资金。资本作为银行抵御风险和向存款人传递信心的工具，逐渐受到各家银行重视。1988 年，主要发达国家监管机构在巴塞尔召开会议讨论统一监管政策问题。经过多轮沟通最终形成了一致意见，形成了以资本充足率不低于8%为核心内容的巴塞尔协议（俗称巴塞尔Ⅰ）。统一的资本充足率标准规范了银行业资本管理，也使资本逐步成为各家银行发展的外在硬约束。为拓展业务，各家银行加大风险相关研究，从理论角度阐述风险的相关性，深入研究资产组合中非预期损失的分布及相关性对降低整体风险的作用。这些实践推动巴塞尔委员会适时吸纳业界成果，推出资本计量的内部评级法高级法（俗称巴塞尔Ⅱ）。但在新巴塞尔协议尚未全面实施的时候，席卷全球的金融危机给全球银行业提出了现实的挑战。国际监管机构积极协调，总结金融危机的根源，最终在资本质量、总体资本充足率要求以及流动性管理等方面又提出了较高要求，形成了最新的全新统一监管标准巴塞尔Ⅲ。

资本外部监管的逐步升级造成资本对银行业务发展产生持续的约束。商业银行积极开展相关研究，一方面，是对风险的本质逐步认识，从相关性等方面入手，对非预期损失的分布进行处理以期更准确计量风险，节约资本；另一方面，通过优化内部管理，建立经济资本管理体系，将资本压力逐级向行内经营机构传递，实现资本节约型业务发展。经济资本一经引入银行管理，就在发展模式引导、内部考核、激励约束机制建设等诸多方面起到了非常显著的成效。

刘宏海博士的这篇论文，抓住了银行发展中关键的资本约束问题，分析鞭辟入里，结构严谨。本文从经济资本的理论和实践出发，深刻分析了经济资本本身的运行规律，从需求和供给两个方面论述了经济资本在银行中的作用。同时，紧紧围绕银行价值创造这一核心点展开论述，体现了其对银行实质的深刻领会和把握。本文更从实际操作角度提出了一系列现实可行的操作方案，可供银行业实务工作者和相关理论研究及高年级专业学生借鉴学习。

本书成书于 2008 年初，体现了刘宏海博士对银行业发展的前瞻性，但也造成书中部分数据相对陈旧，若能再次更新将更有指导意义。

2016 年 1 月

再版序言

本书自首次出版以来已有三年时间。三年中，感谢广大读者朋友对本书的喜爱与提出的宝贵建议。三年来银行业实践发展迅速，经济资本管理的理论和实践又有了新的很大的进展，为更好的满足读者尤其是银行从业朋友的需求，根据出版社的建议，结合经济资本管理的最新动向，特对本书进行再版。

本次再版一方面对原书中大量的数据进行了更新，另一方面对部分章节内容进行了增改。章节内容修改主要包括以下几部分。一是对第四章第三节补充第三大段国内商业银行经济资本配置实践；二是在第六章之后新增第七章商业银行经济资本传导机制，原第七、第八章顺延为第八、第九章，本章着重研究了经济资本在商业银行传导的意义、对象、工具等；三是对原第七章金融危机对银行资本监管的影响——宏观审慎的内容进行了一定幅度的修改与补充，重点补充研究了巴赛尔协议Ⅲ第二阶段改革以及《国际财务报告准则第9号——金融工具》（IFRS9）的相关内容。

本次再版得到了出版社以及相关同事朋友的帮助与支持，在此一并表示感谢！同时也再次感谢广大读者给与的厚爱，并欢迎大家多提宝贵意见。

目　　录

第一章 导 论

第一节 研究背景和选题意义

一、研究背景——亟待强化的中国银行业管理

1. 规模扩张与效率低下同时存在——庞大而虚弱的中国银行业

按照中国加入世贸组织时所作的承诺，2007 年中国银行业已经实现全面对外开放，外资银行在国内建立分支机构的限制逐步被打破。这就意味着国有银行已经在完全国际化的环境中，站在同一起跑线上与强大的对手进行全方位的竞争。中国银行业究竟处于怎样的情况呢？根据 2001 年的数据统计，国内银行的总资产收益率水平为 0.2%，而美国银行业的资产收益率达到 1.22%，英国银行的资产收益率达到 0.9%（石汉祥，2004）。按照国际通则，总资产收益率以 0.1% 为一个标准段，即商业银行总资产收益率每提高 0.1% 就意味着一个本质的区别，可见中国商业银行与国际先进银行的差距之大。在低盈利能力的同时，中国银行业又累积了大量风险，突出表现为不良贷款大量累积，截至 2003 年底境内主要金融机构的平均不良贷款率达到 17.8%（陈小宪，2004），这一比率已经远远高于国际公认的警戒水平，同时也远远高于银行的资本承受能力。1999 年，四大国有商业银行 14 000 亿元的不良资产被剥离到华融、长城、信达和东方四家资产管理公司。2004 年 5 月 22 日，中国银行、建设银行第二次剥离不良资产。中国银行 1 400 亿

元，建设银行 569 亿元，分别转移给信达和东方两家资产管理公司。2004 年 6 月 21 日，中国银行、建设银行第三次剥离的不良资产共计 2 787 亿元，均为可疑类贷款（王旭东，2004）[①]。若综合考虑各家银行的不良资产和盈利数据，过去一段时期整个中国银行业处于虚盈实亏的境地（石汉祥，2004）。这一数字不仅反映了国内银行盈利能力较低的表面现象，同时也揭示了国有银行在经营管理上的深层次问题。

基于历史和体制的原因，中国的银行业选择并长期奉行资金约束型的数量增长模式。在这种模式下，资金（存款）是立行之本，成长之基，追求规模扩张，追求发展速度是银行成长的主题，对资本必须覆盖风险的认识，对资产质量及其风险减除的重要性认识，对银行短期目标和长期目标协调的认识都不充分，资本和风险一直处于软约束状态。其结果，在导致中国银行业资产规模快速膨胀的同时，也积累了巨大风险，产生了一个庞大而虚弱的银行体系（葛兆强，2005）。

2. 风险管理能力的不足与资本软约束——中国银行业面临的发展瓶颈

资本软约束是指银行的资本与业务扩张和缩减没有影响和联系，具体表现为：银行缺乏资本观念，业务发展不依赖于资本支持，资本计量模糊，银行经营发展战略忽略资本的计划、筹集和配置。监管制度的有效和商业银行理性的双重影响下，资本硬约束是可以实现的，但中国银行业普遍存在资本软约束的情况。首先，资本与银行业务发展没有直接联系。《中国金融年鉴》显示，中国银行业过去二十年的高速发展主要表现为存款规模和贷款规模的快速扩张，而资本规模除 1998 年和 2004 年的两次政府注资之外，基本没有什么变化。其次，银行资本不具有吸收和消化损失的功能。再次，资本不能限制银行业务过度扩张。最后，资本的多寡与市场对银行的信心没有多大联系。在中国，人们对

---

① 王旭东：《巴塞尔协议的演变与我国商业银行资本充足率及其监管》，东北财经大学硕士论文（未发表），2004 。

银行的信心主要来源于国家隐含的"救助承诺"。资本软约束的必然结果是助长了银行的规模冲动和速度情节，催生了银行数量扩张型的成长模式，使资产增长，规模扩张，市场份额成为银行经营目标和战略重点。

资本的软约束除了制度因素外，主要是由银行内部的风险观念缺失和风险管理薄弱造成的。资本软约束的实质是风险软约束。在资本不足、资产质量差和风险管理薄弱三者之间，风险管理薄弱是因，资本不足和资产质量差是果。风险管理能力不足和资本软约束已经成为制约银行发展的瓶颈（葛兆强，2005）。

3. 经济资本在国内银行尚未得到有效应用

目前国内主要商业银行如工行、农行、中行、建行以及部分股份制商业银行如招行已开始研究、探索和实施经济资本管理。2002 年建设银行率先推行经济资本管理，以确定经济资本增长率和经济资本回报率为逻辑起点，根据资产性质和资产损失特性确定不同的经济资本分配系数，在不同区域、行业、产品、企业间分配经济资本，引导分行的业务和产品战略调整以期达到约束和指导全行业务发展的目的。农行设计了以经济资本分配系数为核心的经济资本管理体系，并逐渐在全行推广。工商银行拟定了经济资本实施方案，拟于 2006 年进行全面实施（薛楠、华武，2006）。可见，经济资本管理的理念已经在国内银行中引起反响，但在具体的实施过程中尚存在大量问题。首先，在经济资本的计量上，国内银行还缺乏准确计量经济资本所需要的数据和科学的方法。在经济资本总量上，由于缺乏科学的计量，全行到底需要多少经济资本几乎没有一个人可以说得清楚。每一类风险、每一类产品到底需要多少经济资本也没有人可以明确回答，造成经济资本的管理成为空中楼阁，以经济资本作为风险和业务发展约束的目的也就很难达到。其次，在经济资本的分配方面，国内银行以系数法为主。但每一类资产的经济资本分配系数缺乏科学的计量依据，分配系数的高低往往采取

"拍脑袋"的办法，很难运用经济资本实现对业务条线、产品、地区和客户的绩效考核，也无法体现对不同业务真实风险所需回报的要求，产生业务之间的不公平竞争。最后，在管理方法上，国内多家银行虽然实行了经济资本管理，但是由于操作不规范，存在一些不足之处。如更多地关注表内贷款管理，管理幅度不能涵盖银行全部风险；与财务和资产风险的管理衔接性不够等。

4. 中国金融市场的开放——中国银行业将面临更加激烈的竞争

根据 2001 年 11 月 10 日在《中华人民共和国加入议定书》的附件 9 中"中华人民共和国服务贸易具体承诺减让表的二条最惠国待遇豁免清单"中，对"金融服务"开放作出了明确承诺。其中关于银行业的承诺包括：提供和转让金融信息、金融数据处理以及其他金融服务提供有关的软件；对本币业务地域限制自 2007 年起全部取消，本币业务的客户限制自 2007 年起全部取消。并且总资产达到 100 亿美元的外国金融机构可以在国内设立独资银行，总资产超过 200 亿美元的金融机构可以在国内设立分行等（何泽荣，2002）[①]。外资银行进入中国人民币市场的壁垒即将完全消除，中国银行业将面临更加严峻的竞争形势，对中国银行业的风险管理能力、价值创造能力都是一个巨大的挑战。

5. 金融改革逐步深化——商业银行面临一个更加不确定的市场

在分业经营的条件下，商业银行的主要业务被限制在存贷汇，收入来源是存贷款利差、债券投资收益及中间业务收入。但随着混业经营大门的打开，商业银行的业务领域将扩大到证券承销、股票投资、客户资产管理、资产证券化等方面。商业银行在增加新的业务收入的同时，也面临着新的风险。

与此同时，随着我国金融改革的逐步深化，商业银行面临着更加不稳定的市场，银行经营的压力将进一步加大。截至目前，人民银行已经

[①]　何泽荣：《"入世"与中国金融国际化研究》，西南财经大学出版社，2002。

放开了除人民币存款利率上限和贷款利率下限的所有利率，并且在最近又将商业银行在个人住房贷款利率上的下浮权限扩大到15%，利率市场化改革可以说已经接近完成。同时，中央银行又加大了对市场利率的调控力度，仅仅在2004年将超额存款准备金利率由1.62%下调到0.99%这一项政策就将市场利率砸到了历史低点，流动性普遍富裕的商业银行利率风险一下子就凸显出来。2005年7月21日，人民币汇率形成机制改革以来，人民币汇率呈现双向波动整体升值的趋势，波动幅度较改革前大大增加，商业银行面临自己不熟悉和很难控制的汇率风险。而且，有研究表明，在完全管制、完全市场化和市场化进程当中这三种状态，市场化进程当中银行面临的风险最大也最难管理。与此同时，中国金融市场的产品也不断推陈出新，2001年推出了远期结售汇业务，接下来配合利率和汇率改革又推出了人民币掉期业务、利率互换业务、NDF交易、代客境外理财交易等创新的交易品种。在波动性不断加大、产品不断推陈出新的市场环境下，中国银行业的风险管理能力将面临更加巨大的挑战。

二、选题意义

经济资本作为银行的风险管理和价值创造的工具，在国外已经得到广泛应用。经济资本管理的核心是体现经济资本对风险资产增长的约束和对资本回报的明确要求，这就对传统的粗放型业务经营模式提出了挑战，从而带动商业银行经营思路的转变和经营战略的调整。在经济资本的应用过程中，如何计量经济资本、如何分配经济资本以及如何确定经济资本的最低回报要求成为经济资本管理中的核心问题。国内关于经济资本配置研究的成果十分稀少。尽管国际先进银行资本管理取得了巨大进步，但相关的研究成果并不多，"看上去似乎人们对这一学科的兴趣要远比我想象的高得多，但是这一方面可以使用的文献却依然很少"（Chris Matten，2004）。因此，结合中国银行业的实际，建立经济资本管理体系，建立经济资本计量模型，建立有现实应用价值的资本配置模型，运用现代金融理论建立确定经济资本回报率水平的确定方法，打通经济资本与风险管理和价值创造能力的关系，使中国的银行业通过实行经济资本管理逐步提高风险管理能力，最终实现具有价值创造能力的银行，不仅具有理论意义，而且具有巨大的现实意义和经济价值，本文将着重在以下方面进行思考。

1. 经济资本总量的确定

经济资本的计量实质上就是银行风险的计量。而要对银行的经济资本进行科学的管理，准确科学的经济资本总量计量是基础和开始。从目前的文献来看，经济资本的计量往往通过对银行现有交易结果风险的计量而得到。其中比较大的问题包括：首先，以存量业务为基础计量经济资本是一种事后的计量，缺乏根据银行发展战略对风险和资本的主动管理。其次，在计量经济资本过程中，往往根据监管机构资本充足率计量的范围计量信用风险、交易账户的市场风险和操作风险的经济资本，而对结构性的市场风险（资产负债风险）和流动性风险对银行的影响很少提及。回顾银行经营和破产的历史情况，由于流动性风险和结构性市场风险导致倒闭的案例比比皆是。再次，在计量汇总的信用风险、市场风险和操作风险要求的经济资本过程中缺乏科学规范的方法，考虑各个风险的相关性从而确定总的经济资本需求量。最后，从以上分析可见，目前对经济资本的分析往往从经济资本的需求这一个方向考虑，缺少对经济资本供给方面的研究，无法构成必要的供求均衡分析，很难回答"银行究竟需要多少经济资本"这个经济资本管理的基本和首要问题。

可见，如何解决银行经济资本需求总量的问题是经济资本研究和应用的重要一环，而目前的研究结果中对相应问题的分析尚无法给出圆满答案。本文拟结合银行的发展战略、风险偏好等，采取供求均衡理论探讨确定银行经济资本总量的方法。这一问题的突破和进展，必将极大地推进经济资本的研究和应用。

2. 经济资本的分配

在获得了银行总体经济资本之后，最大的问题就是如何将经济资本分配到各个业务条线、产品、区域上去。经济资本的分配实际上就是资源的分配，分配方法和结果直接关系到各个业务条线和产品未来的命运，进而决定了银行未来的战略选择。如果一个业务单元分配的经济资本与本身承担的风险相比过多，这个业务单元将无法完成与资本（风险）相匹配的收益，该业务单元将面临萎缩甚至完全停止运营，使银行失去了一个利润创造单位。相反，若一个业务单元分配的经济资本少于自身承担的风险水平，则可能造成该业务单元超常规发展，最终造成银行风险的积聚和收益的下降。

可见经济资本分配对银行的业务发展起到至关重要的作用，经济资本分配方法将大大改进银行运作的效率，进而提高银行的风险管理能力和价值创造能力。目前的许多分配方法都是基于历史业务的风险计量，更多的是存量业务的汇总，而不是银行战略的一个指挥棒。本文将尝试探讨从银行业务发展战略和银行长远目标出发提出经济资本分配的方法。

3. 经济资本回报率

银行是管理风险的企业，经济资本是用来吸收银行非预期损失的资本。根据风险收益对称的理论，经济资本应该获得高于无风险收益的风险溢价，即经济资本回报率。在经济资本回报水平的问题上，存在几种不同的争议。首先，就是经济资本回报率的高低问题。一家银行在确定什么样的经济资本回报水平问题上，股东与银行管理层之间可能不一致，高级管理层与具体经营层之间可能不一致，银行的前台部门和后台部门之间可能不一致，甚至同为前台部门的不同业务条线之间也存在差异。其次，经济资本的回报水平究竟是应该全行统一还是按照不同业务部门设置不同的回报水平也往往成为争议的对象。回报要求定得过高，前台部门无法完成，将大大影响前台的积极性，最终使业务处于停止状态；回报水平定得过低，又会无法满足股东的要求，业务计划很难在董事会获得通过。

可见，科学的经济资本回报水平有利于提高银行经营的效率和效益，最终达到提高银行家之创造能力的目的。

4. 主动经济资本管理

资本管理与风险管理是银行价值创造的重要源泉（详见文献综述部分）。但现有的文献中更多的是注重经济资本在静态和单期的计量和管理，相对属于静态和被动的管理。经济资本作为约束风险和业务发展的工具，要想达到价值创造最大化的目的，简单进行单期动态被动管理是远远不够的。

可见，主动的经济资本管理是银行价值创造的重要手段。本文尝试从资本并购决策、股票管理以及风险持仓管理的角度，对经济资本的动态和主动管理进行分析。若能解决经济资本动态管理的问题，无疑对银行价值创造以及风险管理能力提高均会有较大帮助。

第二节　基本假设及基本概念界定

一、基本假设

经济学研究一般都需要作出一些隐含或明确的前提假设，方能进行进一步的逻辑推理。本文研究的主题是商业银行经济资本管理问题，经济资本与风险密不可分，经济资本数量的确定往往是风险计量的结果，而经济资本的分配往往又是对风险的约束和控制过程。本文的基本假定如下：

1. 理性经济人假设

一切经济学分析都应该以基本的理性经济人作为起点。理性经济人是指人都是理性的利己主义者。自利意味着时刻关心自身的福利；理性意味着在约束条件下，自身的利益最大化。任何宏观分析、产业分析或集体行为等都应有其微观基础。

2. 信息不对称和委托—代理成本的存在

信息不对称指的是交易中某些参与人拥有信息，而另一些参与人不拥有信息的情况。经济学上委托—代理关系泛指任何一种涉及非对称信息的交易，交易中有信息优势的一方称为代理人，另一方称为委托人。在委托代理的静态模型中存在"显性激励机制"，即若委托人不能观测代理人的行动，为了诱使代理人选择委托人所希望的行动，委托人必须根据可观测的行动结果来奖惩代理人（张维迎，1996）[①]。由于银行在处理风险过程中，拥有大量的信息，相对于股东和存款人均存在信息优势，因此在银行经营管理过程中存在大量信息不对称的交易。

3. 交易成本的存在

科斯 1937 年在其《企业的性质》中，把交易成本定义为运用市场机制的费用，其中包括在市场上搜寻有关的价格信息、为了达成交易进行谈判和签约，以及监督和约执行等活动所花费的费用。由于广泛存在的信息不对称等原因，大量交易成本必然存在。

二、基本概念界定

1. 风险和银行风险

在讨论商业银行面临的风险之前，需要明确"风险"这一概念。目前理论界对"风险"的界定，主要有以下一些观点：（1）风险是结果的不确定性；（2）风险是损失发生的可能性，或可能发生的损失；（3）风险是结果对期望的偏离；（4）风险是导致损失的变化；（5）风

---

① 张维迎：《博弈论与信息经济学》，上海三联书店，1996。书中还指出在多期动态博弈的委托—代理关系中存在市场声誉模型和棘轮效应模型。前者是指在动态博弈中，激励问题至少部分地可以通过"隐性激励机制"得到缓解；后者证明，如果委托人使用从代理人过去的业绩中获得信息，代理人的工作积极性会相对降低。

险是受伤害或损失的危险。可见，对于"风险"这一概念理论界尚未达成一致的认识，并无一个统一的定义。上述对风险的解释分别从不同的角度揭示了风险的某些内在特性。

在研究商业银行的风险时，我们关注的主要是风险可能给商业银行产生的不利影响，即给商业银行造成损失的潜在危险。因此，本文在综合上述各种观点的基础上，将商业银行经营中面临的风险定义为：商业银行风险是指商业银行在经营活动过程中，由于事前无法预料的不确定性因素的影响，使商业银行的实际收益与预期收益产生偏差，从而有蒙受经济损失、减少甚至丧失获取额外收益机会的可能性或不确定性。

2. 资本、银行资本和经济资本

《资本论》认为资本是"能带来剩余价值的价值"；索洛理论认为资本是一种生产要素，它同劳动力一起构成社会经济发展的基础。根据现代财务学理论，资本无非是报表中资产与负债之间的抵补项，即资本 = 资产 − 负债。

作为银行这一特定的金融企业，银行资本的定义与一般资本定义区别很大。Chris Matten（2004）将银行的资本定义为"资本是一家金融机构已经持有的或是必须持有的金额，目的在于防范头寸价值减少或者商业损失等风险，从而保护存款者和一般债权人不受损失"。巴塞尔协议（1988）对资本定义的依据是银行资本的构成部分应取决于资本吸收银行损失的能力而不是银行资本的不同形式。可见，银行资本定义的共同特征是吸收损失的缓冲器。

经济资本提出以后，在实际应用和研究过程中，各家银行和研究机构给出的定义可能各不相同。典型的定义包括：第一，弥补非预期损失观。经济资本是指一定风险容忍度下（置信水平），用于弥补给定时间内资产价值与其他头寸价值的非预期损失的计量资本；它不是账面实际具有的资本，没有具体的会计科目与之对应，是按照一定的方法、通过模型计算、与风险价值相匹配、反映银行真实承担风险水平的虚拟资本（Nicolas Baud & Antoine Frachot，2000）。[①] 银行损失分为预期损失（Expected Loss）、非预期损失（Unexpected Loss）和极端损失（Catastrophic Loss）三种。预期损失是在给定的时间内预期的平均损失，代表业务运行的成本，通常用经营收入消化。以贷款损失为例，预期损失应包含在贷款定价中，以提取贷款准备金方式弥补。非预期损失是在给定的时间内在选定的置信水平下超过预期损失部分的损失，是损失估价中内生的不确定的一种估量。当然正是这种非预期损失发生的可能性才需要持有相应的保护性资本。第二，风险测度说。经济资本是一种风险测度，可表述为在选定的置信水平下补偿非预期损失的资本。第三，持续经营观。一个企业业务单元的经济资本是指在预先设定的概率或置信区间内，在特定的时间下，确保相关业务的实际或市场价值的资产负债表具有相应偿付能力的资本或净资产（Buce Porteous & Pradip Tapadar，2006）。经济资本是为确保在当年银行具有极小违约概率而必须在年初持有的净值。净值是指资产减去负债后的净价值，极小违约可能是指与银行目标评级相联系的违约概率（Chris Marrison，2002）。第四，虚拟资本观。经济资本是一种虚拟资本，是一个经计算得出的数值，是一个量的概念，之所以称其为经济资本，是因为它在度量风险时的经济真实性超过账面资本与监管资本；而之所以称其为经济资本，是因为它代表了支撑银行风险所需要配置的资本。第五，限额观。经济资本指 Var 限额（Schackstr，2004）。

可见，市场上目前对经济资本的定义并不统一，各家银行在实际进行经济资本管理过程中所持有的经济资本定义也大相径庭，造成大家计量经济资本的出发点和方法也各不相同。

本文将经济资本定义为：能够确保银行在非预期损失冲击下正常运营的银行财务资源总和，其数量以银行在特定的置信水平下特定的

---

① 转引自：Economic Capital System，http：//www.pwcglobal.com/extweb/manissue.nsf/DocID/65EA1486848A441185256C78006304F0。

期限内承受的非预期损失总量为下限。

3. 监管资本、账面资本与经济资本

在实质内涵上，经济资本是从风险角度计算的银行资本的保有额，是经济意义上的资本；账面资本是资产负债表上所有者权益即净资产（总资产减总负债），是会计意义上的资本；监管资本是符合监管部门资本条件的银行拥有的资本（包括核心资本和附属资本），是法律意义上的资本。

在数量上，理想的资本管理状态是监管资本等于经济资本，即实际持有的资本数量刚好能够吸收业务带来的风险。但在特定阶段，具体某家银行的经济资本和监管资本可以存在差别，这就意味着为了确保实有资本与实际承担的风险水平保持一致，该银行应该对资本采取筹资、减资等措施。从银行稳健经营、审慎监管的角度，经济资本应小于监管资本，从未来发展趋势上看，经济资本与监管资本应趋于收敛和一致。

第三节　本文的分析框架、研究方法、创新、不足及努力方向

一、分析框架

商业银行作为一部风险机器，每天从事着风险归集、风险处理和风险承担的工作，并在与风险打交道的过程中创造价值。而为了确保银行不至于因既定概率下发生的损失冲击而倒闭，并向银行的债权人传递银行经营的信息，银行需要必要的资本。有效的资本管理是优化银行股本价值的必要前提，但银行在此之前却在资本管理上缺乏效率（Chris Matten，2004）[1]。20世纪70年代经济资本的引入，尤其是20世纪90

---

① Matten 在他的《银行资本管理》中引用了一个形象的比喻形容银行资本管理效率的低下：将资本投入银行就像把一桶啤酒给了一个醉汉。你知道这意味着什么，但你却无法知道他烂醉如泥之后会撞向哪堵墙。

年代以来多家银行的实际应用，使资本管理由外在的监管强制要求变为内在的自觉行动，对银行资本管理效率的提高起到了一定的作用。[1] 但人们在如何确定一家银行经济资本总量、如何整合各类风险的经济资本需求甚至经济资本的最终定义方面还有很大的分歧，各家银行莫衷一是。[2] 一个无法准确计量和分配的工具在一个组织中应用比没有工具更加危险，并且各家银行之间也很难进行比较，从而实现向市场的信息传递。

　　本文本着逻辑的顺序逐步探讨了商业银行经济资本管理的相关范畴。谈到经济资本管理，首先要解决的问题是"什么是经济资本"。一个清晰明确的定义是展开一项研究的基础。目前市场上多数学者和实务工作者都把"抵御银行的非预期损失"作为银行经济资本的定义。该定义混淆了经济资本需求和经济资本本身的关系，而且容易将银行的实际工作误导为经济资本需求计量模型的开发，从而忽略经济资本供给的存在以及基于供求的经济资本平衡和动态管理。本文尝试着将经济资本定义为：能够确保银行在非预期损失冲击下正常运营的银行财务资源总和，其数量以银行在特定的置信水平下特定的期限内承受的非预期损失总量为下限。该定义从供给（银行的财务资源）和需求（非预期损失）两个角度对经济资本进行了定义，避免了仅从需求方面对经济资本定义可能产生的误导。

　　按照现代西方经济学的基本理论，供求决定均衡产出和价格。本文遵循这一原理，首先探讨了经济资本需求的概念，并对经济资本需求的主要影响因素进行了深入分析。接着，本文着重分析了商业银行经济资本供给的概念。在笔者查阅的文献中多数将经济资本定义为一种虚拟的资本要求，而且全部从资本需求（风险计量）的角度出发论述银行经济资本的总量，但对于银行经济资本的供给却绝少谈及。由于经济资本仅有需求的一边，在实际和理论研究中就无法找到真正的均衡点，银行经济资本总量就很难确定，使经济资本管理成为了空中楼阁。本文将

---

① 具体见文献综述部分。
② 见巴塞尔委员会调查，2003。

经济资本供给明确定义为能够确保银行在非预期损失冲击下正常运营的银行财务资源总和。上述定义解决了经济资本"是什么"的问题，使经济资本从空中落到了地上，成为可以操作和分配具体指标。

　　计量得出的商业银行经济资本总量只有采取科学的方法分配到银行各个部门，才能对日常业务产生必要的约束，才能对银行的发展和价值创造产生必要的作用。而如何进行资本分配同样存在技术上和理论上的问题，本文围绕 RAROC 模型经济资本配置问题讨论，并将经济资本分配与限额管理体系紧密结合，确保经济资本的分配得到有效实施。分配到各个业务单元、产品和客户的经济资本将对相应单位产生宏观和微观的影响，这也正是银行战略的实施和价值创造的基本过程。

　　由于经济资本对于银行管理和银行价值最大化的实现至关重要，同时由于经济资本本身又是一个从内部出发的管理工具，要长期动态最大化银行的价值就需要银行对经济资本采取积极的管理。实际上，市场上不断发起的银行并购浪潮、银行股票的发行和赎回以及不断创新的资产证券化方法都是银行实施主动经济资本管理的手段，其最终目的是最大化银行的价值。根据上述分析的结果，本文的技术路线如下：

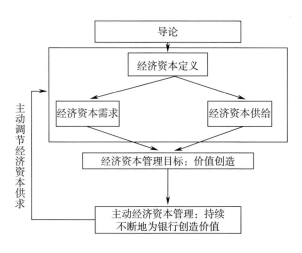

图 1.1　论文结构

二、研究方法

1. 规范的经济学研究方法

规范科学是探讨"应该是什么"的标准系统知识体系。本文沿着经济学内在的逻辑和规律，采取演绎和归纳相结合的方法，推导出文中的部分重要结论。

2. 实证的经济学研究方法

实证的经济学研究方法是探讨"是什么"的科学体系。"实证科学的最终目的是要发展一种'理论'或'假说'，它能够对尚未观察到的现象作出合理的、有意义的（而不是不言而喻的）预测。总的来说，这种理论是由两种元素构成的复杂的混合体。一方面，它是一种旨在促进'系统的、有组织的推理方法'的语言。另一方面，它是一种旨在抽象出负载现实的本质特征的实质性假说体系。"（弗里德曼，1953）[①] 本文将适当采取实证的研究方法，对文中的观点进行分析佐证。

3. 历史的分析方法

银行作为一个经济组织以及经济资本作为一个范畴，都是经济和金融发展到一定阶段的历史产物，不同时期的银行、资本管理都有不同的特点。马克思说："极为相似的事情，在不同的历史环境中出现就引起了完全不同的结果。如果把这些发展过程中的每一个都分别加以研究，然后再把它们加以比较，我们就会很容易地找到理解这种现象的钥匙。"[②]对商业银行经济资本管理的研究，也要按照历史的分析方法，把组织、方法、工具的产生和发展放在具体的历史背景下分析，并结合规范的经济学研究对其未来发展进行科学的预测。

---

① 《弗里德曼文萃》上册，首都经济贸易大学出版社，2001。
② 《马克思恩格斯全集》第19卷，131页。

三、本文的创新、不足及努力方向

本文不敢奢谈创新，不过本文的新颖之处在于文章的结构、文章的部分观点和结论。

第一，尝试着重新界定了经济资本的概念。目前市场上多数学者和实务工作者都把"抵御银行的非预期损失"作为银行经济资本的定义。该定义混淆了经济资本需求和经济资本本身的关系，而且容易将银行的实际工作误导为经济资本需求计量模型的开发，从而忽略经济资本供给的存在以及基于供求的经济资本平衡和动态管理。本文尝试着将经济资本定义为：能够确保银行在非预期损失冲击下正常运营的银行财务资源总和，其数量以银行在特定的置信水平下特定的期限内承受的非预期损失总量为下限。该定义从供给（银行的财务资源）和需求两个（非预期损失）角度对经济资本进行了定义，避免了仅从需求方面对经济资本定义可能产生的误导。

第二，提出了经济资本供给的概念。在笔者查阅的文献中多数将经济资本定义为一种虚拟的资本要求，而且全部从资本需求（风险计量）的角度出发论述银行经济资本的总量，但对于银行经济资本的供给却绝少谈及。由于经济资本仅有需求的一边，在实际和理论研究中就无法找到真正的均衡点，银行经济资本总量就很难确定。这不禁给人留下了一个经济资本如同空中楼阁般虚无缥缈的感觉。本文通过对可用经济资本的定义，引入了经济资本供给的概念，根据经济资本供给的概念明确了经济资本配置的对象为可用经济资本。

第三，本文充分论述了经济资本管理与银行价值创造的关系，提出经济资本管理可以为银行创造价值的观点。虽然经济资本管理有利于银行价值创造作为一个命题为多数人所接受，但对二者之间的理论联系缺乏讨论，经济资本管理为银行创造价值的路径也缺乏系统分析。本文从理论角度阐述了经济资本与银行价值创造的关系，并对经济资本管理为银行创造价值的路径进行了简要分析。

第四，本文建立了通过主动经济资本管理为银行持续创造价值的理论框架。在既有的文献中，往往局限于讨论经济资本作为一个管理手段在商业银行的运用和实现，但对经济资本的主动管理绝少提及。本文在对经济资本重新定义、对资本供求进行深入分析的基础上，界定了商业银行主动经济资本管理的概念，对概念的内涵和外延进行了必要的论述，并对主动经济资本管理的重要手段进行了展开论述。最后针对主动经济资本管理过程中的经济资本需求管理和经济资本供给管理进行了深入讨论，从理论上和实务上构建了一整套主动经济资本管理框架。

由于本文的写作目的是致力于通过理论分析构建商业银行主动经济资本管理的理论框架，加上文章的篇幅限制，文中略去了技术化过强的经济资本计量模型介绍，也没有对文中提到的经济资本计量模型给出推导过程。文中也略去了对经济资本计量模型最新进展的介绍，也没有在市场上热门的经济资本分散化效应方面花费太多笔墨，这完全是为了能够突出主动经济资本管理分析框架建立这一全文主题。

第四节　文献综述

一、风险管理：现代商业银行经营中的重点

商业银行作为金融企业，其传统的职能包括信用中介、支付中介、信用创造、金融服务。经济生活中存在高度的不确定性，不确定性也带来了风险。在以货币为媒介的经济中，社会公众面临收入不确定性风险、货币储存的不确定性风险和消费需求的不确定性风险（罗开位和连建辉，2004）。由于金融交易双方信息的不对称性，借款人比贷款人更加了解自己的情况，存在潜在的逆向选择和道德风险，造成借款人和贷款人之间直接交易的交易成本高昂。社会公众对风险管理和降低交

易成本的需求催生了专门进行风险转移和风险管理的金融中介组织（Benton & Smith，1976；Santomero，1984；Merton，1989；Allen & Santomero，1998；Scholtens & Wensveen，2001），商业银行也在这一大背景下产生。没有风险，人类就是生活在简单经济中，节约交易成本的优势论就不成立，克服信息不对称论、委托监督理论也将不成立，银行等金融中介也就没有存在的必要。

风险对于现代商业银行不仅是一种成本，更是一种最为基本的经济资源。风险被恰当管理的情况下可以给银行产生利润，因而对银行有利（Erik Banks，2005）[①]。现代商业银行作为重要的金融中介，日常经营的重点就是通过风险搜索、风险识别、风险利用、风险操作和风险试验完成风险配置的职责（罗开位和连建辉，2004）。国内学者更加明确地指出"银行就是一部'风险机器'，它承担风险，转化风险，并且还将风险植入其金融产品和服务中再加工风险"。（陈小宪，2004）。商业银行的风险管理过程包括，银行首先把社会公众所面临的各种风险集中到自己身上，然后通过种种手段把集中起来的风险再进行有效处理，并将处理后的风险在市场上进行售卖。

二、风险管理和资本管理：银行价值创造的关键

经典的现代金融学理论基于信息充分完善、交易成本为零以及市场有效性假设得出风险管理对银行没有价值（甚至有害）、银行资本结构与价值无关等经典结论。但由于市场信息的不充分和不对称以及交易成本的存在造成市场无效率（Stulz，1984；Smith & Stulz 1985），从而风险管理、资本管理对银行价值创造至关重要（Gerhard Schroeck，2002）。

---

① Erik Banks：《金融风险管理的简要规则》，清华大学出版社，2005。同时作者提出了风险是受资本驾驭的有限资源的观点。

1. 银行风险与风险管理

商业银行作为一个经济组织，其经营过程中与风险须臾不可分。首先，现代经济运行本身的一个内在特点就是周期性波动，决定了生存在经济大环境中的银行经营中存在大量的不确定性。其次，由于信息不对称的因素存在，银行不得不面临由于逆向选择和道德风险给银行造成的风险（石汉祥，2004）。最后，商业银行和其他工商企业一样，其基本管理目标是实现银行价值的最大化。无套利理论告诉我们，想要获得最大化的价值，必须在风险和收益之间寻求平衡。不承担风险，永远无法实现银行价值的最大化。因此，风险是内生于银行自身体系，与银行的日常运作是须臾不可分离的。

由于风险内生于银行自身的运作，风险管理就伴随银行的整个业务过程。银行风险管理是指银行对风险的识别、计量、监督和控制的全过程。① 银行风险管理大致可以分为以下七个步骤（Gerhard Schroeck，2002）：定义、识别和区分银行风险的暴露和风险来源（风险因子）；分析和量化风险暴露；向承担风险的业务单元和不同的风险类型分配资本，并依据分配的资本分配盈利预算；从资产组合和风险收益比较的角度决策一项新业务是否可以开展；通过减持风险确保银行承担的风险在风险预算范围内；风险控制使银行达到自身设定的目标；通过绩效评价将风险管理与整个银行的目标结合在一起。银行风险管理的目标包括：降低营业收益的波动性，降低现金流的波动性，降低银行市场价值的波动性，稳定资本回报水平，增加收益，最小化融资成本等。

2. 银行资本管理理论发展

资本结构理论正式起源于20世纪50年代。1952年美国经济学家戴维·杜兰德提出了资本结构理论的三种类型：净收益理论、净经营收益理论和传统理论。杜兰德提出的三种资本结构理论都是建立在经验判

---

① 中国银监会：《商业银行市场风险管理指引》，2005。

断的基础上，它们都没有经过科学的数学推导和统计分析。[1] 1958 年莫迪利安尼和米勒发表了他们的不朽著作，创建了现代资本结构理论（M－M 定理）[2]：在一个无摩擦、充分信息和完全竞争的市场中，企业的价值同资本结构无关，即在没有破产成本和税收的理想资本市场条件下，企业的资本结构同企业的价值和全部资本的成本无关。即使债务成本低于股本成本，债务融资占比提高，企业全部的融资成本也不会减少。其原因在于，随着债务的增加，企业的股本风险会相应增加，最终会提高股东融资成本，结果会抵销债务成本的盈余部分，使企业的价值和全部企业资本成本相对于资本结构保持不变。

但现实中由于存在税收、破产成本、产品市场结构不完全性、交易成本和不完全信息等问题，M—M 定理更多地体现理论意义而非现实意义。由于利息计入成本，但股息和红利在税后支付，故较多的债务融资可减少税收支付，并将其转移给投资者。单从税收角度来看，企业所有者倾向于高比率的负债融资，以增加其市场价值。与此同时，高财务杠杆融资可能增加企业的风险，破产概率增大，企业债权人要求高利率以补偿破产成本，破产成本随之增加，银行市场价值也会随之下降。考虑到破产因素，企业倾向于降低财务杠杆比率，以减少破产成本对市场价值的影响。

上述几项因素都会影响资本结构，结果便产生最优资本结构水平确定的问题，即存在一个最优市场价值的资本结构比率，在此比率下，增加负债的税收效应和破产成本上升及不对称信息等因素的影响能相互抵消。资本结构的市场价值曲线 MRC 如图 1.2 所示。V 代表市场价值，R 代表财务杠杆比率，在 R0 的左侧，随着债务比率的提高，企业价值不断增加。在 R0 的右侧，随着债务比率的增加，企业价值开始下降。R0 点达到最优资本结构比率，企业获得最大的市场价值 V0。具体

---

[1]　见"企业负债及权益资金的成本：趋势和计量论问题"。
[2]　见美国经济评论：资本成本、公司财务和投资理论。

如下：

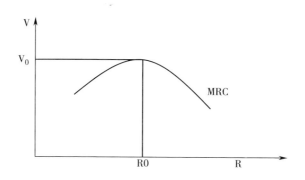

图 1.2　最优资本结构比率

3. 银行风险管理、资本管理与价值创造

商业银行和其他工商企业一样，其基本管理目标是实现银行价值的最大化。但是，由于商业银行业务的特殊性，它必须满足银行的基本流动性、安全性要求。因此，商业银行的各种具体业务管理都是在保证银行流动性、安全性的前提下，以实现银行市场价值最大化为主要目的。

由于金融市场无效性的存在（Stulz，1984；Smith & Stulz，1985）[①]全行性风险管理可以为银行创造价值。Gerhard Schroeck（2002）进一步指出，银行风险管理通过以下途径为银行创造价值：首先，减少股权的代理成本，从而使银行可以在不提高银行违约风险的前提下提高其杠杆融资比率；其次，通过将风险管理作为股权融资的替代品而降低融资成本；再次，降低交易成本，尤其是发生危机的成本；最后，降低税收负担。所有这些作用都将增加银行的净现金流量，从而增加银行的整体价值。

可见，银行通过风险管理降低风险成本而为银行创造价值。资本预

---

① 他们的研究包括金融灾难的成本、通过财务决策调整资本预算决策问题、股东与管理层之间的委托代理问题、税收问题等。

算则重视项目成本对风险成本的影响。因此，使风险管理与资本预算和资本结构密不可分。因为风险管理和资本结构决策均对整体风险成本有所影响，资本预算就不能像新古典理论假设那样仅与全部现金流的构成有关。风险管理、资本预算与资本结构之间相互依赖的关系见图 1.3（Gerhard Schroeck，2002）。

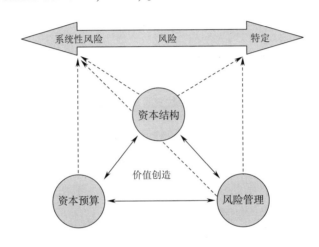

图 1.3   在风险管理可以创造价值情况下资本结构、资本预算与风险管理的关系

三、银行资本约束理论的发展：经济资本的提出

1. 银行资本的作用：风险缓冲器和信息传递器

经典的公司财务理论认为，资本具有两大作用：第一，所有权的让渡。通过将股票卖给第三方，公司将资产、现金流和利润等的所有权转让给股票持有人。第二，为企业提供资金。在一个非金融机构中，所有权的转让与为企业提供资金密切相关，因为这些公司将资本看作筹集资金的一条途径，提供资金的股东们要求通过具体项目获得收益。然而，银行不同于其他企业的最大特点是银行本身是一部"风险机器"，它承担风险，转化风险，并将风险植入其金融产品和服务中再加工风险（陈小宪，2004）。如前所述，风险内生于银行自身体系，与银行的日常运作须臾不可分离，与其他行业相比，银行具有吸收和转移风险的职

能。因此，"资本在银行中的作用不仅是充当缓冲器以应付未来不确定的甚至不太可能发生的损失，而且还要为银行留出足够的空间以便恢复元气或者有序地善后"（Chris Matten，2004）。国内学者（陈小宪，2004）也认为，由于银行日常经营过程中充满风险，公众又缺乏有效渠道具体了解银行风险管理的情况，因此银行需要持有一定的资本以维持公众对银行的信心。

总体来看，由于风险与银行的日常业务密不可分，银行作为一部风险处理和承担的机器，需要必要的资本来吸收风险和向公众传递信息，以确保银行能够在既定的目标下稳定持续经营。

2. 银行资本约束理论的演变——经济资本的提出

由于资本是吸收银行风险的缓冲器和向存款者传递信息的信息传递工具，理论上讲银行的经营应该以资本为约束，即有多少资本就可以承担多少风险，也就可以开办多少业务。但资本对银行业务的约束作用从理论到实践都经历了几次大的飞跃过程。

第一阶段，早期银行资本对业务完全无约束。在银行业的初期，如公元 6 世纪的古希腊，货币兑换商可以不需要资本，只需要在古希腊广场或市场安放一张桌子就可以营业。中世纪时期，教会、个人和修道院都可以不受资本约束而经营借贷业务，他们经营主要取决于声誉而不是资本的多寡。"银行家与商人的关系，主要建立在各自的声誉基础上"（让·瓦里安，1997）。17 世纪以后，银行业进入了由政府控制的公共银行和发行银行时代，此时银行经营与发展的基础源于政府所赋予的"特许权"和货币发行权，对银行资本没有严格限制。19 世纪到 20 世纪初期，在崇尚自由经济的制度环境下，政府对除货币发行权以外的银行业务管制非常宽松。1826 年，英国国会允许自由建立股份制银行机构。美国从 1837 年起，某些州实施自由开设银行政策，即未经事先许可，就可以简单的合伙形式自由开设银行（让·瓦里安，1997）。由此可见，20 世纪初期以前，银行经营基本上不受资本约束，政府对银行的管制比较宽松。

第二阶段，银行资本约束的提出。20 世纪 30 年代到 70 年代，银行资本约束经历了从无到有，从约束负债到约束资产的渐进过程。20 世纪 30 年代美国率先把银行的资本与存款联系起来，要求银行资本应等于存款负债的 10%。"大萧条"之后，美、英等国开始注重银行的偿债能力，监管当局将资本与资产联系起来，并规定资本占资产总额比率不得小于 7%。后来，资本与总存款、总资产的比率要求均被废除了，原因是它们不能有效地监测真实的资本充足率。20 世纪 50 年代，人们大量研究调整风险资产的方法，1952 年美国联邦银行提出了一种在对风险资产进行六级分类基础上的更综合的资本充足率方法，规定银行最低资本量为六类风险加权资产的和乘以 8%。遗憾的是，这一制度没有得到真正的接受和执行（美国联邦存款保险公司，2004）[1]。由于受通货膨胀、布雷顿森林体系崩溃导致的浮动汇率以及异常波动的利率影响，20 世纪 70 年代以后的国际银行业风险程度加深，日益加剧的银行倒闭危机严重侵蚀着银行资本。基于这一背景，法国（1979 年）、英国（1980 年）、美国（1981 年）、德国（1985 年）等国的监管当局先后实施了以风险为基础的资本标准（美国联邦存款保险公司，2004）。

第三阶段，统一资本标准的提出。1988 年，巴塞尔委员会出台了《巴塞尔协议》，提出了最低资本充足率要求，并就资本构成和加权风险计算方法进行详细规定。《巴塞尔协议》出台之后，先后有 100 多个国家以不同形式运用到银行监管实践当中，使国际银行业资本充足率水平具有了统一可比较的标准。《巴塞尔协议》的序言中明确阐述了这一规定的两个目标：第一，要加强国际银行系统的稳健性；第二，要减少目前各国银行间存在的不平等竞争因素。[2] 2004 年 6 月，巴塞尔委员

---

[1]　美国联邦存款保险公司：《巴塞尔和资本监管的展望：回顾与展望》，载《巴塞尔新资本协议研究文献及评述》，罗平编著，中国金融出版社，2004。

[2]　《资本计量和资本标准的国际一致化》。

会又出台了《巴塞尔新资本协议》，对原协议进行大量修订，建立了最低资本要求、监管当局的监督检查和市场纪律为基础的三大支柱，从不同角度强化了银行资本约束。迄今为止，《巴塞尔新资本协议》是国际银行业关于资本约束的权威文件和原则标准，对世界各国商业银行构成资本的硬约束。

第四阶段，全新理念的产生——经济资本约束。20 世纪 90 年代以后，西方银行业逐渐地、越来越多地从自身业务角度而非从被监管者角度来看待资本内部管理的问题。对银行而言，资本不仅是吸收风险的缓冲装置，也是银行配置资源从而获取利润的工具。经济资本作为银行管理的重要工具被广大欧美银行所接受，并以经济资本为基础推动了银行管理理念和管理能力的提升。

至此，人们对资本的认识升华到了一个新的高度。如何合理、有效和低成本地使用和配置资本，最大限度地降低风险和提高资本收益，成为西方发达国家金融行业尤其是银行业探索的主流课题之一，金融理论也由此衍生出一个独特分支——银行资本管理，其主要内容由两大部分组成：即资本的外部管理和内部管理。外部管理是指监管者对资本充足率的规定、监督和调节；内部管理则是银行自身基于安全和盈利的需要而对资本实行的管理，风险的计量、经营业绩的衡量和资本成本的核算则构成资本内部管理的三大基石（唐煌，2005）。

3. 银行最优资本水平的确定

应该说很难有一个神奇的公式可以计算银行最优的资本要求水平（陈小宪，2004）。不同的银行、不同的经济环境和不同的发展阶段银行的资本水平可以完全不同。《巴塞尔协议》8% 的资本充足率要求也不是通过严格科学的计量得出的结果，更多的是一个政治谈判的结果（Chris Matten，2004）。从银行发展的历史情况也可以看出，不同时期、不同国家的银行的资本充足水平也相差甚远。美国银行业的资本比率（资本/资产）在 19 世纪 40 年代超过 50%，而在 20 世纪 70 年代下降到不足 6%，到了 20 世纪 90 年代又达到 8% 以上（Gerhard Schroeck，2002）。而在《巴塞尔协议》公布的第二年，即 1989 年当年，不同国家银行的资本比率水平也大相径庭，最低的瑞典（商业银行）只有1.53%，而最高的葡萄牙（银行）达到了 10.32%（俞乔，1998）。而在实施了《巴塞尔协议》之后的 1993 年，日本、美国、德国、英国、法国等国家银行的一级资本比率均较 1989 年有显著提高。[①]

虽然银行最优资本需求水平很难利用统一公式计算出来，但在确定资本水平时管理层需要考虑以下因素：第一，资本水平与信用评级机构认定的信用等级相一致，即使银行保持现有的信用等级或者达到银行的目标信用等级；第二，充分评估银行所承担的风险水平以确定最优资本持有水平；第三，按照业务计划在正常期限预测的最低监管资本要求（Chris Matten，2004）。

四、经济资本：连接银行诸多领域的桥梁

经济资本不仅仅是一个概念，一个数量，经济资本概念揭示了银行管理风险、平衡风险收益的本质。经济资本是当代银行业顺应国际监管要求，超越资本监管要求而产生的全新管理理念，经济资本的意义在于它能够引导银行实现风险防范和价值创造，在于它的广泛应用，既有宏观层面的经营战略决策管理、资产配置和组合管理、绩效管理，也有微观层面的贷款定价、业绩考核等。商业银行通过引进经济资本，并在风险计量、战略制定、业务计划、资源配置、绩效考核、贷款定价等各个方面广泛加以运用，使之成为管理者实现战略意图、满足投资者资本回报要求的工具，经济资本成为连接银行诸多领域的一个桥梁和纽带，具体结构见图 1.4。[②]

---

① BIS 报告，《资本需求与银行行为：巴塞尔协议的影响》，巴塞尔，1999 年 4 月。

② 转引自 Economic Capital and the Assessment of Capital Adequacy，http：//www.fdic.gov/regulations/supervisory/insights/siwin04/economic_capital.html。

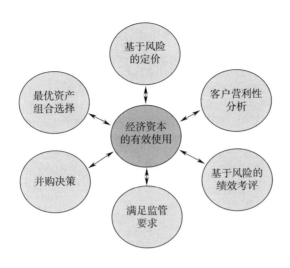

图 1.4　商业银行经济资本与行内经营指标关系

1. 经济资本是风险调整绩效评价（RAPM）的核心和基础

1978 年美国信孚银行创造的风险调整后的资本回报率（RAROC）模型，20 世纪 90 年代后期，被欧洲和美国的一些大型商业银行广泛应用。RAROC 模型基于经济资本分配，通过资本利润率指标对各部门、分行和各项业务的评价，既考察了其盈利能力，又充分考虑了该盈利能力背后承担的风险，其核心是一个风险收益均衡模型。RAROC 模型可以表述为

$$RAROC = \frac{经风险调整的回报}{经济资本} = \frac{收入 - 各项分配成本 - 预期损失}{经济资本}$$

(1.1)

RAROC 作为衡量各利润中心和个人绩效的重要指标，将经济资本引入考核机制，推进了资本有偿使用，从过去单纯利润考核，转向把风险和利润结合起来进行考核，以此抑制风险资产的扩张，合理配置资源。风险调整的绩效评价主要是将风险带来的未来可预计的损失，量化为银行当期的成本，并据此对银行当期盈利进行调性。它贯穿于银行的各类风险、各个层面和各种业务，尤其在银行业务策略选择和管理中发

挥着重要作用。

2. 经济资本是为银行实施战略管理奠定基础

在业务经营管理过程中，不同的产品或客户会给银行带来不同的非预期损失，换句话说，不同的产品或客户在给银行带来经济利益的同时，也不同程度地消耗银行的经济资本。通过经济资本的配置和管理引入资本约束机制，实现经营模式和增长方式的转变。对于商业银行而言，资本决定了商业银行经营规模的扩张能力、风险抵御能力和市场生存能力。传统的以经营利润为核心的经营目标体系往往容易引发分支机构盲目的规模扩张，结果使银行掉进了利润最大化陷阱，虽然实现当期名义利润的快速增长，却积累了大量未被覆盖的风险，为银行未来经营埋下隐患。通过经济资本分配和风险调整后的 RAROC 评价体系，银行将有限的经济资本在各类风险、各个层面和各种业务之间进行分配，计算各类组合资产的 RAROC，衡量各类组合资产的风险收益，对银行的总体风险和各类风险进行总量控制。通过比较，明确银行总体和各业务线的目标，明确制定哪些业务扩张、哪些业务收缩的战略性计划。

3. 风险调整定价

随着利率和汇率市场改革的不断推进，银行的风险定价日益成为银行的核心竞争力。过去银行通过成本加成对贷款进行定价过程中，往往忽略了资本作为一个最高成本的资金来源所需要的回报水平。在完善的经济资本分配体系中，每一笔贷款所消耗的经济资本都得以明确计算，银行就可以依据所分配的经济资本对非预期损失风险进行定价，实现风险收益对称。所有的信用工具皆可按照客户的风险大小进行风险调整定价，高风险客户占用更高的经济资本，需支付更高的资本成本。

4. 满足监管需要

监管当局要求保持充足的资本以满足非预期损失之需。采用高级内部评级法的银行所拥有的经济资本非常接近监管资本。在不断演进的资本监管体制中，监管资本和经济资本将趋于一致。

五、商业银行经济资本的计量与分配

1. 商业银行风险计量方法的新进展

由于经济资本是商业银行用来弥补非预期损失的一种资本，其计量分配与银行风险的计量方法密切相关。最近 20 年，伴随着信息技术革命和统计方法的创新，商业银行风险计量技术也得到了突飞猛进的发展。其中 VaR 在风险计量和管理上的应用具有标志性的意义，它提供了一个简单的风险概念，使银行不同类型的风险可以进行加总并容易向高级管理层进行解释和汇报。

（1）信用风险计量方法的进展

根据《巴塞尔协议》的要求，在计算资本要求时商业银行信用风险计量的方法可以分为标准法和内部模型法两种。标准法下，银行根据巴塞尔委员会针对不同资产预先设定的系数计量信用风险的资本要求数量。在内部模型法下，信用风险计量模型通过贷款的违约概率（PD）、违约损失率（LGC）以及违约敞口额（EAD）来计量银行的信用风险水平。

伴随着现代金融理论和统计模型的发展，信用风险计量模型得到极大发展。[①] Edward Altman（1968）发表了 Z – Score 模型，开创了采用多元判别分析（MDA）模型计量信用风险的方法。Altman，Haldeman 和 Narayanan（1977）对原始的 Z 计分模型进行扩展，建立了第二代模型。Altman（1995）修改了 Z 计分模型，以适用于非上市公司的计量。Altman，Hartzell 和 Peck（1995）已将这种扩展 Z 计分模型应用于新兴市场公司。自 20 世纪 90 年代以来，国际上的机构进行了大量的研究，创建起了许多以数理模型为基础的信用风险计量方法。其中有 KMV 的

---

① 金正茂：《现代商业银行信用风险管理技术研究》，复旦大学博士论文（未公开发表），2005。

Credit Monitor 模型，RMG 的 Credit Metrics 模型，Moody's 的 Risk Calc 模型，Kamakura 的 CRM – cr 模型，KMV 的 Portfolio Manager 模型，CSFP 的 CreditRisk + 模型，Wilson 的 Credit Portfolio View 模型，S&P 的 Credit Model 模型，信孚银行的 RAROC 模型，KPMG 公司的贷款分析体系以及死亡率模型等。

目前也有大量文献在尝试将 VaR 应用于信用风险计量之中（Michel Crouhy，2004）。

（2）市场风险计量方法的进展

市场风险计量经历了资产负债管理时期的敏感性分析法、市场价值法和当前收益法等初级方法到以 VaR 为核心的高级方法两个阶段。

美国自 20 世纪 70 年代以来，商业银行为应对金融自由化，特别是实施利率市场化后，伴随而来的风险，导入了资产负债管理方法。资产负债管理一般是指一系列的方法，其目的在于识别、测量和控制资产负债表内外头寸的风险，并进行综合管理。最终的目标是使经过风险调整后的股东价值最大化。从传统上讲，资产负债管理分为两类，战略性资产负债管理和操作性资产负债管理。战略性资产负债管理技术包括银行账簿和交易账簿的所有资产、负债项目，人们通常说的资产负债管理即是指战略性资产负债管理。操作性资产负债管理（又称组合风险管理）是指一套工具，用于识别、度量和评估金融风险，最终目标是实时支持短期交易谈判决策。最常用的资产负债管理方法（几乎完全用于利率风险管理）有当前收益法（the current earnings approach），市场价值法（the market value approach），敏感性分析法（the sensitivity analysis approach）。

VaR（Value at Risk）模型是近年来国外兴起的一种金融风险管理工具。目前已被全球各主要的银行、公司及金融监管机构接受为最重要的金融风险管理方法之一。VaR 是指在正常的市场波动条件下，资产组合在给定置信度和一定持有期内可能的最大损失（P. Jorion，2001）。

用数学公式描述如下:

$$prob(-\Delta P > VaR) = \alpha \text{ 或 } prob(-\Delta P \le VaR) = 1 - \alpha \quad (1.2)$$

其中,ΔP 为资产组合在持有期 Δt 内的损失,α 为预先给定的置信度,VaR 为在置信度 α 下处于风险中的价值。

从定义可以看出计算一个证券组合的 VaR 值需要三个方面的信息:第一,置信度 α 的选取。置信度的大小取决于银行风险偏好,对于偏于激进的银行(风险偏好型银行)将为 VaR 设置比较小的置信度,反之设置比较大的置信度。第二,持有期 Δt 的选取。持有期限的选择一般与资产的特性和风险的类型有关系。一般来讲,计量交易性资产市场风险 VaR 的持有期相对较短,一般为几天到几个星期;而计量贷款类资产的信用风险的持有期较长,一般达到一年甚至三年。第三,估计资产组合价值变化的概率分布。在实践中,直接估算资产或组合价值的概率分布几乎是不可能的,往往是通过市场因子的概率分布来进行间接映射,基本的步骤是:首先,将组合中不同头寸表示为市场因子的函数(映射);其次,预测市场因子的波动性。有了对应函数后,就需要对市场因子的变化进行预测,预测市场因子波动性的模型主要有历史模拟法、蒙特·卡罗(Monte Carlo)模拟法、Risk Metrics 方法、情景分析法、GARCH 模型、隐含波动性模型、随机波动性模型等。

尽管 VaR 方法日益受到金融机构的青睐,但它也存在着缺陷,主要表现在以下几个方面:第一,VaR 只能用于可交易的资产或负债。根据定义,它只能度量可交易资产和负债的市场风险,对于不可交易资产,如存款和贷款来说由于缺少必要的参数而无法应用 VaR 方法;第二,从技术角度讲,VaR 值表明的是一定置信内的最大损失,但并不能绝对排除高于 VaR 值的损失发生的可能性。例如,假设一天的 99% 置信度下的 VaR = 1 000 万美元,仍会有 1% 的可能性使损失超过1 000 万美元。这种情况一旦发生,给经营单位带来的后果就是灾难性的。所以在金融风险管理中,VaR 方法并不能涵盖一切,仍需综合使用各种其他的定性、定量分析方法。亚洲金融危机还提醒风险管理者：风险价值法并不能预测到投资组合的确切损失程度，也无法捕捉到市场风险与信用风险间的相互关系。针对 VaR 方法的以上不足，商业银行逐步采取事后检验（Back Testing）和压力测试（Stress Testing）来弥补和修正。

（3）操作风险计量方法的进展

《巴塞尔新资本协议》针对操作风险提出了资本要求。巴塞尔委员会提供了三种类型的操作风险度量模型，供商业银行选择使用，分别是基本指标法、标准化方法和高级衡量法，其中高级衡量法又包括内部度量法、损失分布法、极值理论模型、积分卡法以及其他一些新的高级衡量法。各商业银行可根据自身不同的业务类型和规模大小，以及操作风险度量所需数据的可获得性，选取复杂程度不同的方法来度量操作风险。基本指标法和标准化方法将资本要求与既往的银行收入挂钩，而高级方法要求银行根据历史的损失分布来计量资本要求。整体来讲商业银行操作风险计量方法处于刚刚起步的阶段。

2. 商业银行经济资本的计量方法

经济资本计量是经济资本管理的基础，既然经济资本是与银行实际承担风险水平的度量，经济资本管理首先要解决度量问题。

（1）理论上的度量方法

即非预期损失计量法。理论上，银行经济资本的量是银行承担的非预期损失，是由表内外资产和开展各项业务潜在的全部风险量（非预期损失）决定的。信用风险、市场风险和操作风险的 VaR 可在各种分散的风险头寸和组合上计算，并在最高的全局组合层次转化为经济资本。即将计算的市场风险、信用风险和操作风险的 VaR 进行整合得到。下面以信用风险为例介绍经济资本的度量。

如图 1.5 所示的信用风险损失分布曲线中，在选定的置信水平下，最大的可能损失 VaR 是 C，虽然出现损失 A 的概率最大，但由于曲线明显左偏，故 B 点而非 A 点为损失分布中的预期的平均损失。为了稳健经营，就把这笔平均损失作为成本进行核算（即已预期到且进行拨备冲销）。而超过 B 点后出现的损失属未预期到的损失，BC 之间各点都是非预期损失，因此非预期损失不是一个固定的正常值，而是一个波动值，波动性越大意味着曲线偏离均值附近范围越宽，最大值止于 C 点（超过 C 点属异常损失）。为遵从资本与风险匹配原则，银行需用经济资本对 BC 之间各点损失加以覆盖，经济资本 = 最大可能的损失值 – 预期损失。

置信水平由银行管理层设定，可表述为在一定的时间段内银行管理层所选择的运行破产风险值。管理层设定的置信水平通常和管理层对银行的战略目标定位密切相关，如果银行的目标定位于 AA 级或 Aa 级资信等级，则其置信水平就可直接参考标普或穆迪等评级机构所设定的同级别的置信水平。战略定位的目标越高，意味着可选择的置信水平越高，破产的可能性就越低。例如目标为 AA 级或 Aa 级的银行对应 99.97% 的置信水平，意味着在未来的 12 个月中管理层接受 3/10 000 的破产概率。目前西方大多数已使用经济资本模型的银行选定的置信水平在 99.96% ~ 99.98%，相当于资信评级为 AA 级或 Aa 级水平的破产风险。

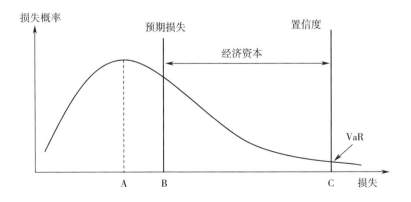

图 1.5 VaR 值的计量

（2）经济资本的简易估算方法

第一种，资产变动法。所谓资产变动法，是指通过分析银行资产所对应的客户经营状况的变化，来确定资产所面临的风险。比如，发放一笔贷款以后，客户在约定的还款期内，其经营状况会发生变化，可能会比借款时更好，也可能变坏。企业经营状况的变化，会直接影响到企业的信用评级。这样，通过分析企业信用的变化，就可以得到可能的预期违约率，而预期违约率是计算经济资本的核心指标。对于国外的商业银行来说，其客户一般都按照要求及时提供企业的财务报表（如果是上市企业，所披露的经营状况数据就更全面），只要把相应的业务、财务数据输入专门的分析软件，就可以方便地计算出一笔贷款或投资所占用的经济资本。

第二种，收入变动法。和资产变动法的基本原理一样，收入变动法是从银行资产所带来的收入角度进行分析的。这种方法也要运用一些概率分析的方法，对收入的可能变动进行概率分析，得到收入变动的所谓标准差，并通过一定的计算公式（这些公式大都通过对经验数据的回归分析得到的）计算出收入的风险值。最后，用收入风险值和无风险利率（通常情况下等同于一年期国债利率）相比，得出资产所占用的经济资本，即经济资本＝风险值/无风险利率。

第三种，系数法。与上述两种方法有所不同，系数法顾名思义就是通过给不同的资产确定不同的系数来计算经济资本。但实际上，确定系数的过程也是分析资产风险的过程，其本质是一致的。通常，国外的商业银行针对不同的客户采取不同的分析方法。比如，对于大客户，由于银行对其发放的贷款会占较高的比例，因此，需要随时追踪企业的信用变化情况，并不断地调整分配经济资本的系数，从而指导信贷资源的投入。这种分析方法被称为交易级分析法。当然，这种分析需要投入较大的成本，如果对所有的客户都使用这种方法就很不经济。因此，对很多小客户，银行通常采用投资组合分析法，即对不同客户所涉及的相同产品汇总起来进行分析，实际上就是针对产品进行分析，根据一类产品的总体风险情况来确定相应的分配系数。利用系数法分配经济资本时，除了对和客户有关的产品进行分析确定相应的系数外，对银行因经营需要而购置的固定资产、无形资产以及在业务操作中发生的风险（操作风险）等也要确定相应的分配系数，因为这些风险也会对经济资本提出要求。

（3）经济资本计量的新进展

2000 年以来，国外的理论界在经济资本计量方法上产生了很多学术成果，这里摘其要而列之。许多银行采取压力测试方法对 VaR 方法进行补充。每家银行都自行设置 VaR 和压力测试结果的权重以估算市场风险所需经济资本总量。① 许多银行面临非交易头寸所造成的利率风险，也被称为资产负债风险。一些银行采取利率特定变动幅度引起银行现值变动的压力情景计算经济资本，另一些银行采取与 VaR 方法相近的方法计量利率风险的经济资本。Carol Alexander 和 Jacque（2003）提出了通过风险因子模型对信用风险和操作风险进行整合进而计量银行经济资本的模型，通过套利定价理论提出了全新的经济资本计量和分配理论。对许多业务单元常用的信用风险和市场风险因子的分析，通过风险因子模型汇总了考虑相关性因素的不同业务单元的风险以计量经济资本。通过对利率、股权价格、波动率以及信用风险溢价水平等风险因素的分析，发现与正态分布假设相比 normal mixture 分布下的经济资本需求要高出 30%。由于尾部负相关效应的存在，采取不相关假设造成的经济资本估算将高估经济资本需求 20% 左右。通过将风险因子模型计量的结果与三家样本银行的实际经济资本相比，通过风险因子模型计量的经济资本需求总量大概是通过简单加总法计量经济资本总量的 30% 左右。Dirk Tasche 和 Ursula Theiler（2004）分析证明巴塞尔协

---

① BASEL, The Joint Forum: Trends in Risk Integration and Aggregation, 2003.

议的资本要求存在忽视集中效应的问题。并且提出机构资本计量过程中通过自下而上的过程进行并考虑相关性和集中效应需要大量的时间。

3. 经济资本的分配

经济资本配置是经济资本管理的核心，经济资本配置既要反映过去各种业务发展的实际情况及发展趋势，又要体现银行的风险偏好策略和风险演变趋势。这需要银行管理者对未来业务、风险准确把握，是银行管理者意志和管理水平的综合体现，目的是通过经济资本在不同维度的配置，激励高收益低风险业务，限制低收益高风险业务，优化资产结构，实现资本对资产增长的约束、保证资本回报的要求。能达到帕累托最优的经济资本分配要求每一单位资本的边际阐述都相等（赵胜来、余仁巍、农卫东，2005）。如何优化经济资本配置将成为未来我们研究的一个重点。科学分配经济资本的三个前提是：一是各种风险的分布；二是估计各种风险敞口的额度以及这些敞口的相关性；三是确定银行对风险的容忍程度。

（1）经济资本分配的方法：单独经济资本、边际经济资本、分散化经济资本。

单独经济资本（Stand–alone economic capital）。单独经济资本是指事业单位独立时，它们所要求的资本数量，它由每个事业单位的收益所单独确定，不包括任何分散化效应。由于分散化效应不在经理人控制之中，分散化效应不应该归功于事业单位经理人，单独经济资本最常用于评估事业单位经理人的绩效考核和报酬计划。但是，这种主张不足的是，事业单位是集团事业的一部分，且银行不应该鼓励其经理人忽视相互关系。正如下文所述，在一家多元化公司中可能存在一种事业在单独基础上不获利却能增加股东价值的"悖论"情形。

边际经济资本（Marginal economic capital）。边际经济资本是指事业单位给整个公司资本所增加的资本数量（或者反过来，出售事业单位所缓释的资本数量）。通过计算包括和排除该事业单位的总银行资本，两种总银行资本数值之差就是边际经济资本。Merton 和 Perold（1993）及其他学者普遍认为，边际资本最适合用于并购决策评估。边际资本将不适用于绩效评估，因为它总是少配置了总银行资本。即使边际资本数量按比例增加，有关收益性所发出的信号也是可能令人误解的。

分散化经济资本（Diversified economic capital）。从业者一般倾向于采用分散化经济资本，因而分散化经济资本通常也被称为配置资本，它可以使用事业单位的单独资本乘以事业单位和整个银行之间的相关系数计算出。这说明了分散化经济资本由整个银行资产的标准差以及事业单位的资产与总资产之间的相关性所决定。具有低相关性的单位，显然获得较大的单独资本减少。

分散化测度有时也称为"组合贝塔"测度，因为风险分配是基于每个事业单位与整个组织的协方差，类似于从单只股票与资本市场的协方差中计算出股票贝塔。这样分配事业单位资本具有直觉上的吸引力且也相当普遍。但是，获得所要求的相关性是一个重大挑战。可以在机构和管理层的判断中，基于历史绩效数据估计；概念上，可以通过建模其他银行股票价格的数据，获得针对广泛类别活动的估计，如零售贷款与商业贷款。

分散化经济资本目的是度量应该被配置到特定事业线中的公司总资本数量。也就是说，分散化经济资本的目的是在组成公司的事业单位和业务中分配分散化利益。因为分散化利益以减少的经济资本形式被配置到不同事业单位和业务中，针对所有公司事业单位和业务的分散化经济资本之和将等于公司的总经济资本。但是，分散化经济资本方法的反对者指出，既然"经济资本不是跨事业单位完全可加的，跨所有事业单位完全配置泛公司经济资本的规则可能是次优的"（Perold，2001）。

（2）经济资本分配的流程：自上而下还是自下而上。

相对于经济资本管理主体，经济资本的配置可分为自上而下和自下而上两种类型，对经济资本进行多维度分配（产品、部门、区域）。

自上而下配置模式是基于确定的经济资本总量，综合考虑各管理维度经济资本和风险调整收益率变化，结合银行未来业务发展策略，按照一定的原则（目标资本回报要求和业务准入标准），将有限的经济资本按照管理维度进行层层分割（产品、部门、区域），最终形成全行的经济资本配置方案。这种配置方法的优点是银行的战略意图和管理思想贯彻有效，整个银行业务发展和承担的风险可控；前提是需要对未来业务发展、政策变化以及市场环境有准确的判断，需要银行丰富的数据信息支持，而且对管理者的管理水平要求也比较高。

从下而上配置模式类似于在银行内部建立的经济资本交易市场。在这个市场上，商品是经济资本，价格是风险调整收益（RAROC），商品经济资本总量供给确定，具体各管理维度经济资本配置的量由管理维度主体根据对过去、未来业务发展以及风险判断申报，申报的有效性和具体的量由经济资本管理部门根据申报报价（RAROC）高低以及银行的业务发展战略决定。原则上报价高的业务可获得较多的经济资本，反之亦然。这种配置方法的优点是管理维度主体距离市场近，经营目标易于实现；缺点是经济资本价格在配置方案确定前，管理层无法预测未来收益和资本回报要求，确定配置方案的周期长，管理层控制力相对减弱，一般来说配置方案都比较保守，而且该方法对管理维度主体的专业素质和市场判断能力都有较高的要求。

实践中没有一个银行采用单一的自上而下或自下而上的配置方式，而是将两者的有机结合。即在主导采取自上而下配置模式、确定各管理维度经济资本（产品、部门、区域）具体量的基础上，结合最底层市场资金需求、风险管理水平、经济前景预测等因素，按照内部评级法的要求，逐级汇总风险状况，测算非预期损失（自下而上）。

（3）经济资本分配的工具。RAROC & EVA（Neal · M. Stoughton，1999；Edward Zaik，1996；Andre F. Perodle，2005）采用 RAROC 指标

对经济资本进行分配，有效克服了传统上以资产规模或利润指标分配资本的缺陷。这是因为 RAROC 指标充分反映资本、风险和效益的综合平衡，得到的收益是科学、准确的，真实反映被考核对象的实际收益，它不但体现当期收益，而且体现了未来风险。要实现整个银行资本收益最大化，就必须把业务倾斜到能创造最大资本收益的领域，即 RAROC 最大的领域。哪里 RAROC 大，就扩大业务；哪里 RAROC 小，就收缩业务。只有这样才能保证整个银行的 RAROC 最大。

（4）经济资本分配方法的新进展。Fischer（2003）提供了运用连续可微方法对分散正常分布进行风险资本分配的方法。Goovearts 和 Kaas 和 Dhaene（2002）提出了一套通过风险计量分配经济资本的方法。Franscesco Saita（2004）指出银行内部对所需资本的错误计量和各个业务单元对银行资本需求的贡献将对银行的生存产生巨大威胁。银行对所汇总的风险的披露将对银行产生重要影响，一方面这对银行业务战略决策将产生巨大影响；另一方面将对市场的信心产生较大影响，并且提出了资本与受益之间的关系。Mario Strassberger（2006）提出了动态经济资本分配的方法。他的研究，采取动态风险预算战略之后投资组合的收益—损失分布变得更加不对称，分布的偏斜度和峰度均有所提高，使分布从左尾分布大大向中间移动。运用动态风险预算可以大大降低损失的肥尾效应，进而减少资本需求和监管部门对银行的监管资本要求，从而降低银行的成本。

第二章　从监管资本到经济资本：
银行资本管理理念的飞跃

资本是一个古老的话题，可能从有了人类那天人们就开始讨论资本问题。但银行的资本管理问题却经历了几个发展阶段，国际银行业资本充足性统一监管指标的制定距现在只有三十年的历史。经济资本管理作为银行资本管理的最新进展，从提出到现在只有十几年的时间，但经济资本理念的提出和不断发展却给银行带来了一场革命性的变革。本章将从理论和实务的角度介绍商业银行资本管理的必要性和发展历程，并对经济资本管理的现状做一个简要的介绍。

第一节　银行资本管理的理论分析

一、资本结构与银行绩效关系理论

1. 资本结构与银行绩效之间的无关论（M—M 定理）

莫迪利安尼和米勒（M—M）证明[1]，在理想的、无摩擦市场、充分信息和完全竞争的市场中，公司发行的所有证券的市场价格由公司的盈利能力和实际资产的风险决定，与这些为融资而发行的证券的组合方式无关，即企业的价值同资本结构无关。M—M 定理的结论基于以下假设：

（1）没有收入所得税；

---

① 莫迪利安尼和米勒：《资本成本、公司融资和投资理论》，载《美国经济评论》，1958（6），261 – 297。

（2）发行债券或权益证券没有交易成本；

（3）投资者获得借款的条件与公司一样；

（4）公司各股东之间可以无成本地解决彼此间的利益冲突；

（5）各企业的经营风险相同；

（6）不同投资者对企业未来收益及风险的预期相同；

（7）企业的所得税后利润作为股利支付给股东，企业的增长率
为零；

（8）企业永续经营，并且预期各期的现金流量构成等额年金。

在这样的无摩擦环境下，公司的总市场价格与它的资本结构无关。
即在没有破产成本和税收的理想资本市场条件下，企业的资本结构同
企业的价值和全部资本的成本无关。即使债务成本低于股本成本，债务
融资占比提高，企业全部的融资成本也不会减少。其原因在于，随着债
务的增加，企业的股本风险会相应增加，最终会提高股本融资成本，结
果会抵销债务成本的盈余部分，使企业的价值和全部企业资本成本相
对于资本结构保持不变。

2. 资本结构与企业绩效相关性研究的新进展

最近 30 年，西方学术界对股权结构与企业绩效之间关系的研究，
取得了深入的进展，积累了相当数量的文献。Jensen 和 MecKling
（1976）认为，提高对企业有控制权的内部股东的股权比例，能有效地
产生管理，降低代理成本，提高企业绩效。Morck，Shleifer 和 Vishny
（1988）利用 1980 年的横截面数据研究发现，当董事会所有权在 0% ~
5% 区间内上升时，托宾的 Q 随之上升；在 5% ~ 25% 区间内，托宾的
Q 随董事会所有权的上升而下降；在大于 25% 时，托宾的 Q 又随董事
会所有权的上升而上升。McConnell 和 Servaes（1990）利用 1976 年和
1986 年的数据证明了 Morck，Shleifer 和 Vishny 的观点，发现公司价值
是其股权结构的函数，其经验结果表明托宾 Q 值与企业内部人持有股
份之间存在曲线关系。只是在具体关系上，研究结果又有所不同。他们

认为，当内部股东的持股比例逐步增加时，托宾 Q 值随其不断上升，并在持股比例达到40%～50%时实现最大，然后开始下降。Shleifer 和 Vishny（1997），La Porta，Lopez－de－Silanes，Shleifer 和 Vishny（1998；2000）的研究进一步表明，股权结构与企业绩效之间存在着非常密切的联系。

3. 资本结构的代理理论

假定企业的资本由股票和债券构成，债券处于剩余追索权的高位（即可以优先获偿），而股票处于剩余追索权的低位。股权资本的存在从制度上是对债券投资人利益的一种保护和缓冲，企业发生的损失首先由股权投资者承担。也正是由于处于更低的偿付顺序，股票持有者比债券持有者更有动力对企业的经营状况进行监督。确保企业有充裕的股权资本；一方面是给予债券投资者必要的信心，以降低债权人对企业的投资回报要求；另一方面也能够降低投资者的监督成本，即债券投资人只需监督股权投资人，而无须监督企业家，从整个社会的角度看降低了监督成本。因此，合理的资本结构有利于降低企业的成本。若企业不具备足够的股权资本，债券投资人将丧失对企业的信心从而企业将面临债权人"逃逸"①。一旦企业面临债权人"逃逸"将遭受严重损失，包括中断生产、"跳楼价"出售资产、丧失信誉等。为维持债券投资者的信心，企业必须拥有必要资本充足水平。资本充足的企业有两个喜人的特点：首先，在相关各方与企业合作的阶段企业不可能违约，企业可以安全地进行交易，包括获得低成本融资；其次，企业的融资结构通过节约监督成本传递出企业合理、安全发展的信息。

4. 资本结构的信息不对称理论

假设经理人（或内部人）拥有外界各方不知道的关于企业收益和投资机会的信息。信息不对称会通过两种截然不同的方式影响资本结构：

① 凯文·多德：《竞争与金融——金融与货币经济学新解》，中国人民大学出版社，2004。

首先，只要企业运用资本结构将内部人掌握的信息向外部人传递，不对称信息就能影响资本结构；其次，只要企业运用资本结构来减轻企业投资决策中因信息不对称引起的无效率性，不对称信息也能影响资本结构。

资本结构的信号模型，资本结构能够用于把内部人信息传递给市场，这个领域的开创性文献是利兰和派尔（Leland 和 Pyle，1977）。拥有企业的私有信息的企业家——经理，能够通过自身持有股票的规模将内部信息可靠地传递给外部投资者。如果企业家掌握的是好信息，他们会持有企业更多的股票，而掌握负面信息的企业家则不愿意持有股票。这样，外部投资者就可以把内部股票的持有规模视为内部人私有信息的信号。如内部信息是正面的，企业会提高杠杆比率来增加内部股票的比率，拥有上乘投资项目的经理可以通过发行更多的债券传递这一信号。因此，传递企业资产质量信号的需要会使好的企业具有比差的企业更高比率的内部股和杠杆比率。

资本结构和有效投资。麦尔斯和玛依鲁夫（Myers 和 Majluf，1984）以及麦尔斯（Myers，1984）研究表明，企业管理层和外部投资者之间的信息不对称导致企业股票价格被市场低估。如果企业需要通过发行股票为新的项目融资，价格低估会成为一个严重的问题，因为外部投资者会因此获得比新项目净现值多的利润，而把损失留给现有股票持有人，这样一开始项目就不会实施。企业产生了投资不足。这意味着从企业资本结构受投资动机驱动这个角度而言，企业偏好资金来源有一个优先顺序（Myers，1984）。企业会先寻求内部融资，如果不够，才寻求外部融资，在资金的外部来源中，企业会先发行低风险债券，然后发行高风险债券，最后才诉诸发行股票。投资不足理论的基本结论也是由于信息不对称，企业倾向于高的融资杠杆比率。

总之，从解决信息不对称和委托代理难题角度出发，银行拥有不低于一定水平的自有资本是必要的，同时银行持有的资本需要与负债之间保持一个最优的比率，以实现银行价值最大化的目标。

5. 最优资本结构的确定

M—M 定理建立在诸多严格的假设基础上，更多地体现理论上公司资本结构的关系。但现实中由于存在税收、破产成本、产品市场结构不完全性、交易成本和不完全信息等问题，资本结构实际上对企业的市场价值是有实质性影响的。

税收因素对资本结构的影响：利息计入成本，但股息和红利在税后支付，故较多的债务融资可减少税收支付，并将其转移给投资者，故单从税收角度看，企业所有者倾向于高比率的负债融资，以增加其市场价值。

破产因素对资本结构的影响：高财务杠杆融资可能增加企业的风险，破产概率增大，企业债权人要求高利率以补偿破产成本，破产成本随之增加，银行市场价值也会随之下降。故考虑到破产因素，企业倾向于降低财务杠杆比率，以减少破产成本对市场价值的影响。

上述几项因素都会影响资本结构，结果便产生最优资本结构水平确定的问题，即存在一个最优市场价值的资本结构比率，在此比率下，增加负债的税收效应和破产成本上升及不对称信息等因素的影响能相互抵消。资本结构的市场价值曲线 MRC 如图 2.1 所示。V 代表市场价值，R 代表财务杠杆比率，在 R_0 的左侧，随着债务比率的提高，企业价值不断增加。在 R_0 的右侧，随着债务比率的增加，企业价值开始下降。R_0 点达到最优资本结构比率，企业获得最大的市场价值 V_0。

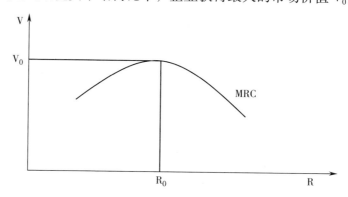

图 2.1　最优资本结构比率

二、银行资本需求的理论分析

1. 银行的定义和特征

银行是拥有资产和发行负债的金融中介，至少发行两类负债——债务和权益——如果发生违约是具有对其资产的不同索取权。

银行虽然也是一类企业，但与普通工商企业相比，有五个显著的特征：第一，与主要从事非金融性业务的公司相比，相对于"真实"资产，它们有一个高的金融资产比率（Lewis，1992）。实际上所有的公司既拥有金融资产也拥有"真实"资产，但是非金融公司一般主要持有"真实"资产（比如工厂），而银行主要持有金融资产，比如债券、贷款和权益。这反映了银行的主营业务是金融中介的事实。第二，银行负债往往比其他的大多数公司流动性强得多。刘易斯（Lewis，1992）指出，英国银行负债的80%以上或者可即赎回或者可根据7天或更少时间的通知赎回。第三，许多银行负债是可以交易的，例如被用作交换媒介。明显的例子是以可支付存款作保证的银行汇票和支票。第四，银行资产通常比他们的负债有长得多的到期期限，并因此流动性较小。银行因此把流动性相对较小的长期资产转换成相对具有流动性的短期负债。第五，银行比其他公司有更高的杠杆效应。1926年，美国银行的资本—资产比率为12%，而非金融公司为60%；1986年，美国银行业该比率远低于10%，而非金融公司有26.1%的平均比率（Kaufman，1992）。

2. 银行的脆弱性与银行挤兑

由于银行负债比资产更加具有流动性，即大多数负债可以即时清偿，而银行资产很大一部分通常由那些不仅离到期日还有一段时间，而且在它们到期前只能亏本清算的资产组成。这种不匹配的资产负债表是银行易手大部分债权人同时要求赎回的挤兑冲击。

银行挤兑的原因更多是由于信息的不对称，存款人对银行失去应有的信心造成。当市场上出现银行经营状况不佳（可能无法足额偿还存款者本息）的信息时（无论这种信息是真还是假），存款者将行使其即时清偿的索取权，向银行提取存款。银行将不得不用自己的资产应付挤兑，但由于资产与负债之间流动性的不匹配，银行将很快用完其资产中可以即时变现的流动性资产。随着挤兑的继续，银行将不得不对资产采取"跳楼价甩卖"，而资产处置的损失将侵蚀银行的财务状况，从而更进一步地鼓励其他存款人加入挤兑行列，银行几乎必定被迫违约。最后银行进入破产程序，管理层失去控制权，隐含剩余资产将被卖掉以满足债权人。银行挤兑具有可怕的系统效应和传染效应，一旦存款人决定大量兑付存款，整个银行体系将面临巨大压力。比如，1793 年一次较大的金融危机袭击英格兰，造成至少 100 家银行倒闭，几乎动摇了英国的金融体系。

要想使存款人对银行建立必要的信心，银行必须增进其财务实力，以保证即使遭受贷款投资组合的一些损失，它也有完全偿付债务的实力，并且银行必须通过各种可观察的方式来向存款人传达上述消息。保持必要的资本充足水平，即保持杠杆效应低到显然安全的水平是银行显示财务实力的重要手段。

3. 银行资本充足性监管要求的理论分析

在许多国家，银行已经被看作具有特殊性风险和比其他行业更为广泛责任的企业。一大批银行和相关公司的倒闭和挤兑有可能仅仅因为一家银行流动性发生问题，而许多金融机构同时出售资产的行为可能大幅度降低资产的清算价格，这样就加大了对清算资金的需求。银行挤兑导致支付系统的紊乱和金融恐慌，并对经济各个方面产生震荡。由于金融恐慌在历史上多次发生，以防止更多银行失败和挤兑为目的对银行体系进行审慎性监管引起了人们的兴趣。

在监管银行业的许多可行的手段中，资本充足率要求、准备金要求、终止支付、存款保险最具代表性，其中的资本充足性要求甚至已经成为现代银行监管的核心和代表。

资本充足性要求为银行所有者规定的最低资本参与量，这种资本充足性需求标准通常被规定为银行某些资产量的一定比率。将 E 表示银行所有者所投入的资本数量，K 代表投资于非流动性资产的资金数量，D 表示存款，R 表示准备金。则银行资产负债恒等式可以写为：

$$K + R = D + E \qquad (2.1)$$

假定一个长期项目经历三个时期，第一个时期从存款人处融入资金并投资于长期项目，第二个时期存款人决策是否提前支取存款，收益 $(1 + r_1)$，第三个时期项目到期偿还存款人本息 $D (1 + r_2)$，其中 $r_2 > r_1$。若存款者有信心在第三个时期拿到存款本息，则在第二个时期不提前支取存款就是理性选择，即银行不会发生挤兑风险。

图 2.2　银行长期投资现金流关系

在没有所有者资金参与的情况下，如果时期 2 取款总量超过银行的准备金数量，即 $(1 + r_1) W > R$，银行就不得不提前清算其投资于非流动性资产的资金。由于在时期 2 清算一单位投资于非流动性资产的货币职能带来 α_1 单位货币的收入，而银行必须对每单位货币的取款偿付 $(1 + r_1)$ 单位的回报，因此对银行来说，就出现了一个数量为 $(1 + r_1 - \alpha_1)$ 的差额。这个差额的弥补只能通过对其他资金的清算来取得。由于取款不能大于存款，$D > W$，因此最大的赤字为 $(1 + r_1 - \alpha_1) D$。

持有准备金节约了 $(1 - \alpha_1) R$ 的资金，清算非流动性资产上的权益投资能够带来 $\alpha_1 E$ 数量的资金。若：

$$\alpha_1 E + (1 - \alpha_1) R \geqslant (1 + r_1 - \alpha_1) D \qquad (2.2)$$

那么就无须提前清算投资于非流动性资产的存款。运用前面的资产负债恒等式，替换 R，从而式（2.2）转化为：

$$E \geqslant (1 - \alpha_1)K + r_1D \qquad (2.3)$$

从式（2.3）可见，所有者权益必须足够弥补非流动性资产上的投资不足和已经承诺在时期 2 支付的利息支出。这也是为什么监管部门对银行提出最低资本要求的原因所在。

三、银行资本比率的历史演变及现状分析

从西方银行业发展的历史来看，资本比率（资本/总资产）总体处于一个先降低后上升的过程。以美国为例，1840 年商业银行的股权资本比率为 54%，经过 1863 年国家银行法、1913 年联邦储备体系的建立和 1933—1934 年联邦存款保险公司的成立等管理体制的改进，20 世纪 80 年代这一比率已远低于 10%，有些银行甚至达到了 5% 以下。随着 1990—1992 年实施的风险约束资本要求，这一比率已有所回升，1996 年升至 8.27%。

欧洲的情况也大体相同，1840—1870 年晚期平均资本资产比率在 24%～36% 区间波动，但平均值略高于 30%。在随后的 20 年中开始急剧下降，到 1900 年突破了 20%。在"一战"和"二战"期间，这一比率稳定在 12%～16% 的区间中。"二战"期间急速下滑，战后至 1988 年资本协议以前，平均水平处于 6%～8% 的狭窄区间，不足 100 年前的 1/4。当然，这是银行业整体的平均值，实际上许多银行的这一比率已低于 4%。如此低的资本比率，使监管当局不得不采取行动，提高资本充足率，并使以资本为基础的指标体系成为决定银行实力的全球通用标准。

截至 2018 年，世界前 100 家大银行的资本比率为 6.72%。而在过去的十年间，世界前 1 000 家大银行的资本资产比率大致维持在 8.4%，具体如图 2.3 所示。

2015 年到 2018 年的四年，世界前 20 家大银行的资本比率数据如表 2.1 所示。

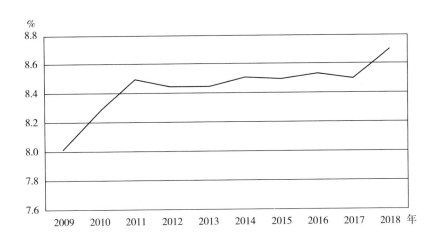

图 2.3 国外银行资本比率关系

表 2.1   世界前 20 家大银行资本比率情况

2018 年排名	银行名称	资本比率（%）			
		2018 年	2017 年	2016 年	2015 年
1	中国工商银行	8.09	8.1	8.02	7.38
2	中国建设银行	8.01	7.49	7.78	7.39
3	中国银行	7.51	7.63	7.64	7.39
4	中国农业银行	6.74	6.7	6.77	6.42
5	摩根大通银行	8.24	8.35	8.52	7.25
6	美国银行	8.39	8.69	8.42	8.02
7	富国银行	9.13	8.88	9.21	9.17
8	花旗集团	8.95	9.95	10.19	9.04
9	三菱 UFJ 金融集团	5.29	5.02	4.97	4.94
10	汇丰控股	5.99	5.81	6.36	5.8
11	交通银行	7.41	7.47	7.45	7.51
12	法国巴黎银行	4.31	3.96	3.85	3.39
13	法国农业信贷集团	4.78	4.87	4.58	4.15
14	三井住友金融集团	5.33	5.03	4.84	4.65
15	西班牙国际银行	5.35	5.5	5.48	5.07
16	瑞穗金融集团	4.48	4.1	4.09	3.95
17	高盛集团	8.54	9.58	9.46	9.16
18	巴克莱银行	4.76	4.7	4.7	3.83

2018 年排名	银行名称	资本比率（%）			
		2018 年	2017 年	2016 年	2015 年
19	法国 BPCE 银行集团	4.72	4.58	4.48	4.08
20	招商银行	7.3	6.54	6.35	6.38
	平均	6.67	6.65	6.66	6.25

第二节　银行资本与资本管理

一、资本和银行资本

什么是资本？这可能是一个简单而又复杂的命题。《资本论》认为资本是"能带来剩余价值的价值"，索洛理论认为资本是一种生产要素，它同劳动力一起构成社会经济发展的基础；从经济学其他的角度，资本的定义还有很多。但就其在会计学上的表现看，资本是资产与负债账面价值的差额，是企业或企业家自己拥有的本钱，是自有资金。

作为银行这一特定的金融企业，银行资本的定义与一般资本定义区别很大。Chris Matten（2004）将银行的资本定义为"资本是一家金融机构已经持有的或是必须持有的金额，目的在于防范头寸价值减少或者商业损失等风险，从而保护存款者和一般债权人不受损失"。《巴塞尔协议》（1988）对资本定义的依据是银行资本的构成部分应取决于资本吸收银行损失的能力而不是银行资本的不同形式。可见，银行资本定义的共同特征是吸收损失的缓冲器。

二、不同侧面得到的银行资本的定义

从表面看，银行资本似乎是银行成立注册时的资本金，但由于银行

资本不同于一般企业的资本，不同的管理者出于不同的管理目的，使得
银行资本具有不同的资本范畴。

1. 实收资本

西方财务会计一般称为股本，我国《企业会计准则》称为实收资
本，《企业财务通则》使用的是资本金，是指投资者按照章程或合同、
协议的约定，实际投入商业银行的资本；实收资本更多体现为法律意义
上的资本，表明所有者对企业的基本产权关系。实收资本的构成比例即
投资者的出资比例或股东的股份比例，是确定所有者在企业所有者权
益中份额的基础，也是企业进行利润分配或股利分配的主要依据。

2. 账面资本

账面资本是从资金使用者角度考察的资本，也即是资产负债表中
的股东权益，又称净资产，是指公司总资产中扣除负债所余下的部分。
传统的对银行资本的理解就是这种财务意义上的资本。账面资本是能
够在会计报表上看到的实实在在的"账面资本"。账面资本是计算 ROE
的基础指标，是投资者考察投资回报的重要依据。

3. 监管资本

监管资本是从监管者角度考察的资本，是指符合金融监管部门资
本规定条件的资本，是计算资本充足率水平、金融监管部门实施资本监
管规定的资本。一般来说，尽管银行所在地域的监管规则各有不同，但
都根据资本的股权特性把各种资本项目划分为不同的等级，其中相对
长久的可自由支配的资本项目规定为一级资本（或称核心资本），暂时
性的和不能自由支配的资本划为二级资本（或称附属资本）。一级资本
主要包括权益资本和公开储备，二级资本主要包括长期债务及某些储
备。虽然核心资本、附属资本都属于监管资本的范畴，但资本的品质是
不一样的，其中代表股东权益的账面资本，资本的品质最高。资本品质
的高低，标志的是外界对银行资本的信任程度以及银行能够自由支配
并承担未来不确定性损失的次序。监管资本不但是监管部门，也是信用

评级机构、投资者、债权人衡量银行资本实力的重要指标。

4. 经济资本

经济资本是基于银行风险、从风险管理者角度考察的资本，与银行实际承担的风险水平相匹配，也是银行实际需要的资本。市场上目前对经济资本的定义并不统一，各家银行在实际进行经济资本管理过程中所持有的经济资本观也大相径庭，造成大家计量经济资本的出发点和方法也各不相同。本文将经济资本定义为：银行为确保其在特定的置信水平下特定的期限内持续经营而必须持有的用来吸收非预期损失的资本。经济资本不仅仅是一个概念，一个数量，经济资本概念揭示了银行管理风险、平衡风险收益的本质。经济资本是当代银行业顺应国际监管要求，超越资本监管要求而产生的全新管理理念，商业银行通过引进经济资本，并在风险计量、战略制定、业务计划、资源配置、绩效考核、贷款定价等各个方面广泛加以运用，使之成为管理者实现战略意图、满足投资者资本回报要求的工具。

5. 几种资本概念的关系

从实收资本、账面资本和监管资本的内涵看，在资本计量的范围上具有逐渐扩大的趋势，即具有逐次递增的关系。监管资本是银行实际持有的监管当局认可的资本工具数量，经济资本是银行业务发展实际承担的风险水平，资本管理的理想状态是监管资本等于经济资本，即实际持有的资本数量刚好能够吸收业务带来的风险。但实际工作中，两者往往不一致。关于经济资本和监管资本之间在理论上和数量上具有相关关系。

三、银行资本的功能

对一般企业，资本的初始功能就是保证企业开业的"开办费"，是满足企业运营和扩张、维持企业日常运转的一种融资方式，一种资金来源。企业要保证日常的经营，就必须保持相当规模的自有资金，一方面满足企业正常运转必需的初期投入，如厂房、机器设备购买，人工费用以及管理费用等；另一方面"开业"初期还要用于支付负债融资还本付息的需要，对一些大型的投资项目，政府规章规定需要有一定的项目资本金数量或比例要求，特别是资本密集型产业，没有充足的资本是没办法参与市场竞争和维持生存的。在一定意义上，企业资本规模的大小，是建立一种信心，对外传递企业能够履行其债权人长期、短期债务的信心保障。

银行是以货币为媒介、以信贷等金融产品和服务为产品的特殊企业，银行经营管理的实质是金融风险，在识别、管理、控制、化解风险中获取利润。所以，银行资本除上述资本的规定性外，还必须反映银行这种金融中介、风险管理的特性。银行资本对银行的重要意义集中体现在资本的功能方面。

1. 资本功能表现为抵御和防范风险

银行是作为金融企业，是资金提供者和资金使用者的中转站，它生产、经营的商品不是一般的商品，而是货币，而且是涉及千家万户的货币。表面上银行经营的是货币和服务，背后实质银行经营的是金融杠杆，是金融风险；银行存在的实质就是通过对风险的经营、控制、防范、化解，获取必要的风险回报——经营利润。

2. 资本功能表现保障社会公众的信心

银行资产扩张的资金，不单单是自有资金，而是凭借自身的信用，充当社会资金余缺的调剂者和资源的配置者，更多使用的是公众存款；银行日常经营的背后是较高的金融杠杆（负债比率）和广泛的社会影响力，如果没有强大的公众信心作保证，社会上很小的风吹草动都可能引起挤兑，最终导致银行倒闭。资本对银行来说，就是提供社会公众对银行信心的保证。

3. 吸收和消化损失，为银行提供抵御风险的最后防线

资本的本质特征是可以自由支配并承担未来的不确定损失，资本

金也是承担风险和吸收损失的第一资金来源。银行一旦遭受损失，首先消耗的便是银行的资本金。因此，资本金又被称为债权保护人，使债权人面对风险免遭损失的缓冲器。作为经营风险的特殊企业，银行通过各种措施识别和抵御风险，如质量管理、内部控制、风险定价、提取准备、补充资本等，但在所有的风险防范手段中，资本是最后的防线。

4. 约束银行扩张，增强银行系统的稳定性

在风险越大收益越高的银行业务领域，业务的过度扩张和风险的过度承担具有内在的经济动因。在市场经济条件下，银行资本承担着限制这种扩张和风险，保持银行系统稳定的重要经济功能。监管当局通过要求银行持有的资本高于最低标准，减少银行倒闭的风险，从而更好地保护存款人的利益。

四、资本管理的核心问题

传统的资本管理基本上是账面的管理和满足监管部门要求。长期以来，由于国家缺乏相应的资本金补充机制，对中国商业银行来说，在2004年银监会颁布《商业银行资本充足率管理办法》和国有商业银行股份制改造之前，资本管理的工作内容在一定程度上表现为资本充足率的计算与上报，几乎谈不上所谓的资本规划和资本配置。

资本管理要真正发挥作用，体现资本对资产的约束机制，主要是解决两个问题。

一是在来源方面解决资本总量和结构的适度问题。确定资本的目标水平，银行管理层必须在最小化 WACC（加权平均资本成本）与减少自有资本之间进行最优权衡；目的是在满足投资者（股东）、管理者、监管部门、评级机构和社会公众要求的同时，比如信用评级机构的期望、银行承担风险的内部评估、监管者的要求和股东的投资回报期望，保证自身业务发展必需的资本要求。

二是在运用方面解决资本的优化配置问题。充分利用资本投资工

具和资本管理手段（红利政策、股票回购等），以风险调整收益为核心，实现资本更加积极的动态化专业管理，主动引导调整各种业务发展，目的是提高资本的使用效率，实现银行的价值创造。

五、银行资本管理的目的

1. 银行价值最大化

决定银行价值的基础是银行获利能力的大小。银行价值评估采用收益现值法，它是银行在连续经营情况下，将未来经营期间每年的预期收益，用适当的折现率折现，累加得出现值，据此估算银行价值。如果银行价值大于银行全部资产的账面价值，就说明银行的资本增值了，也可以将银行价值减去银行负债，然后与银行所有者权益的账面价值比较，前者大于后者，说明银行的自有资本增值了。对于上市的股份有限公司，其价值可根据发行在外的股票的股数乘以每股市价来计算。将用这种方法计算的公司价值与公司股东权益数进行比较，前者大于后者，说明公司的自有资本增值了。

2. 增强银行业务扩张和风险承担能力

一方面，由于各方面监管的要求，银行必须保持一个最低的资本充足率，一家银行的资本充足率越高，其业务扩张空间越大；另一方面，资本是银行对抗金融风险的缓冲器，银行资本越充足，其承担风险的能力越强。

3. 满足外部监管

最低资本要求是《巴塞尔协议》的核心内容，也是我国银行监管机构监管的重要内容。

4. 提高信用等级，提升竞争能力

一般认为在资本水平与稳定性（评级机构对银行在不危及债权人安全的情况下吸收风险能力的评估）之间存在着某种联系。一般来说，较高的资本比率并不保证必然有一个良好的信用等级，但较低的资本

比率似乎与较低的信用等级相对应。因此，银行持有充足的资本，有利于信用等级的提高，从而提升银行的竞争能力。

第三节　银行资本监管的进展及现状

正是基于资本能够抵御风险、维护社会公众信心以及银行风险最后防线的认识，一家银行资本充足与否，不仅是增强社会公众信心和改善外部评级的物质基础，也是各国金融监管当局对银行资本加强监管的理论基础。

一、监管资本的提出

资本监管就是金融监管部门为了更好地控制银行风险，保证银行稳健经营和金融系统的稳定，保护存款人和一般债权人的利益，同时尽可能地保证银行在公平的基础上开展竞争，监督银行在业务发展过程中必须持有"认为"与实际承受风险水平匹配、相对充足的资本数量，资本监管的核心指标是资本充足率和核心资本充足率。

监管机构对银行资本进行严格监管是由银行的特殊性决定的：首先，银行是经营风险的企业，这就决定了银行业本身就是一个高风险产业；对企业来说，经营风险通过获取收益得到补偿，对社会来说，风险意味着不稳定，这是应该尽量避免的；其次，银行特殊的资产负债结构，绝大部分银行都持有大量短期债务（特别是活期存款），一旦公众信心下降，几乎没有银行能够承受大面积存款提取而仍然能迅速清偿其贷款组合；最后，金融资产风险的传染性和银行系统外部效应，使银行业存在内在的不稳定（脆弱性），极易产生系统性风险，单个银行有可能被邻近银行的倒闭而拖累。上述因素决定了依赖市场或银行本身资本管理是不够的，作为对存款人及其他债权人利益的保护，外部资本监管甚为必要。

20 世纪 30 年代的大危机使美国的金融管理者认识到银行的稳定不仅是银行自己的事，更对整个经济具有巨大作用。为稳定金融市场，美国最早提出了资本的监管要求。最初的最低资本要求是针对存款的，也涉及资本占存款的一定比率。随着认识的不断发展，才逐渐提出了资本占资产的一定比率以及加权风险资产的概念。

二、资本监管的演变和监管标准

几乎银行业务的各个方面都直接或间接地受可用资本或资本成本的影响，资本充足性被认为是检验每个银行的安全性和健全性的主要标准之一。资本监管是审慎银行监管的核心，资本充足率是衡量单个银行乃至整个银行体系稳健性最重要的指标。

过去，人们在判断银行的资本是否充足时，主要是把银行的资本和经营规模相比较，即用杠杆比率来衡量银行经营者对资本的放大作用。

但是，杠杆比率存在一个明显的缺陷就是没有考虑银行资产的风险大小。举例来说，当两家银行具有相同的资本和资产规模，也就是杠杆比率相同时，如果一家银行持有的资产全部是国库券，而另外一家银行持有的资产全部是房地产贷款。那么，很明显持有国库券的银行资本要比持有房地产贷款的银行资本相对充足。

因此，在 20 世纪 70 年代中期以后，人们引入了资本充足率的概念，使用资本与风险加权资产的比值来衡量资本的充足程度，我们称为资本充足率（Capital Adequacy Ratio），很多监管者和业内人士称为CAR。因此，资本充足率概念的出现也就不到 40 年的历史。资本充足率成为世界各国银行资本监管的核心是在 1988 年巴塞尔资本协议即《统一资本计量与资本标准的国际协议》实施后形成的。

目前资本监管标准，无论是标准的巴塞尔资本协议，还是国内银监会标准的《商业银行资本充足率管理办法》，都要求资本充足率（商业银行的资本与风险资产之比）不得低于 8%，核心资本充足率（核心资本对风险资产之比）不得低于4%。

按照巴塞尔资本协议资本监管的规定，资本分为一级资本（核心资本）、二级资本（附属资本）和三级资本。

一级资本：符合银行资本要求的资产负债表组成部分是股本、公开储备、留存收益，以及永久性非积累优先股。这些类型的资本被认为是核心资本或主要资本，也是《巴塞尔协议》规定的银行的一级资本。随着创新资本工具使用的增多，1998年10月巴塞尔银行监管委员会确认资本工具的主要特征为易于理解、永久性的，在持续经营的基础上可承担损失。

二级资本：没有核心资本的持久性，但资产负债表中具有资本性质的其他部分也被包括在计算资本充足性的银行资本基础内。这类资本由与权益和债务有相同性质的工具组成，包括资本重计价准备、普通损失准备、混合资本工具（如可赎回累积优先股）和次级债。

三级资本：1996年，巴塞尔委员会介绍了三级资本的概念，经由国家监管部门，允许银行通过发行短期次级债吸收部分市场风险。因此，三级资本仅被允许抵补来自交易账簿中权益和利率工具以及在银行和交易账簿中的外汇和商品的市场风险。

三、巴塞尔资本协议的核心内容和意义

巴塞尔资本协议经过1988年对信用风险的控制要求和1996年对市场风险控制要求的规定，为各国监管当局提供了统一的资本监管框架，成为资本监管的国际标准。在此基础上，2004年6月，巴塞尔委员会又颁布出台了新的资本协议，提供了一套新的标准来确定银行的最低资本要求，增加操作风险资本要求，提高了资本要求对银行面对实际风险的敏感度。

《巴塞尔新资本协议》框架继续延续1988年《巴塞尔协议》中以资本充足率为核心、以信用风险控制为重点、突出强调国家风险的风险

监管思路，并吸收了《有效银行监管的核心原则》中提出的银行风险
监管的最低资本金要求、外部监管、市场约束三个支柱的原则，在包括
信用风险、市场风险和操作风险的基础上，进而提出了多种难度不同、
可供选择的衡量资本充足比率的新的思路和方法，以使资本充足比率和
各项风险管理措施更能适应当前金融市场发展的客观要求。较之 1988 年
的巴塞尔资本协议，新资本协议的要求更为深入严格。正如巴塞尔委员
会主席 William Jma Donough 指出，新资本协议框架使资本充足的监管要
求能够更为准确地反映银行经营的风险状况，为银行和金融监管当局提
供更多的衡量资本充足的可供选择的方法，从而使巴塞尔委员会的资本
充足框架具有更大的灵活性来适应金融体系的变化，更准确及时地反映
银行经营活动中的实际风险水平，及其所需要配置的资本水平。

在推进全球银行监管一致化和可操作性方面，巴塞尔资本协议具
有划时代的意义。首先，建立了一套国际通用的、衡量银行资本充足性
的标准，奠定了国际银行监管的基础和方向；其次，为银行风险管理提
供了一整套的管理思想和管理框架，为银行管理经营指明了方向；最
后，通过银行资本与风险资产比率的计算方法和计算标准的确定和国
际认可，为银行业提供了公平竞争的环境。

四、新旧资本协议的主要区别

巴塞尔委员会自 1988 年推出《统一资本计量和资本标准的协议》
即《巴塞尔资本协议》（以下简称旧协议）后，随着国际银行业的发展
和创新与时俱进，特别是 20 世纪 90 年代以后，国际金融环境和监管环
境发生了很大变化，如亚洲金融危机的爆发和蔓延，商业银行经营全面
风险管理的理念以及风险计量技术的发展，1988 年资本协议的局限性
越来越明显。1991 年，巴塞尔委员会开始着手对旧协议进行长时期、
大面积的补充和修订，2004 年 6 月 24 日颁布了《巴塞尔资本协议（修
订框架)》（以下简称新资本协议），2007 年公布了修订稿的最终版本。

新协议是对旧协议的修订和完善，新旧资本协议最主要的区别包括以下四点。

1. 将弥补不确定损失的普通准备金/普通贷款损失准备金计入资本，针对不同条件下准备金的性质，重新定义了可计入银行资本充足率的普通准备金与坏账准备金，将那些用于弥补已确认损失的专项准备金排除在外。

2. 修订 OECD 成员国与非成员国间的国别风险，改变了旧协议中 OECD 成员国零主权风险权重的简单化计量方法，代之以权威的评级机构对国别/主权风险进行评级，消除国别歧视。

3. 对风险类别的补充规定。旧资本协议中对银行风险定位主要是信用风险，很少涉及市场风险以及其他风险。20 世纪 90 年代以后，随着金融市场自由化程度的加快和国际银行业的迅速扩张，加上新技术的广泛应用，衍生金融产品和交易的迅猛增长，仅靠旧资本协议规定的资本充足率已不足以防范金融风险，新资本协议将信用风险、市场风险、操作风险都纳入了资本监管的范围。

4. 确立有效银行监管的核心原则，推出监管的三大支柱。亚洲金融危机的爆发，巴塞尔委员会加强了对金融风险的全面、深入的关注。不再限于单一的信用风险或市场风险，而更加注重各类风险交互混合、整体量化的问题。新协议开创性地提出三大支柱：第一支柱最低资本要求，通过规定资本要求来激励银行提高自身的风险管理能力和风险计量水平；第二支柱监管要求，通过制定一个监管框架鼓励最佳风险管理做法，并充分考虑其他重大风险类别（如战略风险等）对资本充足的影响；第三支柱市场纪律，要求银行详细披露其资本结构、风险暴露和资本充足率。即新协议对信用风险、市场风险和操作风险提出了不同的计量方法，以适应不同银行不同阶段的量化需求；对监管部门提出统一的监管原则，尽量使全球金融业处于同一标准约束下的竞争环境中；鼓励市场纪律发挥作用，通过强化信息披露来强化市场纪律，使市场参与者充分掌握银行风险轮廓和资本水平等信息。

五、国内资本监管和2004年《商业银行资本充足率管理办法》

近年来，虽然银监会对商业银行的经营管理仍有很多监管，但从限制监管范围、产品价格等，总的趋势是逐渐改变为以监督银行资本为中心，并且不断提高资本监管的有效性。2004年3月，银监会为了进一步落实《银行业监督管理法》，提高银行体系的稳健性，保护存款人利益，借鉴1988年《巴塞尔资本协议》和《巴塞尔新资本协议》，制定了一套符合中国国情的资本监管制度——《商业银行资本充足率管理办法》。

《商业银行资本充足率管理办法》的核心内容：一是明确了资本监管的标准，资本充足率为8%，核心资本充足率为4%；二是规范了资本监管的范围是抵御信用风险和市场风险，没有包括操作风险；三是要求资本充足与否的判断是首先充分计提各项减值准备；四是提出了所有商业银行资本充足率达标的最后期限2007年1月1日；五是对不达标银行列出了翔实的惩罚措施；六是参照《巴塞尔新资本协议》，初步构建了具有中国特色的"三大支柱"：最低资本要求、资本监管和信息披露；七是规定了银行表内外各项具体资产的风险权重、转换系数和风险缓释技术。

六、中国银行业实施新资本协议所面临的挑战和机遇

《巴塞尔新资本协议》不仅是风险管理模式和计量技术的变革，对于中国这样的新兴市场来说，也是风险管理流程、内部治理机构的重组和风险文化的变革，实施过程通常需要对风险管理政策、流程、组织结构、内部授权等制度环境进行深入变革。风险管理必须自上而下，建立独立的组织系统，并达到"管理实时化、分析数量化、揭示透明化、组织独立化"。对中国银行业来说，可以通过利用此转型机会，积极筹

划，培育专业人才，将风险控制机制深入到银行各业务部门和分支行单位，实现风险管理与业务拓展的有机结合。

目前中国各大银行的风险管理水平与国外银行相比还存在较大的差距，主要表现在：第一，中国国内的大部分银行目前尚不能达到标准法的要求，大部分香港地区的本地银行处于 IRB 初级法的阶段，而欧美的大型银行的风险管理水平已接近甚至超过 IRB 高级法；第二，治理结构和风险承担的权责不清晰、风险识别能力差、风险控制流程薄弱。

从宏观考虑，《巴塞尔新资本协议》不仅应被视为国际公约，更应被视为一个改善银行风险管理技术的新契机。《巴塞尔新资本协议》提出了一套完整的有效风险管理原则。就《巴塞尔新资本协议》内容而言，实质上是欧美先进国家大型国际化银行现在的风险管理方式的提炼和总结。对我国商业银行来讲，在迎接挑战的同时，也获得借鉴先进银行的经验提升内部管理水平和竞争力的机遇。

在满足监管合规的同时，中国的商业银行能够充分借鉴国际先进的风险管理理念和方法，实施风险管理战略，优化风险治理结构，完善风险管理机制，提升风险管理技术，切实强化风险管理的各项基础工作，最终建立符合国际先进银行水平的全面风险管理体系，实现风险管理能力和核心竞争力的全面提升。

第四节　经济资本管理理念的提出、发展和实施现状

一、监管资本的不足及经济资本的提出

《巴塞尔新资本协议》的提出，无疑使银行资本的监管理念向前大大迈进了一步。给银行，尤其是发展中国家银行提高风险抵御能力提供了强有力的保证。但作为监管资本，对银行来说存在诸多不足，主要包括：第一，监管资本是从监管者角度，从外部强加给银行的一项外部硬

约束，而不是银行从自身情况出发，自发提出的一套约束要求。监管资本作为外在约束，若是不能与银行内部的经营管理有效衔接，不能嵌入到银行日常业务经营当中去，其对银行风险的管理和风险的缓释作用将大打折扣。第二，监管资本也仅仅是从监管者角度看，银行应该持有多少资本。而由于信息的不对称性，只有银行自己知道哪些业务承担的风险更大，哪些业务不承担那样的风险。如果简单按照监管资本要求，很容易使银行根据自身对风险的判断进行所谓的监管套利，绕开监管的限制开展业务，使监管目标落空。第三，监管部门的监管要求也只是一个外在限制，若不能通过调动银行内部管理的积极性，也同样无法实现监管资本作为风险吸收器的目标。银行的风险管理是一个需要主动性和创造性的工作，仅有一个外在的监管要求而不调动相关部门的积极性，简单的监管指标是无法自动实现对银行风险进行管理的目标的。虽然新协议对银行主动管理资本提出了要求，但与完全从内部出发进行的资本管理仍然有相当距离。

针对以上不足，20世纪90年代以后，西方银行业逐渐地、越来越多地从自身业务角度而非从被监管者角度来看待资本内部管理的问题。对银行而言，资本不仅是吸收风险的缓冲装置，也是银行配置资源从而获取利润的工具。因此，从这种意义上看，资本是有成本的，是一种经济资本，而不仅仅是监管者眼中的管制性资本。

至此，人们对资本的认识升华到了一个新的高度——经济资本。如何合理、有效和低成本地使用和配置资本，最大限度地降低风险和提高资本收益，成为西方发达国家银行业探索的主流课题之一，金融理论也由此衍生出一个独特分支——银行资本管理，其主要内容由两大部分组成：资本的外部管理和内部管理。外部管理指监管者对资本充足率的规定、监督和调节；内部管理则是银行自身出于安全和盈利的需要而对资本实行的管理，风险的计量、经营业绩的衡量和资本成本的核算则构成经济资本管理的三大基石。

二、经济资本管理的现状概述

普华永道公司 2005 年的一项调查显示①，经济资本管理已经为多数国际先进银行所关注，但由于种种原因能够实施的银行并不多。该项调查涉及 200 多家金融机构的高管，范围覆盖亚太地区（39%）、欧洲（36%）、美洲（20%）以及中东和非洲（5%），调查结构基本反映了金融领域对经济资本的看法和观点，能够作为全球银行经济资本管理现状的一个缩影。根据调查，我们可以得出以下一些基本结论。

1. 经济资本为大多数机构所接受

经济资本理念逐步被金融领域各类公司所接受，并且逐步为各家公司加强内部管理提供有力支持。调查中有 44% 的被访机构已在整个企业或特定业务部门内部实施经济资本管理，另有 13% 的机构计划在未来 12 个月内实施经济资本管理。

从已经实施的机构情况看，经济资本在帮助确定其风险承受能力及设定风险限额方面发挥的作用更胜于满足监管资本要求的手段。已实施或计划实施经济资本的被访者中超过 95% 已经实现或预计将要实现比监管资本模式下更加优化的资本配置。从风险覆盖的范围看，采用经济资本的机构所覆盖的风险也远较监管要求的信用、市场、操作三大风险来得全面。

表 2.2　　　　　　　　　　　　经济资本中包括的风险　　　　　　　　单位:%

风险类别	占比
信贷风险	91
操作风险	80
资产负债管理风险	72
交易市场风险	72
流动性风险	46

---

①　以下数据主要来源于普华永道公司 2005 年一项名为《有效资本管理：经济资本成为行业标准?》的调查报告。调查针对亚洲、欧洲和北美洲的 200 多家机构的高管人员。

续表

风险类别	占比
经营/战略风险	38
保险风险	24
声誉风险	22
商誉	14
其他	7

　　经济资本作为战略管理工具，对整个机构的管理和运行作用广泛
而深刻。从引入经济资本管理的初衷来看，超过半数的机构认为提高战
略规划能力、定义风险偏好、提高资本充足水平、评估风险调整后各业
务单位的绩效、确立风险限额是其引入经济资本管理的主要目的。只有
三成多的机构认为是为了满足监管要求（见表2.3）。加拿大帝国商业
银行数年前因巴塞尔旧资本协议的局限性转向实施一套基于经济资本
的体系。与其他国际银行一样，加拿大帝国商业银行意识到原巴塞尔协
议下的简单风险管理方法既非长期资本派的使用标准，也非经营一家
长远发展企业的合理方法。从实施结果看，多数参加调查机构认为实现
或大部分实现了引入经济资本管理的最初目标。

表2.3　　　　　　采用或计划采用经济资本的原因　　　单位:%

原因类别	占比
提高战略规划水平	68
定义风险偏好	65
提高资本充足水平	51
评估风险调整后各业务单元的绩效	51
确立风险限额	51
评估风险调整后客户收益率	43
评估风险调整后产品收益	41
满足监管资本要求	38
改善定价政策	34
改善投资者关系	22
加强对外报告能力和质量	20
改善信贷评级	20
确定风险调整后的薪酬水平	18
提高并购决策水平	13
其他	2

　　经济资本为银行提供了巨大的价值，各家银行都认为实施经济资本管理给银行带来了明显的经济价值（见表2.4），尤其是在确立风险限额、定义风险偏好以及对产品收益和客户收益率等内部管理方面，对银行起到了极大的帮助。

表2.4　　　　　　　　　　　经济资本创造价值的领域　　　　　　　单位:%

领域 ＼ 得分	1	2	3	4	5
确立风险限额	31	36	19	6	7
定义风险偏好	29	40	20	5	6
提高资本充足水平	17	38	26	11	8
评估风险调整后产品收益	16	31	28	12	12
评估风险调整后客户收益率	15	36	28	10	11
提高战略规划水平	15	49	19	9	7
满足监管资本要求	15	33	28	12	11
改善定价政策	13	35	29	15	7
改善信贷评级	9	30	32	16	13
确立风险调整后的薪酬水平	8	16	34	20	22
改善投资者关系	6	22	33	19	23
加强对外呈报能力	4	30	36	17	20
提高并购决策水平	4	18	31	19	27

注：1分代表为业务带来巨大价值，5分代表没有带来价值。

2. 监管部门鼓励银行使用经济资本

　　监管部门已经开始逐步引导银行采取经济资本管理方式，而且监管部门的态度对各家机构实施经济资本管理影响深远。在被调查机构中25%没有实施经济资本管理的机构中，有超过一半表示由于没有监管压力而不准备实施经济资本管理。尽管修订后的《巴塞尔协议》并未指明协议的支柱2采取经济资本，但多数监管者坦言倾向于银行采取经济资本管理满足监管要求。巴塞尔委员会主席Jaime Caruana已经明确指出，经济资本是银行，尤其是跨国银行应积极推行的最佳实践模式。[①] 这不仅有利于减少资本套利，也有利于评估机构的风险计量和管理能力。而在已经实施经济资本管理的机构中，有84%表示使用或计划使用经济资本来满足新《巴塞尔协议》框架中支柱2的要求。在欧盟，有关资本要求的新指引鼓励银行及其他金融机构选择适于其自身的方法，进行其自身内部资本充足率评估。

在调查中，26%的受访者表示其国家监管机构要求实施经济资本管理，39%的机构表示其监管者有此愿望但不强行要求。只有10%的机构表示监管机构不关注经济资本。可见，经济资本已经逐步成为监管部门关注的重点，可以预见不久的将来，以经济资本为主要媒介的监管政策将逐步出台。

表2.5　　　　　　　　　监管机构对经济资本的态度　　　　　　单位:%

态度类别	占比
要求必须采用经济资本	39
鼓励采用经济资本管理模式但不强制采用	26
只鼓励具有一定规模的机构采用	25
经济资本不是我国监管机构所关注的领域	10

3. 经济资本仍有需要进一步解决的问题

截至目前，经济资本管理中仍有大量问题未能解决，制约了经济资本作为重要管理手段的推广和应用。目前影响经济资本使用的问题主要集中在以下几个方面：第一，有很多风险无法进行模型化或者量化。在私人银行部门这个问题尤其突出，主要是这类风险资本的计量与通常的信用和市场风险资本计量大不一样。操作风险经济资本的计量同样存在诸多需要进一步探讨的空间。第二，缺乏公认的经济资本计算行业标准是制约经济资本应用的重大障碍。第三，数据问题也是一大隐患。即使拥有完美的模型，没有可靠的数据仍然无法使经济资本对日常

---

① 西班牙银行行长兼巴塞尔银行监管委员会主席 Jaime Caruana：第七次香港管理专业协会名家讲座，"巴塞尔新资本协议——回到未来"，2005，香港。

的业务起到应有的指导作用。第四，如何将经济资本嵌入管理层决策流程也是未来应该解决的一大问题。

表2.6　　　　　　　　　实施经济资本的主要障碍　　　　　　单位:%

障碍种类	占比
经济资本嵌入管理层的决策流程存在困难	64
某些类型风险的量化存在困难	62
数据完整性和质量问题	59
缺乏为特定业务和产品部门提供配合而制定的激励措施	31
内部缺乏此领域的专家	23
监管机构对经济资本的态度存在不确定性	23
缺少高级管理层的支持	14
其他	4

本章小结

本章通过运用现代金融学和经济学基本原理对银行的本质的深入分析，认为持有资本是银行抵御风险、避免挤兑的必要手段。通过对监管资本发展历程回顾和监管资本在理论上和实践上存在的不足，分析出经济资本取代监管资本是历史的必然。同时，通过对国际商业银行目前经济资本执行情况的分析，发现经济资本的理念已经为国际大多数银行所接受，但其发展中仍有大量的理论和实际问题亟待进一步解决。全面分析之后笔者认为，要使经济资本这一银行管理的全新工具给银行带来更大的管理价值，必须对经济资本管理过程中的一些理论和实践问题进行进一步深入的研究。

第三章 商业银行经济资本需求分析

目前国际上商业银行研究最为成熟的领域是根据定义对经济资本需求额计量，本文关于经济资本管理的讨论也就从这里展开。由于经济资本是用来抵御非预期损失的风险，因此对经济资本需求的计量就从对银行的风险计量入手，目标是告诉银行管理者，开展目标的业务究竟需要持有多少资本才能确保银行的安全。

第一节 商业银行经济资本需求概述

一、经济资本需求的定义

考虑各种因素，笔者把经济资本需求定义为：银行为抵御各项业务带来的非预期损失所必须持有的资本的最低额度。定义中包括了以下几层含义：第一，银行持有经济资本的目的是抵御非预期损失，银行的所有预期损失由各项准备进行抵御；第二，银行持有经济资本的根本原因是开展各项业务，尤其是资产业务会给银行带来风险；第三，银行经济资本是为确保银行对风险具有抵御能力的最低要求，从理论上来讲，只要持有资本超过这个最低额，银行就是安全的。但过多的资本将使银行承担过大的资本成本负担，因此资本肯定不是越多越好。

经济资本需求分为不同层次，第一个层次为三大风险加总的经济资本需求，这反映了银行主要业务和承担的主要风险所需经济资本，是银行经济资本的主体；第二个层次为当前实际的经济资本需求，为在加总经济资本需求的基础上，加上三大风险以外的风险所需经济资本以及考虑为经营留有充分余地得到当前的经济资本需求总量；第三个层次为考虑未来业务发展计划，通过模拟计量新增业务的经济资本需求，与目前经济资本需求一起决定了未来一段时间动态的经济资本需求总量。图3.1简要地反映了这一逻辑关系。

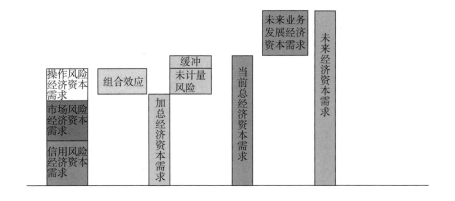

图 3.1　商业银行经济资本需求结构

二、三大风险经济资本需求

经济资本的本质是抵御非预期损失，银行的非预期损失来源于所承担的各类风险。银行面临的最主要风险包括信用风险、市场风险和操作风险，三类风险将依据各自特点采取不同的经济资本计量方法。三大风险经济资本计量方法将在以后各节详细叙述。

由于银行风险之间具有相关性，简单将三类风险进行加总计算的经济资本需求将夸大经济资本需求总量，必须在加总总量基础上剔除风险的组合效应带来的好处，最终得到三大风险所需的经济资本总量。在经济资本计量的起步阶段，组合效应可以简单设计为零，即将三大风险经济资本需求简单相加计量加总的经济资本需求。在先进系统和完善基础数据基础上可以逐步尝试计量风险之间的相关系数，一般相关系数采取迭代法，即先假定某个风险相关系数输入系统，再根据系统运行情况不断调整相关系数值，最终向实际相关系数靠拢。

三、当前经济资本需求

三大风险并未涵盖银行承担的所有风险，三大风险之外还包括银行账户利率风险、流动性风险、战略风险等，这里统一用未计量风险表示。同时，由于银行经营面临不确定性，为给经营留有余地，通常要为业务预留一部分缓冲经济资本，以备不时之需。

四、未来经济资本需求

根据业务战略和具体的增长计划，银行需要根据未来业务变动情况预测未来经济资本需求的变动，从而确定未来一段时期银行所需经济资本的总量。银行经济资本的需求不仅应该考虑目前业务实际对经济资本的需求情况，同时应该充分考虑未来业务发展对经济资本的需求。银行要实现不断的价值创造，业务必须持续而稳定的增长。银行业务的增长不仅受到市场情况的制约，作为内部稀缺资源的经济资本更是业务发展的重要制约因素。如果银行的经济资本不允许银行开展更多的涉险业务，银行的增长就受到制约和限制，银行的价值创造能力以及价值创造能力的增长就受到了限制。

第二节　风险偏好与经济资本需求

一、风险偏好的定义

所谓风险偏好（Risk Appetite），是指银行为实现战略目标，追求持续盈利在风险承受能力范围内愿意接受的风险水平（Risk Level）。风险偏好与银行的发展战略紧密相关，从根本上体现战略并服务于战略，是实现银行核心价值的必然选择，反映了银行的价值取向。

风险偏好是董事会和高级管理层对愿意承担的风险类别和风险总量的一个高层次的审视。领先的国际银行经常把风险偏好表达为可以接受的增长、风险和回报之间的平衡。风险偏好和增长、风险、回报三者之间关系见图3.2。

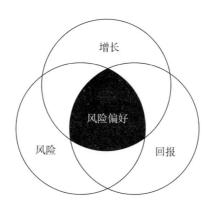

图3.2　风险、回报、增长与风险偏好关系

二、风险偏好的表述形式

目前，银行风险偏好的表述方法主要有两种：基于收益水平的表述和基于偿付能力的表述。对于以收费业务和中间业务为主的银行来说，更倾向于采用基于收益的表述来定义风险偏好。例如瑞士一家从事投资和财富管理的国际银行这样表达自己的风险偏好：我们希望有95%的把握使我们的收益不低于预计股利。对于以经营传统商业银行业务的大部分银行来说，更多地采用从偿付能力方面进行表述。例如，目标资本充足率保持在10%以上，经济资本总量不得超过可用资本总量的80%；在任何年度，确保单笔交易的损失不超过2亿美元；目标债信评级保持在AA级等。不同的风险偏好表达决定了不同的传导方式、管理策略和考核机制。

根据银行所处的经济环境、股东的要求以及银行自身竞争优势，风险偏好可以从不同的方面去描述，一般包括定量和定性两部分，定量指标主要从风险承受能力、抵补能力、风险水平要求和容忍度等方面进行描述；定性侧重于原则或政策倾向，清楚地表达银行愿意承担何种风险和不承担何种风险，对开展核心竞争力以外的业务的风险接受程度等。

三、风险偏好与经济资本需求之间的关系

1. 风险偏好决定银行资本需求总量

虽然审慎经营是银行业普遍接受的准则，但每家银行由于具体和历史的原因对待风险的态度却大相径庭。那些比较偏好于风险的银行可以维持相对比较低的资本充足水平，从事相同业务资本需求总量就少于比较保守的银行，反之亦然。那些对待风险更加积极的银行，认为开展一项业务可能只需要持有比较低的经济资本，原因是它们更愿意通过承担额外风险来获得收益。

2. 风险偏好决定银行资本需求的结构

各家银行风险偏好不同，表现在针对不同业务制订不同的计划，从而使银行不同业务的资本需求结构大相径庭。对于那些经营谨慎，主要从事传统业务的银行，它们的资本需求可能主要来源于信用风险。而对于那些倾向于通过交易博取市场价差的银行，可能更多的资本需求来源于市场风险。从目前市场上绝大多数银行的执行结果来看，经济资本在信用风险上分配的比率最高，都超过50%（详见第四章第五节的有关介绍）。

3. 风险偏好决定银行资本需求计量的关键参数

在采用内部模型法计量经济资本过程中，VaR方法是主要方法之一。而在VaR计量过程中，置信水平是一个关键参数（具体内容在以下各节详述）。银行的风险偏好的一项重要内容恰恰是确定银行应该承受什么样的冲击而仍然能够正常运作。对于将风险偏好定义为银行可以抵御百年一遇的灾害的，其置信水平就可以设置在99%；而将风险承受

能力确定在 20 年一遇的银行，其置信水平就要确定为 95%。可见风险偏好确定了银行风险计量的关键参数——置信水平。一般来讲，银行的风险偏好表述中会直接确定银行认可的置信水平，多数银行的置信水平在 99%～99.9%，也有少数银行将置信水平确定到 95% 或更低。也有部分银行通过定义目标评级水平间接确定置信水平，比如将目标评级确定为 BBB 级，对应的置信水平就是 99.75%。

第三节　信用风险经济资本需求计量

信用风险是商业银行面临的主要风险，多数银行超过 50% 的经济资本占用（需求）来源于信用风险，尤其是传统银行更是以承担并管理信用风险作为盈利的主线。因此，信用风险经济资本需求成为了经济资本需求的关键。如何计量信用风险，经济资本也就成了经济资本需求管理的一个关键环节。

从前面的分析可以看出，监管机构无论从主观还是客观上都积极鼓励商业银行开发内部模型替代监管提供的统一标准，鼓励商业银行采取经济资本管理。可以说经济资本作为监管资本的替代品将成为未来的一个趋势。因此，要计量商业银行经济资本，监管机构建议的统一标准应该作为一个重要参照。

一、信用风险的含义

巴塞尔协议将信用风险定义为"交易对手无力履约的风险"。一般来讲，信用风险可以定义为由于借款人或市场交易对手违约而导致损失的可能性。这种风险不仅存在于贷款当中，同时存在于银行的交易、承诺、投资、担保等表内、表外业务当中。

由上述定义可知，如何界定"违约"成为界定信用风险的又一关键因素。国际交换暨衍生品交易协会更将信用事件（Credit Event）的发生定义为信用风险的驱动因素，一旦信用事件发生，就定义违约出现。信用事件包括七类[①]：

1. 破产

破产包括以下情形：

（1）发债机构非因合并而解散；

（2）发债机构无力偿债；

（3）债务让渡；

（4）发债机构正在申请破产中；

（5）破产管理人的任命；

（6）第三方机构查封发债机构所有资产。

2. 付款失败

当债务到期，经过付款期限延展后，发债机构仍然无法付款的情况。

3. 债务交叉违约

发债机构仍正常支付债务的本息，但是发债机构对其他债务违约，或发债机构的支票发生被拒绝兑付的情况发生。

4. 债务提前到期

发债机构仍正常支付债务的本息，但因为其他情况导致未到期债务立即到期的情况。

5. 债务展期被拒

依照债务合约，只要发债机构正常付息，债务到期后应可以自动续约展期。若发债机构的债务被拒绝展期，或被挑战其债务展期的合法性。

6. 其他事件

其他事件包括发债机构的信用评级被调低、货币管制、政府对发债

---

① 资料来源：International Swap and Derivatives Association 网站。

机构采取行动等。

7. 重整

债务免除、展期或重新规划，债权人的权益因为发债机构申请重整而受损。

可见，信用风险涵盖的范围远远超出我们简单的想象。

二、信用风险经济资本需求计量的基本原理

1. 预期损失、极端损失和非预期损失

按照经济资本的最初定义：经济资本是银行为了抵御非预期损失而持有的资本。银行的预期损失可以采取准备金来弥补，并且反映在定价之中（信用风险溢价），而非预期损失只能通过持有经济资本来抵御。非预期损失（用 UL 表示）是意外损失减去预期损失；预期损失是所有业务发生损失的期望，用 EL 表示；极端损失是指在一个小概率（取决于置信水平）事件发生时银行承受的总损失，用 TL 表示。用公式表述上述内容为

$$UL = TL - EL \tag{3.1}$$

由于信用风险事件具有不确定性，与信用风险事件相联系的损失也就存在不确定性，可以用随机变量来表示银行的损失情况（LOSS）。这样，银行的预期损失、极端损失和非预期损失都取决于银行损失的分布情况。

2. 银行信用风险的损失分布特点

对于服从正态分布的风险，我们可以根据置信度得出以标准差表示非预期损失。比如，为了达到 99.97% 的置信水平，我们需要大致 3.5 个标准差。市场风险的损失基本服从正态分布。

与市场风险不同，银行的信用风险损失的分布与正态分布相比有明显的偏峰和厚尾特点。信用风险的损失分布见图 3.3。

在这种偏峰和厚尾分布的情况下，意外损失的距离远远大于对称

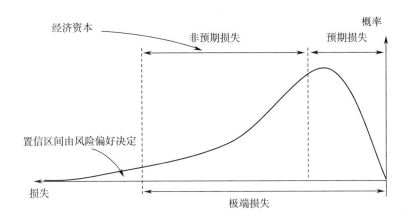

图 3.3　信用风险分布特点

的正态分布，一般这种分布 99.97% 的置信区间出现在距离平均值 8~12 个标准差。有很多方法可以对信用风险的组合分布形状进行估计，主要是运用了一些著名的分布（如贝塔分布、反正态分布等），通过输入参数的校准来得到一个合理的近似值，也可以通过模拟或实际数据描绘信用风险损失的分布情况。因为不是本文的重点，所以就不一一介绍了。

3. 预期损失的计算

一般来讲，银行的预期损失可以通过客户的违约概率、违约后的损失率以及潜在信用风险敞口来计算。即

$$EL = PD \times LGD \times EAD \tag{3.2}$$

其中，PD 为违约概率，LGD 为违约后的损失率，EAD 为潜在的信用风险敞口。

通常，客户的 PD 可以通过银行开发的内部模型进行计算，也可以借助于外部评级公司的评级结果。目前世界上比较权威的评级公司有穆迪、标普和惠誉三家。三家公司定期向市场公布不同客户的评级结果以及每一评级水平的违约概率。表 3.1 给出了穆迪公司公布的不同信用等级客户的累计违约概率数据。

表 3.1　　　　　　　　穆迪公司客户累计违约概率（1920—2002 年）　　　　单位：%

客户评级	期限（年）									
期限	1	2	3	4	5	6	7	8	9	10
Aaa	0.00	0.00	0.02	0.09	0.19	0.29	0.41	0.59	0.78	1.02
Aa	0.07	0.22	0.36	0.54	0.85	1.21	1.60	2.01	3.37	2.78
A	0.08	0.27	0.57	0.92	1.28	1.67	2.09	2.48	2.93	3.42
Baa	0.34	0.99	1.79	2.69	3.59	4.51	5.39	6.25	7.16	7.99
Ba	1.42	3.43	5.60	7.89	10.16	12.28	14.14	15.99	17.63	19.42
B	4.79	10.31	15.59	20.14	23.99	27.12	30.00	32.36	34.37	36.10

　　违约损失率的计算需要银行有多期客户违约及违约处置情况的数据，并且需要与银行贷款的抵押担保情况相联系，需要银行开发比较复杂的模型进行多期动态模拟。多数银行贷款本金的违约损失率为 30% ~ 40%。[①] 对于尚无力开发内部模型的银行，巴塞尔委员会给出了纯粹信用贷款 45% 的建议违约损失率数据值。

　　潜在信用风险敞口取决于三个变量，即已经发放贷款余额（L）、已授信未提款余额（A）和违约时提款比率（R）。即

$$EAD = L + A \times R \tag{3.3}$$

其中的违约时提款比率由历史和经验数据计算得到。

　　4. 极端损失的计算

　　极端损失可以用一定置信水平下损失的值来确定。由于置信水平由外部给定，极端损失值的大小高度依赖于信用损失的分布情况。如上所述，信用损失的分布情况可以采用特定分布进行模拟，也可以采取实际历史数据进行模拟。总之，当我们找到了信用损失的分布函数，我们就可以找到在既定置信水平下（比如 99.97%）的极端损失值。

[①]　参见马滕：《银行资本管理》。

5. 非预期损失的计量

有了极端损失、预期损失，我们只需要将两者相减就可以得到相应的信用风险非预期损失值，也就是我们要找的经济资本了。

三、市场上信用风险计量模型的简单介绍

信用风险经济资本计量的原理虽然简单，但由于信用风险本身的复杂性等原因，要计量出信用风险经济资本的需求总量确实不是一件容易的事情。好在目前市场上有许多公司致力于信用风险计量模型的开发和商业银行，银行如果需要计量相关风险，可以充分借鉴这些模型的最新成果。

在过去的 20 年中，业内在金融学、精算学与计量经济学的相关思想基础上建立了 Portfolio Manager/CreditMetrics、CreditRisk + 以及 Credit Portfolio View 等原创模型；后人在其基础上进行了完善并随着新资本协议的推出对若干相关的领域进行了优化调整。在此期间，一些新的（例如，Fitch – Algorithmics 公司的 Algo Credit Economic Capital 模型）产品由于其在各种功能上良好的兼容性而受到了市场的欢迎，而其他的例如麦肯锡公司的 Credit Portfolio View 产品的方法论虽还常在学术界被引用，但在业界则已逐渐退出了主流市场。除了上述提到的模型之外，市场上还有 Kamakura Risk Manager、Sun Gard Adaptive Credit Risk 以及 SAS Credit Risk Management 等若干种产品也或多或少地包括组合管理、限额管理、资本管理的若干功能。银行在进行系统选择时应综合考虑软件成本（包括首次安装费与软件使用的年费）以及硬件成本（包括长期维护计算机资源的成本）并结合模型功能等诸多因素，选择适合本行的经济资本计量系统。

目前在市场上处于领先地位的四种主要模型（即 CreditRisk + 、Algo Credit Economic Capital、Portfolio Manager、CreditManager）各有缺点。表 3.2 对上述四个较新模型进行了简要比较。

表 3.2　　　　　　　　　　　信用风险经济资本计量模型比较

模型	Credit Suisse Credit-Risk +	Algo Credit Economic Capital	Moody's KMV Portfolio Manager	RiskMetrics Group Credit Manager
基本模式	违约模式	盯市模式与违约模式	盯市模式（也可通过违约模式取得近似值）	盯市模式
适用性排序	1. 零售业务的信贷资产； 2. 其他类业务的信贷资产或需要被计入信贷资产风险加权资产的表内或表外资产； 3. 对公类业务的信贷资产	1. 对公类业务的信贷资产； 2. 零售业务的信贷资产； 3. 其他类业务的信贷资产或需要被计入信贷资产风险加权资产的表内或表外资产	1. 对公类业务的信贷资产； 2. 其他类业务的信贷资产或需要被计入信贷资产风险加权资产的表内或表外资产； 3. 零售业务的信贷资产	1. 对公类业务的信贷资产； 2. 其他类业务的信贷资产或需要被计入信贷资产风险加权资产的表内或表外资产； 3. 零售业务的信贷资产
主要应用领域	组合管理； 情景分析； 限额管理； 计提准备金	组合管理； 新协议第二支柱； 限额管理； 绩效考评	组合管理； 风险定价； 限额管理； 压力测试； 绩效考评； 集中度分析	组合管理； 集中度分析； 限额管理； 压力测试
主要优点	方法非常透明（模型风险低）； 国际市场的认可度相对高； 运行简单、计算迅速	功能全面（支持对监管与经济资本间的调整分析）； 根据用户需要来特别定制相关性的计算方法	国际市场的认可度最高，应用领域非常广泛； 虽然需要进行 Monte Carlo 模拟，但处理相对快捷	方法论非常透明（模型风险低）国际市场认可度相对高； 可以提供多项输入数据

续表

模型	Credit Suisse Credit-Risk +	Algo Credit Economic Capital	Moody's KMV Portfolio Manager	RiskMetrics Group Credit Manager
主要缺点	组合管理的功能有限（不能支持深入的风险/回报分析）； 应用领域有限； 适用的资产有限	方法论相对不透明（模型风险高）； 国际市场认可度相对低	方法论相对不透明（模型风险高）； 需要完全发挥此模型的功能与最大化其计量准确性，则还需要其他软件的支持	盯市模型的基本假设未必适合中国市场的现状； 对资产相关性默认的处理方式略显粗糙； Monte Carlo 模拟对计算机资源的要求较高
可升级性	可升级为 Portfol Risk + 支持盯市模式并增加了若干个原模型未设置功能	可以与 Algori Thmics 的其他多种金融风险软件相接	可升级为 Riskfrontier（对尾部分布更加准确的计算以及更加多的应用）	可以与 Riskmanager 等其他姊妹软件相连接

四、巴塞尔委员会规定的资本计量标准法

根据标准法的规定，银行经济资本需求等于加权风险资产乘以8%，即

$$EC = RWA \times 8\% \qquad (3.4)$$

如何计量加权风险资产就成为计量经济资本需求的关键一步。

1. 没有抵押的简单债权的加权风险资产计量方法

对于没有抵押的债权，其风险加权资产就等于名义资产余额乘以风险权重。即

$$RWA = E \times r \qquad (3.5)$$

其中，E 为名义资产余额，r 为规定的风险权重。

标准法的基本思想是，对于银行所持有的各类不同债权，按照银行认定的外部评级机构的外部评级结果，确定不同的风险权重。新资本协

议分别规定对于主权国家、非中央政府公共部门实体、多边开发银行、证券公司、零售资产、银行、公司、居民房产抵押、商业房地产抵押、逾期贷款、高风险的债权的风险权重，对于资产负债表外项目，还规定要通过信用风险转化系数转换为等额的信用风险暴露，并采用相应的风险权重。巴塞尔委员会同时规定，合格的外部评级机构必须满足客观性、独立性、国际通用性和透明度、披露、资源、可信度六条标准。[①]对不同机构的债权风险权重有显著差异。

（1）对主权国家的债权。标准法对主权国家债权风险权重的设定与外部评级相对应，共分为5个档次，即穆迪公司的评级结果，具体见表3.3。

表3.3　　　　　　　　　　　对主权国家债权风险权重　　　　　　　　单位:%

信用评级	AAA 至 AA -	A + 至 A -	BBB + 至 BBB -	BB + 至 B -	B - 以下	未评级
风险权重	0	20	50	100	150	100

对非中央政府公共部门实体的债权的风险权重，新巴塞尔协议规定由各国自行确定。

（2）对银行的债权。对一般银行的债权，标准法提供了两种方案可供选择：第一个方案是对银行的债权将得到比其所在注册国差一个档次的风险权重，具体见表3.4。

表3.4　　　　　　　　注册国主权评级与银行债权风险权重　　　　　　单位:%

主权评级	AAA 至 AA -	A + 至 A -	BBB + 至 BBB -	BB + 至 B -	B - 以下	未评级
风险权重	20	50	100	100	150	100

第二个方案是以银行的外部评级为基础来确定风险权重，其中原始期限在3个月以内的短期债券可以比照银行的评级结果选择上一档的风险权重，但最低不能低于20%，具体见表3.5。

---

① 巴塞尔委员会：《统一资本计量和资本标准的国际协议：修订框架》，中国金融出版社，2004。

表 3.5　　　　　　　　　注册国主权评级与银行债权风险权重　　　　　单位:%

银行评级	AAA 至 AA –	A + 至 A –	BBB + 至 BBB –	BB + 至 B –	B – 以下	未评级
风险权重	20	50	50	100	150	50
短期债权的风险权重	20	20	20	50	150	20

对于多边开发银行的债权,如满足巴塞尔委员会规定的标准,可以采用零风险权重。世界银行、亚洲开发银行、非洲开发银行、欧洲复兴开发银行、欧洲开发银行、欧洲投资银行、北欧投资银行、美洲开发银行和加勒比开发银行的债权,根据新资本协议其风险权重为零。对证券公司的债权可以比照银行处理。

(3) 对公司的债权。对未评级公司的债权的标准风险权重一般为100%。如果公司未评级,就不能获得低于其注册国债权的风险权重,具体见表3.6。

表 3.6　　　　　　　　　　　对公司债权风险权重　　　　　　　　　单位:%

主权评级	AAA 至 AA –	A + 至 A –	BBB + 至 BBB –	BB + 至 B –	B – 以下	未评级
风险权重	20	50	100	100	150	100

对于简单的无风险缓释交易,加权风险资产为名义的暴险值乘以风险权重。

2. 存在信用风险缓释情况下的加权风险资产计量方法

银行可以针对信用风险暴露采取抵押、表内净扣、担保和信用衍生产品等多种方式进行风险缓释。在相同条件下,使用信用风险缓释后的资本要求一定比未使用风险缓释的资本要求低,即 $E^* \leqslant E$。

$$RWA = E^* \times r \qquad (3.6)$$

其中,E^* 为风险缓释后的风险暴露,r 为风险加权系数。

风险缓释后的风险暴露数据可以采取两种方法进行计量,第一种是根据各项折扣系数计量缓释后的风险暴露,第二种是直接采取 VaR

模型计算。

（1）采取折扣系数法计量的风险暴露公式如下：

$$E^* = Max\{0, [Ex(1 + H_e) - Cx(1 - H_c - H_{fx})]\} \qquad (3.7)$$

其中，E^* 为风险缓释后的风险暴露，E 为风险暴露的当前价值，H_e 为风险暴露的折扣系数，C 为所接受押品的当前价值，H_c 为押品的折扣系数，H_{fx} 为处理押品和风险暴露币种错配的折扣系数。

对于当日盯市，当日调整保证金和 10 个交易日的持有期的交易的标准化交易，抵押品（H_c）和风险暴露币种错配的货币风险折扣系数（H_{fx}）统一确定为 8%，风险暴露折扣系数（H_e）见表 3.7。

表 3.7　　　　　　　　　　　标准化的风险暴露折扣系数

债券的发行等级	剩余期限	主权（%）	其他发行者（%）
AAA to AA−/A−1	≤1 年	0.5	1
	>1 年，≤5 年	2	4
	>5 年	4	8
A + to BBB−/A−2/A−3 和特定的未评级的银行证券	≤1 年	1	2
	>1 年，≤5 年	3	6
	>5 年	6	12
BB + to BB−	各类期限	15	
主要市场指数的股票和		15	
在认可交易所挂牌的股票		25	
集体投资可转让证券和		基金所投资股票中最高	
币种相同的现金		0	

巴塞尔新资本协议对不同交易类型，设置了不同的最低持有期（详见表 3.8）。如果保证金调整或评估的频率达不到最低要求，折扣系数将基于盯市频率或保证金调整频率的时间平方根予以再调整，即根据保证金调整或评估的实际天数使用如下的时间平方根公式，调整最低折扣系数：

$$H = H_M\sqrt{\frac{N_R + (T_M - 1)}{T_M}} \qquad (3.8)$$

其中，H 为折扣系数，H_M 为最低持有期的折扣系数，T_M 为某类交易的最低持有期，N_R 为资本市场交易的保证金调整和有抵押借款评估的实际交易天数。

表 3.8   最低持有期

交易类型	最低持有期	条件
回购类型	5 个交易日	当天调整保证金
其他资本市场交易	10 个交易日	当天调整保证金
有保护的借款	20 个交易日	当天调整保证金

若银行计算波动性所使用的 T_N 持有期与具体规定的最低使用期 T_M 不同，H_M 将按以下的时间平方根公式计算：

$$H_M = H_N \sqrt{\frac{T_M}{T_N}} \qquad (3.9)$$

其中，T_N 为导出 H_N 的期限，H_N 为基于 T_N 期限导出的折扣系数。

如信用保护的货币与风险暴露的货币不同，则考虑未来汇率的变动，抵押品的价值应向下调整。在存在币种错配时，则认定已保护部分的风险暴露将通过应用适用于信用保护和对应负债币种错配的折扣系数（H_{fx}）予以降低。

$$G_A = G \times (1 - H_{fx})$$

其中，G 为保护部分的名义价值，H_{fx} 为适用于信用保护和对应负债币种错配的折扣系数。

如果风险缓释的期限比当前风险暴露的期限短，则产生期限错配。当运用公认的信用风险缓释技术（抵押品、表内净扣、担保和信用衍生工具）进行期限错配，提供的信用保护将按以下公式调整：

$$P_A = Px \ (t - 0.25)/(T - 0.25)$$

其中，P_A 为将币种错配因素调整过后的信用保护的价值，P 为调整任何折扣系数后的信用保护值，t 为（T，信用保护的剩余期限）的最小值，以年表示，T 为（5，风险暴露的剩余期限）的最小值，以年表示。

（2）适用 VaR 值的风险暴露计量方法

根据巴塞尔新资本协议，监管当局允许银行考虑证券头寸的相关性，使用 VaR 模型计算回购交易中风险暴露和抵押品的价格波动。而这种方法只适用于以单一交易对象为基础的，按交易对手逐一做双边净扣作抵补的回购交易（repo - style transactions covered by bilateral netting agreements on a counter - party - by - counterparty basis）。只有监管当局认为达到了 1996 年市场风险修正案市场风险内部模型要求的银行，才可以使用 VaR 模型方法。如果银行未得到监管当局关于 1996 年市场风险修正案模型要求的认可，银行可单独向监管当局申请利用内部 VaR 模型计算回购交易的潜在价格波动。只有银行利用一年的数据对结果做过返回测试，向监管当局证明了其模型的质量，监管当局才可允许银行使用 VaR 模型。对回购交易使用市场风险内部模型的定量和定性要求（请参见本项目市场风险相关的报告内容）。

对使用市场风险内部模型计算风险暴露 E^* 的银行，公式如下：

$$E^* = Max\{0, [(\sum E - \sum C) + (VaR \times 放大倍数)]\}$$

(3.10)

其中，VaR 为市场风险内部模型。

在计算资本要求时，银行应使用前一交易日的 VaR 值。

五、巴塞尔委员会定义的内部模型法

假定资产损失服从 β 分布，根据内部模型法，整个银行的经济资本（EC）可以用式（3.11）计量：

$$EC = CM \times UL_P$$

(3.11)

其中，UL_P 为全行客户资产组合非预期损失，CM 为经济资本乘数。

1. 单笔债项的非预期损失计量

客户 i 的第 j 笔债项的非预期损失计算方法：

$$UL_{i,j} = E_{i,j} \times \sqrt{PD_i \times \sigma^2_{LGD(i,j)} + LGD_{i,j}^{\;2} \times \sigma^2_{PD(i)}}$$

(3.12)

其中，$E_{i,j}$ 表示客户 i 的第 j 笔债项的信贷余额，$LGD_{i,j}$ 表示客户 i 的债项 j 的违约损失率，PD_i 表示客户 i 的违约概率，$\sigma_{PD(i)}$、$\sigma_{LGD(i,j)}$ 分别为 PD、LGD 的均方差。

违约概率 PD 根据银行内部的计量规则和历史数据进行计算。债项的 LGD 采用 IRB 可以采取初级法规定的规则，即对无认定的抵押品抵押的公司、主权和银行债权的违约损失率为 45%。

2. 客户 i 的全部非预期损失

客户 i 的非预期损失由各债项汇总得到，公式如下：

$$UL_i = \sum_j UL_{i,j} \tag{3.13}$$

3. 全行客户资产组合非预期损失计算方法

采用如下公式计算资产组合非预期损失：

$$UL_P = \left[\sum_i \sum_j \rho_{ij} UL_i UL_j \right]^{1/2} \tag{3.14}$$

其中，ρ 客户平均相关系数，当 $i=j$ 时，$\rho_{ij}=1$，否则 $\rho_{ij}=\rho$。

假定债务人 A 的风险 R 是由其所在的行业风险 R_h 与债务人本身的特定风险 R_t 构成的，即 $R = \omega_h R_h + \omega_t R_t$。其中，$\omega_h + \omega_t = 1$。则客户 A 和客户 B 的违约相关系数：$\rho\,(A,\ B) = \varpi_h^2 \times \rho_{h_A h_B}$ 其中，$\rho_{h_A h_B}$ 为债务人 A 所属行业与债务人 B 所属行业的违约相关系数，该相关系数根据历史数据回归得到。ϖ_h 表示行业风险占债务人风险的比重，该参数通过回归方法得到。

4. 求解经济资本乘数 CM

首先，根据银行风险偏好确定置信水平 c，比如多数国内银行评级为 BBB 级，则置信水平可以取 99.7%。其次，根据置信水平计算经济资本乘数。为简化起见，令

$$ELR = ELR_p, ULR = ULR_p \tag{3.15}$$

$$\alpha = \frac{ELR^2 \times (1 - ELR)}{ULR^2} - ELR \tag{3.16}$$

$$\beta = \frac{1 - ELR}{ELR} \times \alpha \qquad (3.17)$$

则　　$CM = (betainv(c, \alpha, \beta) - ELR)/ULR \qquad (3.18)$

第四节　市场风险经济资本的计量

一、市场风险的定义

市场风险是指因市场价格（利率、汇率、股票价格和商品价格）的不利变动而使银行表内和表外业务发生损失的风险。市场风险存在于银行的交易和非交易业务中。[①]

市场风险可以分为利率风险、汇率风险（包括黄金）、股票价格风险和商品价格风险，分别是指由于利率、汇率、股票价格和商品价格的不利变动所带来的风险。利率风险按照来源的不同，可以分为重新定价风险、收益率曲线风险、基准风险和期权性风险。

1. 重新定价风险（Repricing Risk）

重新定价风险也称期限错配风险，是最主要和最常见的利率风险形式，来源于银行资产、负债和表外业务到期期限（就固定利率而言）或重新定价期限（就浮动利率而言）所存在的差异。这种重新定价的不对称性使银行的收益或内在经济价值会随着利率的变动而变化。例如，如果银行以短期存款作为长期固定利率贷款的融资来源，当利率上升时，贷款的利息收入是固定的，但存款的利息支出却会随着利率的上升而增加，从而使银行的未来收益减少和经济价值降低。

2. 收益率曲线风险（Yield Curve Risk）

重新定价的不对称性也会使收益率曲线斜率、形态发生变化，即收

---

① 中国银监会：《商业银行市场风险管理指引》，中国银监会网站。

益率曲线的非平行移动，对银行的收益或内在经济价值产生不利影响，从而形成收益率曲线风险，也称为利率期限结构变化风险。例如，若以五年期政府债券的空头头寸为 10 年期政府债券的多头头寸进行保值，当收益率曲线变陡的时候，虽然上述安排已经对收益率曲线的平行移动进行了保值，但该 10 年期债券多头头寸的经济价值还是会下降。

3. 基准风险（Basis Risk）

基准风险也称利率定价基础风险，是另一种重要的利率风险来源。在利息收入和利息支出所依据的基准利率变动不一致的情况下，虽然资产、负债和表外业务的重新定价特征相似，但因其现金流和收益的利差发生了变化，也会对银行的收益或内在经济价值产生不利影响。例如，一家银行可能用一年期存款作为一年期贷款的融资来源，贷款按照美国国库券利率每月重新定价一次，而存款则按照伦敦同业拆借市场利率每月重新定价一次。虽然用一年期的存款为来源发放一年期的贷款，由于利率敏感性负债与利率敏感性资产的重新定价期限完全相同而不存在重新定价风险，但因为其基准利率的变化可能不完全相关，变化不同步，仍然会使该银行面临着因基准利率的利差发生变化而带来的基准风险。

4. 期权性风险（Optionality）

期权性风险是一种越来越重要的利率风险，来源于银行资产、负债和表外业务中所隐含的期权。一般而言，期权赋予其持有者买入、卖出或以某种方式改变某一金融工具或金融合同现金流量的权利，而非义务。期权可以是单独的金融工具，如场内（交易所）交易期权和场外期权合同，也可以隐含于其他的标准化金融工具之中，如债券或存款的提前兑付、贷款的提前偿还等选择性条款。一般而言，期权和期权性条款都是在对买方有利而对卖方不利时执行，因此，此类期权性工具因具有不对称的支付特征而会给卖方带来风险。比如，若利率变动对存款人或借款人有利，存款人就可能选择重新安排存款，借款人可能选择重新安排贷款，从而对银行产生不利影响。如今，越来越多的期权品种因具有较高的杠杆效应，还会进一步增大期权头寸，可能会对银行财务状况产生不利影响。

二、账户的划分

银行账户和交易账户清晰明确的划分是计量市场风险经济资本的前提和基础。根据巴塞尔银行监管委员会和中国银行业监督管理委员会的要求，银行需要将自身的资产和负债清晰地划分为银行账户和交易账户。市场风险资本计量的范围包括全行汇率风险和商品风险以及交易账户的利率风险和股权风险。交易账户和银行账户的划分是商业银行市场风险管理的基础之一，也是资本监管的重要前提。

巴塞尔委员会 1996 年发布的《市场风险资本监管补充规定》将交易账户定义为："交易账户指银行为在短期内转售而持有的，和/或为在短期内从实际和/或预期买卖差价中获益，或从其他价格或利率波动中获益而持有的自营金融工具头寸；为匹配经纪交易和做市交易，或为交易账户中的其他项目套期保值而建立的头寸。"美国、加拿大、欧盟、中国香港等国家和地区监管当局在有关市场风险资本要求规定中都采用了与上述表述基本一致的交易账户定义。交易账户的定义可从以下三个方面理解。

第一，交易账户中的头寸是为交易目的而持有的金融工具。为交易目的而持有，是指银行为在短期内转售而持有的，和/或为在短期内从实际和/或预期买卖差价中获益，或从其他价格或利率波动中获益而持有的头寸，包括自营金融工具头寸、为匹配经纪交易（Matched Principal Broking）和做市交易而持有的头寸等。

第二，交易账户中的项目通常按市场价格（MTM）计价。在许多国家，交易账户与按市场价格计价是同义的，银行账户中的项目则通常按历史成本进行计价。但是，包括我国在内的一些国家的会计准则规定，即使是交易业务也可（或必须）按账面价值或按成本与市价孰低原则计价。巴塞尔委员会特别指出，这样的会计制度并不影响交易账户的金融工具按市场价格计价。

第三，列入交易账户的金融工具主要包括可转让证券、集体投资项目中的单位、存款证及其他类似的资本市场工具、金融期货、远期合约、掉期合约、期权等。纳入银行账户的典型业务是存贷款，银行的所有表内外业务都记录在交易账户或银行账户中。

商业银行应当制定关于账户划分的内部政策和程序，内容应包括对交易业务的界定，应列入交易账户的金融工具，对交易和非交易岗位及其职责的严格划分，金融工具或投资组合的交易策略，交易头寸的管理政策和程序，监控交易头寸与交易策略是否一致的程序等。同时，银行应保留完整的交易和账户划分记录，以便进行查询，并接受内部、外部审计和监管当局的监督检查。同时，商业银行应当根据银行账户和交易账户的性质和特点，采取相应的市场风险识别、计量、监测和控制方法。

三、市场风险计量的新方法——风险价值（VaR）

1. VaR 的定义

风险价值理念 20 世纪 80 年代经 J. P. Morgan 开发之后，受到金融机构的广泛关注，并在短短的十几年里逐渐成为行业内风险计量的通用标准。J. P. Jorion（2005）对风险价值（VaR）给出了一个比较权威的定义[①]：VaR 是指在正常的市场条件下，在给定置信水平和持有期内资产组合预期的最大损失。用数学公式描述如下：

$$prob(-\Delta P > \text{VaR}) = \alpha \text{ 或 } prob(-\Delta P \leq \text{VaR}) = 1 - \alpha$$

其中，ΔP 为证券组合在持有期 Δt 内的损失，α 为预先给定的置信

---

① 菲利普·乔瑞:《风险价值 VaR》，中信出版社，2005。

水平。

VaR 的基本思想就是告诉银行，在多少的可能下（置信水平）银行的损失不会超过所计算的 VaR 值。用图 3.4 直观表述如下：

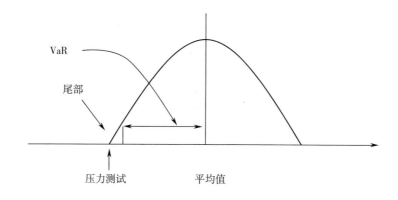

图 3.4　VaR 原理

从定义可以看出计算一个证券组合的 VaR 值需要三个方面的信息：第一，置信度 α 的选取。α 越小，计算出来的 VaR 越小，反之越大。在计算 VaR 时选择不同的置信度，在一定程度上反映了承担风险的主体对于风险的偏好和对其交易的谨慎度，α 越小，说明投资者越厌恶风险，故 α 的选取是一个主观因素，一般取 90% ~ 99.99%。巴塞尔委员会将资本要求的置信度设定为 99%，而在银行日常资本管理中，通常都会选择更高的置信区间。假定市场风险损失服从正态分布，我们可以采取简单方法估算置信区间调整对 VaR 值的影响。举例来说，单边分布在 99% 置信区间水平上的波动乘数（volatility multiple）为 2.32；相应地，单边分布在 99.9% 置信区间水平上的波动乘数为 3.09。如果需要在同样的时间范围内将置信区间从 99% 调整到 99.9% 的话，就需要乘以 1.3284（即 3.09/2.32）。

第二，持有期 Δt 的选取。持有期表示我们计算投资组合 VaR 的时间长度，可以是一天，也可以是一年或更长。持有越长，计算出来的 VaR 越大，反之越小。持有期 Δt 的选取依据资产风险的特点来确定。

对于衍生证券等一些流动性强的交易头寸，持有期可以设定为 1 天。对于银行来说持有期的取值取决于资产组合调整的频率，组合调整越快则持有期设置得越短，反之越长。针对不同的持有期可以采取"时间根"规则进行调整，即不同持有期的 VaR 值可以通过时间的平方根进行调整，比如已知持有期为 1 天的 VaR，则持有期为 10 天的 VaR 可以采取 1 天 VaR 乘以 10 的平方根获得，即 $VaR(10day) = \sqrt{10}VaR(1day)$。但使用"时间根"规则计算长期风险价值（VaR）在理论上的三个主要缺点：首先，此方法通常被认为是过于保守的。因为在现实中，没有哪家银行会允许其交易员在一年的时间内都不对发生损失的头寸采取任何行动；其次，因为此方法没有考虑在 10 天内可以忽略，但在一年内则不得不考虑的市场上的一些极端变化（drift）；最后，"时间根"规则是在基于风险损失符合正态分布这一假设的前提下进行的。但在现实中，损失通常都存在厚尾问题且存在均值恢复（mean reversion）的特点，而且有些产品的风险与收益特征是非线性的。

　　第三，估计资产组合价值变化的概率分布。对于比较庞大复杂的资产组合，直接估计其未来收益率和风险比较困难。通常是用风险映射的方法，将每一个资产映射成一系列市场因子的函数，通过预测市场因子未来的变化趋势，确定资产组合与市场因子之间的关系来估计资产组合未来的风险和收益。如果能够确定资产组合价值变化 ΔP 的概率分布函数 F（.），则 VaR 值就能计算出来。但在实践中，直接估算资产或组合的概率分布几乎是不可能的，往往是通过市场因子的概率分布来进行间接映射，基本的步骤是：首先，将组合中不同头寸表示为市场因子的函数（映射）；其次，预测市场因子的波动性。有了对应函数后，就需要对市场因子的变化进行预测，预测市场因子波动性的模型主要有历史模拟法、蒙特·卡罗（Monte Carlo）模拟法、Risk Metrics 方法、情景分析法、GARCH 模型、隐含波动性模型、随机波动性模型等。

2. VaR 的计算原理

VaR 的计算原理十分简单，就是通过寻找符合选定置信水平的临界值，这个临界值就是所要计算的 VaR 值，具体可以参考图 3.5。

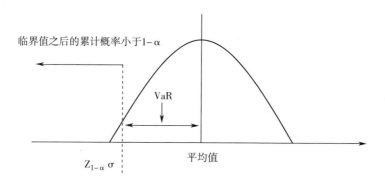

图 3.5　VaR 值计量

具体的计算原理可以分为两种：

第一，数值法（Numerical）。

数值 VaR 的计算方法是，定义初始投资为 P_0，R 为未来持有期的收益率，则在持有期末，财富价值可以表示为

$$P = P_0(1 + R) \tag{3.19}$$

假定收益率的期望为 μ，方差为 σ。在给定置信水平 α 下资产的最低回报为 R^*，则在该置信水平下最差情况的财富终值为

$$P^* = P_0(1 + R^*) \tag{3.20}$$

则相对于均值的 VaR 为

$$VaR = P_0 - P^* = -P_0(R^* - \mu) \tag{3.21}$$

根据定义计算 VaR 就相当于计算最小 P^* 或最低回报 R^*。考虑证券组合未来日回报为随机变量，假定其概率密度函数为 f（p），则对某一置信水平 α 下的证券最低回报 P^*，有

$$\alpha = \int_{P^*}^{\infty} f(p)\,dp \tag{3.22}$$

或

$$1 - \alpha = \int_{-\infty}^{P^*} f(p)\,dp \qquad (3.23)$$

这一计算原理适用于任何分布，而不用考虑分布本身的离散性或连续性以及是否存在厚尾效应等。

第二，参数法。

参数法假定资产收益服从均值为 0，标准差为 σ 的正态分布，即 $R \sim N(0, \sigma)$。则置信水平为 α 的 VaR 值为

$$VaR(\alpha) = Z_{1-\alpha}\sigma \qquad (3.24)$$

其中，$VaR(\alpha)$ 是置信水平为 α 的 VaR 值，$Z_{1-\alpha}$ 是概率为 $1-\alpha$ 标准正态分布的临界值，σ 是正态分布的标准差。

该式得出的是一个以百分比表示的相对风险价值，要使该价值变为一个绝对数值只需乘以资产的名义价值 v，即

$$VaR(\alpha)_{absolut} = (Z_{1-\alpha}\sigma) \times v \qquad (3.25)$$

其中，v 为资产的名义价值。

上述方程中的 Z 值可以通过解如下的积分方程得到，即

$$1 - \alpha = \int_{-\infty}^{Z} \phi(\xi)\,d\xi \qquad (3.26)$$

其中，$\Phi(\xi)$ 为正态分布的密度函数。

在已知置信水平 α 和分布的标准差 σ 之后，可以通过将标准正态化变换得到一个新的变量：$Z = R/\sigma \sim N(0, 1)$，通过查找正态分布表可以得到所需要的临界值 $Z_{1-\alpha}$。该过程用图 3.6 表示。

假定一家银行有一项资产，该资产的每日收益的标准差为 1.4%，资产面值 530 万元。我们尝试计算 95% 置信水平下的相对 VaR 和绝对 VaR。根据标准正态分布表，95% 置信水平下的单侧 Z 临界值为 1.65，根据以上公式，该资产的相对 VaR 为 $VaR(95\%) = Z_{1-\alpha}\sigma = -1.65 \times 1.4\% = -2.31\%$。绝对 VaR 只需将相对 VaR 乘以资产面值就可以了，

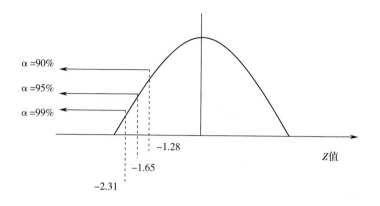

图 3.6   不同置信水平的 VaR 值

即 $VaR(95\%)_{absolut} = (Z_{1-\alpha}\sigma) \times v = -2.31\% \times 5\,300\,000 = -122\,430$ 元。

3. 资产组合 VaR 的计算

当采取 VaR 计量资产组合风险时，需要考虑组合内资产的相关性。由于一般情况下组合内资产相关系数小于 1，组合的 VaR 值一般低于组合内单个资产 VaR 的简单算术相加，即存在风险的分散化效应（diversification effect）。以仅有两项资产 A 和 B 的组合为例介绍组合的 VaR 值计算方法。

$$VaR(\alpha)_{portfolio} = \sqrt{\omega^2 VaR_A^2 + (1-\omega)^2 VaR_B^2 + 2\omega(1-\omega)VaR_A VaR_B \rho_{AB}}$$

$$(3.27)$$

其中，ω 为组合中资产 A 的权重，$1-\omega$ 为组合中资产 B 的权重，VaR 为用百分比表示的相对 VaR 值，ρ_{AB} 为资产 A、B 的相关系数。

而用绝对数值表示的组合 VaR 可以表示为

$$VaR(\alpha)^{absolut}_{portfolio} = \sqrt{VaR_A^2 + VaR_B^2 + 2VaR_A VaR_B \rho_{AB}} \quad (3.28)$$

其中，VaR = 所用金额的绝对 VaR 值。

4. 边际 VaR（marginal VaR）和成分 VaR（incremental VaR）

边际 VaR 是指在组合中加入一单位某资产是组合的 VaR 值的变动数。用数学表示即为特定资产对组合 VaR 的偏倒数：

$$MarginalVaR(\alpha) = MVaR_i = \frac{\partial\ VaR}{\partial\ I} = Z_\alpha \frac{\partial\ \sigma_p}{\partial\ \omega_i} = Z_\alpha \frac{\text{cov}(R_i, R_p)}{\sigma_p}$$

$$(3.29)$$

其中，Z_α 为置信水平为 α 情况下临界 Z 值，σ_p 为资产组合回报的标准差，ω_i 为资产 i 的投资权重，$\text{cov}(R_i, R_p)$ 为资产 i 与投资组合的协方差。

根据现在投资理论中的资本资产定价模型（CAPM），资产的收益取决于组合收益和其 β 系数，而 β 系数可用以下公式计算：

$$\beta_i = \frac{\text{cov}(R_i, R_p)}{\sigma_p^2}$$

$$(3.30)$$

采用 β 系数概念，可以给出边际 VaR 的另一种表示：

$$MarginalVaR(\alpha) = MVaR_i = \frac{VaR}{P} \times \beta_i$$

$$(3.31)$$

成分 VaR 是指在整个组合中新加入一个完整的新头寸而使组合 VaR 值变动的大小。由于成分 VaR 是完全加入整个新头寸，一般比边际 VaR 要大，同时可能产生边际 VaR 忽略掉的非线性效应。要想准确计量成分 VaR，需要在加入新头寸之后对整个组合 VaR 进行重新计量。成分 VaR 就等于加入新头寸后组合的 VaR 值与原来 VaR 值之间的差。对整个组合重新计量 VaR 值要求不仅计量新加入头寸的 VaR，而且要对原来已经计量的组合内的头寸全部重新计量 VaR 值。这对于一个有上万种头寸的组合需要花费大量时间。在组合中加入一个较小的头寸时，可以采取以下步骤计量成分 VaR：第一步，估计新头寸的风险因子向量（η）；第二步，估计整个组合风险因子向量的边际 VaR 值向量（$MVaR_j$）；第三步，通过边际 VaR 值计算新头寸的成分 VaR。

比如：一个组合由 A、B 两种资产组成，两种资产收益的波动率分别为6%和14%，组合中分别包括四百万元的 A 资产和二百万元的 B 资产。假定 A、B 两种资产的收益率不相关，计算组合中增加 1 万元 A 资产的成分 VaR（假定 $Z = 1.65$）。

组合的波动率为

$$\sigma_p^2 = \begin{bmatrix} 4 & 2 \end{bmatrix} \begin{bmatrix} 0.06^2 & 0 \\ 0 & 0.14^2 \end{bmatrix} \begin{bmatrix} 4 \\ 2 \end{bmatrix} = 0.136$$

为计算成分 VaR，先计算每种资产与组合的协方差：

$$\begin{bmatrix} cov(R_A, R_P) \\ cov(R_B, R_P) \end{bmatrix} = \begin{bmatrix} 0.06^2 & 0 \\ 0 & 0.14^2 \end{bmatrix} \begin{bmatrix} 4 \\ 2 \end{bmatrix} = \begin{bmatrix} 0.0144 \\ 0.0392 \end{bmatrix}$$

两种资产的边际 VaR 分别为

$$MVaR_A = Z \times \frac{cov(R_A, R_P)}{\sigma_P} = 1.65 \times \frac{0.0144}{\sqrt{0.136}} = 0.064428$$

$$MVaR_B = Z \times \frac{cov(R_B, R_P)}{\sigma_P} = 1.65 \times \frac{0.0392}{\sqrt{0.136}} = 0.175388$$

由于假定组合中的两类资产不相关，新加入 1 万元 A 头寸的成分 VaR 就等于 1 万元乘以 A 的边际 VaR（0.064428），即 644.28 元。

5. 收益分布的模拟方法

经典 VaR 方法衡量的是市场波动下的最大可能损失，其计算的核心在于估计证券组合未来收益的统计分布或概率目的函数。这一过程由三个基本模块组成：第一模块是影射，把组合中的每一种头寸的汇报表示为市场风险因子的函数；第二模块是市场风险因子的波动性模型，预测市场因子的波动性；第三模块是固执模型，根据市场风险因子的波动性估计组合的价值变化和分布。不同的波动性模型和估值模型构成了计算 VaR 的不同方法。最典型的包括历史模拟法、方差—协方差法和蒙特·卡罗模拟法等。

第一，历史模拟法。历史模拟法是根据市场因子的历史样本模拟资产组合的未来损益分布，利用分位数给出一定置信水平下的 VaR 估计值。其核心在于用给定历史时期所观测到的市场因子波动性来表示市场因子未来变化的波动性。历史模拟法简单直观、易于解释，可有效处理非线性组合。

第二，方差—协方差法。方差—协方差法也称为分析方法，是 VaR 值计算中常用的方法。它假定风险因子收益的变化服从特定的分布，然后通过历史数据分析和估计该风险因子的收益分布参数值，得出整个投资组合收益分布的特征值。根据证券组合价值函数形式的不同，方差—协方差法分为两大类：Delta 类模型和 Delta – Gamma 类模型。

第三，蒙特·卡罗模拟法。蒙特·卡罗模拟法也称随机模拟方法，用市场因子的历史参数产生市场因子的未来波动的大量可能路径。其原理与历史模拟相似，不同之处在于不是根据历史观测值，而是通过模拟市场因子的随机变化来计算几千个不同场景下的收益率。由于蒙特·卡罗模拟法的全值估计、无分布假设等特点及处理非线性、非正态问题的强大能力和实际应用的灵活性，被认为是计算 VaR 最有效最全面的方法，近年来得到广泛应用。

6. VaR 方法的不足

尽管 VaR 方法日益受到金融机构的青睐，但它也存在着缺陷，主要表现在以下几个方面：第一，VaR 只能用于可交易的资产或负债。根据定义，它只能度量可交易资产和负债的市场风险，对于不可交易资产，如存款和贷款来说不适用。第二，VaR 方法衡量的主要是市场风险，如单纯依靠 VaR 方法，就会忽视其他种类的风险如信用风险。第三，从技术角度讲，VaR 值表明的是一定置信度内的最大损失，但并不能绝对排除高于 VaR 值的损失发生的可能性。例如假设一天的 99% 置信度下的 VaR = 1 000 万美元，仍会有 1% 的可能性使损失超过 1 000 万美元。这种情况一旦发生，给经营单位带来的后果就是灾难性的。所以在金融风险管理中，VaR 方法并不能涵盖一切，仍需综合使用各种其他的定性、定量分析方法。亚洲金融危机还提醒风险管理者：风险价值法并不能预测到投资组合的确切损失程度，也无法捕捉到市场风险与信用风险间的相互关系。

7. 事后检验（Back Testing）

由于 VaR 的计算需要依靠复杂的模型和参数设置，由于数据抽样、模型的假设条件、建模过程、动态性假设、随机因素和人为因素等影响，无论采取哪一种方法计量 VaR 都会产生一定的偏差。为了准确理解 VaR 模型的估计结果的有效性，并改进 VaR 模型，金融机构必须对 VaR 模型的准确性和测量精度进行检测和评估，即所谓的事后检验。事后检验需要将市场风险计量方法或模型的估算结果与实际发生的损益进行比较，以检验计量方法或模型的准确性、可靠性，并据此对计量方法或模型进行调整和改进。若估算结果与实际结果近似，则表明该风险计量方法或模型的准确性和可靠性较高；若两者差距较大，则表明该风险计量方法或模型的准确性和可靠性较低，或者是事后检验的假设前提存在问题；介于这两种情况之间的检验结果，则暗示该风险计量方法或模型存在问题，但结论不确定。目前，事后检验作为检验市场风险计量方法或模型的一种手段还处在发展过程中。

不同银行采用的事后检验方法以及对事后检验结果的解释标准均有所不同。巴塞尔委员会1996年的《资本协议市场风险补充规定》要求采用内部模型计算市场风险资本的银行对模型进行事后检验，以检验并提高模型的准确性和可靠性。监管当局应根据事后检验的结果决定是否通过设定附加因子（plus factor）来提高市场风险的监管资本要求。附加因子设定在最低乘数因子（巴塞尔委员会规定为3）之上，取值在0~1。如果监管当局对模型的事后检验结果比较满意，模型也满足了监管当局规定的其他定量和定性标准，就可以将附加因子设为0，否则可以设为0~1的一个数，即通过增大所计算 VaR 值的乘数因子，对内部模型存在缺陷的银行提出更高的监管资本要求。

8. 压力测试（Stress Testing）

VaR 较为准确地测量了金融市场正常波动情况下资产组合的市场风险，但实际金融市场中极端波动情况和事件时有发生。为弥补 VaR

方法仅能计量正常情况风险而无法反映极端情况对银行影响的弱点，人们开发了压力测试方法。压力测试是估算突发的小概率事件等极端不利情况可能对其造成的潜在损失，如在利率、汇率、股票价格等市场风险要素发生剧烈变动、国内生产总值大幅下降、发生意外的政治和经济事件或几种情形同时发生的情况下，银行可能遭受的损失。压力测试的目的是评估银行在极端不利情况下的亏损承受能力，主要采用敏感性分析和情景分析方法进行模拟和估计。压力测试需要经过情景构造和情景评估两个过程。压力测试方法可以用图 3.7 表示。

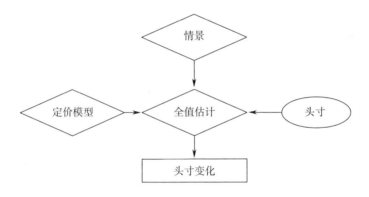

图 3.7 压力测试方法

在运用敏感性分析方法进行压力测试时，需要回答的问题，如汇率冲击对银行净外汇头寸的影响，利率冲击对银行经济价值或收益产生的影响等。在运用情景分析方法进行压力测试时，应当选择可能对市场风险产生最大影响的情景，包括历史上发生过重大损失的情景（如1997 年的亚洲金融危机）和假设情景。假设情景又包括模型假设和参数不再适用的情形、市场价格发生剧烈变动的情形、市场流动性严重不足的情形，以及外部环境发生重大变化、可能导致重大损失或风险难以控制的情景。这些情景或者由监管当局规定，或者由商业银行根据自己的资产组合特点来设计。在设计压力情景时，既要考虑市场风险要素变动等微观因素，又要考虑一国经济结构和宏观经济政策变化等宏观层面因素。

四、银监会规定的市场风险资本计量标准法

1993 年，巴塞尔委员会提出了市场风险资本计量的标准化模型。这一模型先分别对不同市场风险模块——利率风险、股票风险、外汇风险和商品价格风险，测算其资本充足性，再将测算结果进行简单加总求得总体市场风险的资本充足性。2004 年，中国银行业监督管理委员会出台了《商业银行资本充足率管理办法》，其中关于市场风险资本要求的标准化模型遵照了巴塞尔的基本原则。

（一）利率风险

利率风险包括交易账户中的债券（固定利率和浮动利率债券、可转让存款证、不可转换优先股及按照债券交易规则进行交易的可转换债券）、利率及债券衍生工具头寸的风险。利率风险的资本要求包括特定风险和一般市场风险的资本要求两部分。

1. 特定风险

特定风险的资本要求按以下五个等级逐渐增加，见表 3.9。

表 3.9　　　　　　　　特定市场风险资本要求　　　　　　　单位：%

风险资产类别	资本要求
政府证券	0
合格证券	
剩余期限为不超过 6 个月	0.25
剩余期限为 6 个月至 24 个月	1.00
剩余期限为 24 个月以上	1.60
其他证券	8.00

2. 一般市场风险

一般市场风险的资本要求由以下三部分组成：（1）每时段内加权多头和空头头寸可相互对冲的部分所对应的垂直资本要求；（2）不同时段间加权多头和空头头寸可相互对冲的部分所对应的横向资本要求；

（3）交易账户的加权净多头或净空头头寸所对应的资本要求。

一般市场风险资本要求的计算采用到期日法。时段的划分和各时段的风险权重见表3.10，时区的划分和匹配的风险权重见表3.11。

具体的特定市场风险资本要求的计量过程为：第一，各时段的头寸乘以相应的风险权重计算各时段的加权头寸。第二，各时段的加权多头、空头头寸可相互对冲的部分乘以10%得出垂直资本要求。第三，各时段的加权多头头寸和加权空头头寸进行抵消得出各个时段的加权头寸净额；将在各时区内各时段的加权头寸净额之间的可相互对冲的部分乘以表3.11所列的第一组权重得出各个时区内的横向资本要求。第四，各时区内各时段的加权头寸净额进行抵消，得出各时区加权头寸净额；每两个时区加权头寸净额之间可相互对冲的部分乘以表3.11所列的第二组权重得出时区间的横向资本要求。第五，各时期加权头寸净额进行抵消，得出整个交易账户的加权净多头或空头头寸所对应的资本要求。

表 3.10　　　　　　　　　时段权重

息票利率不小于3%	息票利率小于3%	风险权重	假定的收益变化
不长于1个月	不长于1个月	0	1
1～3个月	1～3个月	0.20%	1
3～6个月	3～6个月	0.40%	1
6～12个月	6～12个月	0.70%	1
1～2年	1.0～1.9年	1.25%	0.9
2～3年	1.9～2.8年	1.75%	0.8
3～4年	2.8～3.6年	2.25%	0.75
4～5年	3.6～4.3年	2.75%	0.75
5～7年	4.3～5.7年	3.25%	0.7
7～10年	5.7～7.3年	3.75%	0.65
10～15年	7.3～9.3年	4.50%	0.6
15～20年	9.3～10.6年	5.25%	0.6
20年以上	10.6～12年	6.00%	0.6
	12～20年	8.00%	0.6
	20年以上	12.50%	0.6

表 3. 11　　　　　　　　　　　　　　时区权重

时区	时段		同一时区	相邻区之间	1 区和 3 区之间
	息票利率不小于3%	息票利率小于3%			
1 区	0 ~ 1 个月	0 ~ 1 个月	40%	40%	100%
	1 ~ 3 个月	1 ~ 3 个月			
	3 ~ 6 个月	3 ~ 6 个月			
	6 ~ 12 个月	6 ~ 12 个月			
2 区	1 ~ 2 年	1.0 ~ 1.9 年	30%		
	2 ~ 3 年	1.9 ~ 2.8 年			
	3 ~ 4 年	2.8 ~ 3.6 年			
3 区	4 ~ 5 年	3.6 ~ 4.3 年	30%		
	5 ~ 7 年	4.3 ~ 5.7 年			
	7 ~ 10 年	5.7 ~ 7.3 年			
	10 ~ 15 年	7.3 ~ 9.3 年			
	15 ~ 20 年	9.3 ~ 10.6 年			
	20 年以上	10.6 ~ 12 年			

3. 利率及债券衍生工具

利率衍生工具包括受利率变化影响的衍生工具合约及资产负债表外工具，如利率期货、远期利率协议、利率掉期及交叉货币掉期合约、利率期权及远期外汇头寸。债券衍生工具包括债券期货和债券期权。

上述衍生工具应转换为基础工具，并按基础工具的特定风险和一般市场风险的方法计算资本要求。利率和货币掉期、远期利率协议、远期外汇合约、利率期货及利率指数期货不必计算特定风险的资本要求；如果期货合约的基础工具是债券或代表债券组合的指数，则应根据发行人的信用风险计算特定风险资本要求。

（二）股票风险

股票风险是指交易账户中股票及股票衍生工具头寸的风险。其中股票是指按照股票交易规则进行交易的所有金融工具，包括普通股（不考虑是否具有投票权）、可转换债券和买卖股票的承诺。

1. 特定风险和一般市场风险

特定风险的资本要求等于各不同市场中各类股票头寸绝对值之和乘以 8% 后所得各项数值之和。一般市场风险对应的资本要求，等于各不同市场中各类股票净头寸（取绝对值）乘以 8% 后所得各项数值之和。

2. 股票衍生工具

包括股票和股票指数的远期、期货及掉期合约。

衍生工具要转换成基础工具，并按基础工具的特定风险和一般市场风险的方法计算资本要求。

（三）外汇风险

外汇风险是指外汇（包括黄金）及外汇衍生工具头寸的风险。

1. 外汇风险的资本要求等于总净敞口头寸乘以 8%

总净敞口头寸等于以下两项之和：

（1）外币资产组合（不包括黄金）的净多头头寸之和（净头寸为多头的所有币种的净头寸之和）与净空头头寸之和（净头寸为空头的所有币种的净头寸之和的绝对值）中的较大者；

（2）黄金的净头寸。

2. 外汇衍生工具要转换成基础工具，并按基础工具的方法计算市场风险资本要求

（四）商品风险

适用于商品、商品远期、商品期货、商品掉期。

本办法所称的商品是指在或可以在二级市场买卖的实物产品，如贵金属（不包括黄金）、农产品和矿物（包括石油）等。

1. 商品风险对应的资本要求等于以下两项之和

（1）各项商品净头寸的绝对值之和乘以 15%；

（2）各项商品总头寸（多头头寸加上空头头寸的绝对值）之和乘以 3%。

2. 商品衍生工具要转换成名义商品，并按上述方法计算资本要求

（五）期权风险

1. 只购买期权的商业银行适用简易的计算方法

（1）对于现货多头和看跌期权多头或现货空头和看涨期权多头，资本要求等于期权合约对应的基础工具的市场价值乘以特定风险和一般市场风险资本要求比率之和，再减去期权溢价，资本要求最低为零。（2）对于看涨期权多头或看跌期权多头，资本要求等于基础工具的市场价值乘以该基础工具的特定风险和一般市场风险资本要求比率之和与期权的市场价值两者中的较小者。（3）基础工具特定风险和一般市场风险对应的资本要求按表 3.12 计算：

表 3.12　　　　　　　　　　　买入期权的市场风险比率

基础工具	特定风险比率	一般市场风险比率
债券：		
政府	0	
合格（剩余期限）：	0.25%	表 * 规定的风险权重，按照
剩余期限为 6 个月或以下	1.00%	剩余期限（固定利率）或
剩余期限为 6 个月以上至 24 个月	1.60%	下次重定利率日（浮动利率）
剩余期限为 24 个月以上	8.00%	来计算
其他	0	
利率		
股票	8.00%	8.00%
外汇	0	8.00%
商品	0	15.00%

2. 卖出期权的商业银行适用于德尔塔 +（Delta - plus）方法

德尔塔 + 方法计算的资本要求由以下三部分组成：

（1）期权基础工具的市值乘以该期权的德尔塔值得到德尔塔加权期权头寸；然后将德尔塔加权头寸加入到基础工具的头寸中计算资本要求。

（2）伽马（Gamma）风险的资本要求。

$$伽马效应值 = 0.5 \times Gamma \times VU \tag{3.32}$$

基础工具为债券时：VU = 基础工具市值 × 表3.10中相应时段的风险权重；基础工具为利率时：VU = 基础工具市值 × 表3.10中相应时段的假定的收益变化；基础工具为股票、股指、外汇与黄金时：VU = 基础工具市值 × 8%；基础工具商品期权：VU = 基础工具市值 × 15%。同一基础工具每项期权对应的伽马效应值相加得出每一基础工具的净伽马效应值。若基础工具的净伽马效应值为负值，则伽马风险的资本要求总额等于这些净伽马效应值的绝对值之和。

（3）维加（Vega）风险的资本要求。基础工具维加风险的资本要求 = | （25% – 该基础工具波动率）× 该基础工具的各项期权的维加值之和 |。维加风险的资本要求总额，等于各项基础工具维加风险的资本要求之和。

（六）标准法的不足

标准法虽然具有便于计算（相对于内部模型法而言，其实标准法本身已经相当复杂），但标准法计量市场风险资本明显存在以下缺陷：（1）风险的资本的计提具有随意性。对股票和外汇计提相同8%的资本要求，但由于二者回报的波动率大相径庭，其实给银行带来的风险也不相同。即使同样是外汇风险，不同币种的波动性相差也非常远，计提相同资本也无法反映银行承受的风险状况。（2）采取简单相加方式计算资本需求，忽略了风险分散效应。比如，利率风险的资本要求就按不同币种分别计算一般和特定资本要求，再将二者简单加总，而没有考虑它们的抵消作用。（3）这种方法隐含假定银行各种风险的最大损失和最差状态在同一时间发生，这与多数的实际情况也不相符。

五、巴塞尔协议规定的市场风险资本内部模型法

由于标准法计量市场风险资本要求具有以上缺点，多数银行倾向于采取内部模型法计量市场风险资本要求。根据 1996 年巴塞尔委员会《资本协议市场风险补充规定》的要求，内部模型法的市场风险资本要求为

$$MRC_t^{IMA} = \max\left(\frac{3+k}{60} \times \sum_{i=1}^{60} VaR_{t-i}, VaR_{t-1}\right) + SRC_t \qquad (3.33)$$

其中，max（ * ）为最大值函数，（3 + k）为监管部门规定的审慎乘数，k 为附加因子值，根据 VaR 模型返回检验结果确定，$\frac{1}{60} \times \sum_{i=1}^{60} VaR_{t-i}$ 为 60 天内市场风险 VaR 值的平均值，VaR_{t-1}，为前一交易日的市场风险 VaR 值，SRC_t 为针对市场风险的特定风险要求。

（一）监管部门对实行内部模型法银行的要求

监管部门在批准银行使用内部模型法之前，要求银行必须满足一系列标准。

1. 内部模型法的定性要求

首先，银行董事会和高级管理层应积极参与风险控制，将风险控制视为业务的重要方面，并投入大量的资源。银行应拥有强有力且独立于业务部门的风险控制部门，负责银行风险管理系统的设计和运行。风险限额的设定必须基于 VaR 方法，内部审计部门必须对风险管理进行独立、定期审计。

其次，内部模型不仅用于计算监管资本的风险资本金，还必须能够完全满足机构日常风险管理的需要。风险管理部门必须对模型进行定期的事后检验和压力测试，以监测内部模型对各种外部市场环境的适应性。

最后，内部模型法的有效依赖于一个完整、实时的系统，该系统能将所有头寸信息集中记录在一个数据仓库中，并将其处理成可被 VaR 模型捕捉到的风险因子信息。

2. 内部模型法的定量标准

巴塞尔委员会要求银行行使的 VaR 模型符合以下定量标准：（1）

VaR 必须每天计算；（2）必须使用统一的建模参数，即 99% 的单侧置信区间和 10 天的持有期；（3）允许机构采取 1 天的 VaR 乘以 10 的平方根来代替 10 天的 VaR；用于测算资本的有效 VaR 是前一天的 VaR 和前 60 天 VaR 平均值乘以审慎倍数的较大者；风险因子的波动性及其相关性关系，应最少根据 1 年内 250 个交易日的历史数据进行估算；（4）银行更新其市场数据频率应不少于 3 个月一次；（5）如果无法获得市场风险因子间的实证相关关系，总体 VaR 的结果应为各种单风险因子 VaR 结果的简单代数和；（6）对于期权头寸，不仅要计量其线性的 Delta 风险，还需要对非线性的 Gamma 风险和波动的 Vega 风险进行计量。

计量 VaR（Value at Risk）模型是近年来国外兴起的一种金融风险管理工具。目前已被全球各主要的银行、公司及金融监管机构接受为最重要的金融风险管理方法之一。VaR 模型旨在估计给定投资工具或组合在未来资产价格波动下可能的或潜在的损失。VaR 方法的一个重要特点是提供了一种独特的风险度量方式，能直接比较面临不同风险的不同工具之间的相对风险度。它创造了一个统一的框架，在这一框架之上，所有金融风险均可以被看作同质风险进行度量、加总，根据高级管理层所需，提供有用的信息。

（二）附加因子 k 的计算

附加因子根据对 VaR 模型的事后检验结果确定。返回检验过程中，银行需要将每天实际的损益与 VaR 模型计量的结果进行比照，若实际损益超过 VaR 模型计量的结果则算出现一次偏差。根据对过去连续 250 个交易日内出现偏差的次数计算附加因子。具体见表 3.13①。

---

① 巴塞尔委员会：《关于使用"事后检验"法检验计算市场风险资本要求的内部模型法的监管框架》。

表 3.13　　　　　　　　　　附加因子的确定

区域	结果出现偏差的天数	附加因子 k 值
绿灯区	≤4	0
黄灯区	5	0.40
	6	0.50
	7	0.65
	8	0.75
	9	0.85
红灯区	≥10	1.00

（三）VaR 值的计量

（四）针对市场风险的特定风险要求（Specific Risk Charge，SRC）

特定风险资本要求的目的在于对个别证券发行者的独特因素所造成的损失进行缓冲。它包括个别债券或股票与市场整体偏离移动的风险、事件风险等，该数值由监管机构统一确定。

第五节　操作风险经济资本的计量

巴塞尔银行监管委员会于 2004 年 6 月发布了《统一资本计量和资本标准的国际协议：修订框架》，在 2006 年 6 月巴塞尔委员会发布了《统一资本计量和资本标准的国际协议：修订框架》完整版本，在此之前巴塞尔委员会于 2003 年 2 月发布《操作风险的管理监督准则》，上述文件共同描述了巴塞尔新资本协议框架下，银行操作风险管理应达到的最低要求和基本原则。

一、操作风险的定义和计量

1. 操作风险的定义

国际金融界对操作风险的定义林林总总，不同的组织机构对操作风险提出了不同的定义。总体来看操作风险的定义有两种方式，即间接法和直接法。间接定义法把信用风险、市场风险以外的风险都定义为操作风险。直接定义法则是对操作风险内涵与外延进行清晰界定，在诸多直接定义法里以英国银行家协会（BBA）所做定义较为完整，BBA 认为，操作风险是由于内部程序、人员、系统的不完善或失误，或外部事件造成直接或间接损失的风险。这一定义得到了国际金融界广泛认可，在新资本协议制定过程中，巴塞尔委员会借鉴了 BBA 对操作风险的定义，将新资本协议造作风险定义为：由不完善或有问题的内部程序、人员及系统或外部事件所造成损失的风险。本定义包括法律风险，但不包括策略风险和声誉风险。按照常见的方法，操作风险可以分为交易处理风险、欺诈、信息系统风险、技术风险、模型风险、会计风险、法律风险等风险。

2. 操作风险的分布特点

与信用风险一样，操作风险的损失分布同样是一个非对称的偏峰、厚尾分布，而且操作风险的分布较信用风险的不对称性更加强烈，操作风险损失可能超过 10 个德尔塔距离很多。

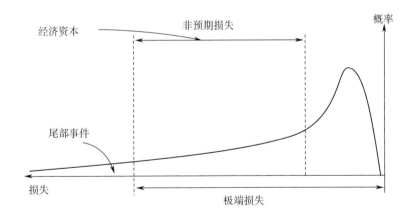

图 3.8　操作风险损失分布

操作风险损失对银行的打击有的时候是毁灭性的，非常极端的操作风险一旦出现往往造成银行直接倒闭，这并不是用资本可以抵御的。典型的操作风险事件包括英国巴林银行由于操作员里森的隐藏交易使一家百年银行宣告破产；DBS 香港分行在进行办公场所装修过程中将装有客户存放珠宝、首饰甚至家谱的保险箱投入大海，给银行的形象造成极坏影响；大和银行、国民威斯敏斯特银行、住友银行的操作风险案例也十分典型。国内最近发生农业银行多起盗窃现金案件同样是操作风险，只是与国际上大银行操作风险造成的损失相比"小巫见大巫"罢了。最近发生在法国兴业银行的案例，再次提醒我们，操作风险对于银行来说可能是致命的，每个人都需要十分小心。

3. 操作风险资本的定量计量方法

最早提出操作风险量化模型的是 Duncan Wilson[1]，他认为造作风险可以适用 VaR 技术进行测度，银行可以建立来自内部和外部的操作损失事件数据库，并以数据操作损失的分布，通过设置一个置信区间，银行就可以计算出操作风险 VaR，也就可以以此作为基础计量操作风险经济资本需求。最早描述为操作风险分配经济资本的是信孚银行。1996年 10 月，信孚银行的 DOUGLAS 等人发表文章称，在信孚银行的实践中，首先是建立损失事件数据库，从而计算损失的然后用以计算风险资本。信孚银行使用 99% 的置信区间以使操作风险与信用风险、市场风险 RAROC 指标一致。

从着眼点不同，操作风险计量模型分为自上而下和由下至上两种。自上而下法着眼于总体的目标（例如净收入、净资产），然后考虑风险因素和损失事件对其造成的影响。而由下至上法则将总体目标分解为若干子目标，然后分别考虑风险因素和损失事件对它们的影响。

（1）自上而下法的模型一般采取以下步骤。首先确定目标变量；其次确定可以影响目标变量的因素；再次建立模型，反映目标变量和因素、事件的关系；最后计量变量的方差，将其中不能被外部因素解释的部分或者能被风险因子解释的部分作为操作风险。自上而下的模型包

---

[1]　Duncan Wilson, VaR in Operation, Risk, December 1995.

括证券因素分析法、收入模型法、开支模型法、操作杠杆模型法、情景分析法、风险概括模型法等。

这里以证券因素模型威力进行解释。证券因素模型可以用来分析上市公司的操作风险。选取的目标变量是股票的市值，解释变量是一些影响股票市值的因素。

$$r_t = a + b_1(\Delta P_t/P_t) + b_2(\Delta P_t/P_t) + b_3(\Delta P_t/P_t) + \cdots + \varepsilon_t$$

$$(3.34)$$

其中，r_t 是公司股票的收益率，$\Delta P_t/P_t$ 是第 i 个风险因素的收益率，b_i 代表了对这些因素的敏感程度。在确定了影响股票收益的因素以后，可以通过数据进行回归，然后将股票收益率的方差中不能被模型解释的部分作为操作风险，即 $(1-R^2)\,\sigma_{return}^2$，具体可以见图3.9。

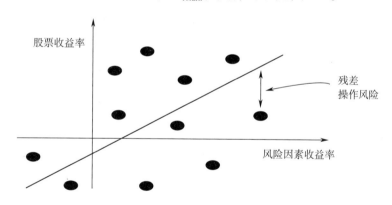

图3.9　操作风险计量的证券因素模型

（2）由下至上法。由下至上法首先考虑企业运转的一些因素（例如资产、负债、重要的经营过程、重要的资源等），然后考虑这些因素的潜在变化可能对目标变量带来怎样的影响。模型中一般使用风险因素或特定的损失事件来代表潜在的变化。建立模型的过程一般包括：第一，确定目标变量，一般为损益值、成本、资产负债值；第二，确定一些重要的过程和资源或者一些重要的资产和负债；第三，将这些过程和资源映射到一系列我们已经掌握了历史数据的风险因素和损失事件；

第四，模拟一定事件范围内的风险因素和损失事件的可能变化；第五，使用模型得出的分布和前面的映射关系，给出目标变量的可能影响。经常使用的自下而上的模型包括资产负债管理、市场因素模型、精算损失模型、随机模型、操作差异模型、压力测试、操作清单等。

二、巴塞尔协议规定的基本指标法

采用基本指标法银行持有的操作风险资本应定于前三年中各年正总收入乘以一个固定比率（用 α 表示）并加总后的平均值。如果某年的总收入为负值或零，在计算平均值时，就不应在分子和分母中包含这项数据。资本计算公式如下：

$$K_{BIA} = \left[\sum (GI_{1 \cdots n} \times \alpha) \right] / n \qquad (3.35)$$

其中，K_{BIA} 为基本指标法需要的资本，GI 为前三年中各年为正的总收入，n 为三年中总收入为正的年份，α 为 15%，由巴塞尔委员会设定。

总收入的定义为净利息收入加上非利息收入。这种计算方法的目的在于（1）反映所有准备（如未付利息的准备）的总额；（2）不包括银行账户上出售证券实现的盈利或亏损；（3）不包括特殊项目以及保险的收入。

三、巴塞尔协议规定的标准法

（一）标准法计量操作风险经济资本的基本方法

在标准法中，将银行业务分为 8 个类别，即：

1. 公司金融

对应的业务群组：兼并收购、承销、证券化、研究、债务、股本、银团、首次公开发行上市、配股。

2. 交易和销售

对应的业务群组：固定收益、股权、外汇、商品、信贷、融资、自营证券头寸、贷款和回购、经济、债务、经济人业务。

3. 零售银行业务

对应的业务群组：零售银行业务、私人银行业务、银行卡业务。

4. 商人银行业务

对应的业务群组：项目融资、不动产、出口融资、贸易融资、保理、租赁、贷款、担保、汇票。

5. 支付和清算

对应的业务群组：支付和托收、资金转账、清算和结算。

6. 代理业务

对应的业务群组：第三方账户托管、存托凭证、证券代出、公司行为。

7. 资产管理

对应的业务群组：第一，可支配基金管理：集合、分散、零售、机构、封闭式、开放式、私募基金；第二，非可支配基金管理：集合、分散、零售、机构、封闭式、开放式。

8. 零售经纪

对应的业务群组是执行指令等全套服务。

在各产品线中，总收入是广义指标，代表业务经营规模，因此业务大致代表各产品线的操作风险暴露。计算各产品线资本要求的方法是，用银行的总收入乘以该产品线适用的系数（用 β 值表示）。β 值代表行业在特定产品线的造作风险损失经验值与该产品线总收入之间的关系。应该注意的是，标准法是按各产品线计算总收入，而非在整个机构层面计算，例如，公司金融指标采用的是公司金融业务产生的总收入。

总资本要求是各产品线监管资本按年简单加总后取三年的平均值。在任何一年，任何产品线负的资本要求（由负的总收入造成）可在不加限制的情况下，用于抵消其他产品线正的资本要求。但如果在给定年份，各产品线加总的资本要求为负值，则当年分子项为零。总资本要求如下所示：

$$K_{TSA} = \left\{ \sum_{years1-3} \max\left[\sum_{i=1}^{8} (GI_i \times \beta_i), 0 \right] \right\}/3 \qquad (3.36)$$

其中，K_{TSA}为用标准法计算的资本要求，GI_i为第 i 个产品线当年的总收入，β_i为由巴塞尔委员会规定的比率值。

根据巴塞尔委员会规定，各产品线的 β 值如表 3.14 所示。

表 3.14   各产品线的 β 值

产品线	β 系数
公司金融（$\beta1$）	18
交易和销售（$\beta2$）	18
零售银行业务（$\beta3$）	12
商业银行业务（$\beta4$）	15
支付清算（$\beta5$）	18
代理服务（$\beta6$）	15
资产管理（$\beta7$）	12
零售经济（$\beta8$）	12

（二）使用标准法的资格标准

为具备使用标准法和高级计量法的资格，银行必须至少符合监管当局以下规定：

（1）银行的董事会和高级管理层积极参与操作风险管理框架的监督；

（2）银行的操作风险管理系统概念稳定，执行正确有效；

（3）有充足的资源支持在主要产品线上的控制及审计领域采取该方法。

巴塞尔委员会认为，鉴于一些国际活跃银行将希望采用标准法，具备足够的操作风险管理系统尤为重要。因此国际活跃银行采用标准法必须符合以下标准：

①银行的操作风险管理系统必须明确界定操作风险的管理功能。操作风险的管理功能用于开发出识别、监测、控制/缓释操作风险的策

略；制定银行全行的操作风险管理和控制政策和程序；设计并实施银行的操作风险评估方法；设计并实施操作风险报告系统。

②作为银行内部操作风险评估系统的一部分，银行必须系统地跟踪与操作风险相关的数据，包括各产品线发生的巨额损失。必须将操作风险评估系统整合入银行的风险管理流程。评估结果必须成为银行操作风险状况监测和控制流程的有机组成部分。例如，该信息必须在风险报告、管理报告和风险分析中发挥重要作用。银行必须在全行范围内采取激励手段改进操作风险管理。

③必须定期向业务管理层、高级管理层和董事会报告操作风险暴露情况，包括重大操作损失。银行必须制定流程，规定如何针对管理报告中反映的信息采取适当行动。

④银行的操作风险管理系统必须文件齐备。银行必须由日常程序确保符合操作风险管理系统内部政策、控制和流程等文件的规定，应当规定如何对不符合规定的情况进行处理。

⑤银行的操作风险管理流程和评估系统必须接受验证和定期独立审查。这些审查必须涵盖业务部门的活动和操作风险管理岗位的情况。

⑥银行操作风险评估系统（包括内部验证程序）必须接受外部审计师和/或监管当局的定期审查。

四、巴塞尔协议的高级计量法

高级计量法是指银行运用相关定量和定性标准，通过内部操作风险计量系统计算监管资本要求，使用高级计量法要得到金融监管当局的批准。

（一）高级计量法下经济资本的计量方法

高级计量法又包括内部衡量法（Internal Measurement Approaches，IMA）、计分卡法（Scorecard Approaches，SA）、损失分布法（Loss Distribution Approaches，LDA）。

1. 内部衡量法

IMA 法是比基本指标法、标准法更为复杂的操作风险计量方法。这一方法鼓励银行根据自身的内部损失数据，通过建立适当的风险管理模型来计算操作风险资本金配置要求。主要步骤包括：（1）将银行业务划分为不同的业务种类（Business Line），并制定操作损失分类（Loss Type）。（2）对每一业务种类与操作损失的组合，给予以往内部损失数据设定参数 PE（Probability of Loss Event）及 LGE（Loss Given that Event）。EI × PE × LGE 即为该组合的可预见损失 EL（Expected Loss）。（3）对每一业务种类（i）与操作损失（j）的组合，监管机构设定一系数 γ，用以将所计得的可预见损失转换为操作风险资本要求。将所有业务种类与操作损失的组合所计算的资本金配置要求相加，即为银行的总操作风险资本要求。

$$CapitalCharge = \sum i \sum j \left[\gamma(i,j) \times EI(i,j) \times PE(i,j) \times LGE(i,j) \right]$$

$$(3.37)$$

2. 计分卡法

SA 法主要是包括多项前瞻性的关于操作风险的指标。通常金融机构运用这种方法来分配其他方法预测出来的所需资本金。用计分卡法计算操作风险的方法可以表示为

$$K(i,j) = EI(i,j) \times \omega(i,j) \times RS(i,j) \qquad (3.38)$$

其中，EI 代表风险敞口，RS 代表风险评分（Risk Score），ω 是一个比例因子（Scaling Factor）。SA 法必须建立在良好的定量基础之上，并通过历史数据来确证其风险评估。

3. 损失分布法

LDA 法是新资本协议衡量操作风险几种方法中最复杂的，是高级计量法中的更高版本。银行根据过去内部数据，估计每一业务种类/风险分类的以下两个可能性分布：单一事件的影响以及次年事件发生的概率。

基于以上两项估计数据，银行可计算累计操作损失的分布概率。将所有业务种类/风险分类的风险值（VAR）相加，即为银行总操作风险资本金配置要求。

（1）LDA 法配置的基本设定

新资本协议要求，银行首先要区分不同的业务种类和事件损失种类，现以 i, j 分别表示业务种类和事件损失种类。$\zeta\ (i, j)$ 表示 i 业务线、j 损失类型一个损失事件的损失量。将 $\zeta\ (i, j)$ 的损失程度分布表示为 F_{ij}。在损失分布法中，i 业务线、j 损失类型在事件 t 和事件 $t + \tau$ 之间损失为

$$\theta(i,j) = \sum_{n=0}^{N(i,j)} \zeta_n(i,j) \tag{3.39}$$

G_{ij} 是 $\theta\ (i, j)$ 的分布，G_{ij} 是个复合分布。

当 x 大于零时，$G(i,j) = \sum_{n=1}^{\infty} p_{i,j} F_{i,j}^{n*}(x)$

当 x 小于零时，$G(i,j) = p_{i,j}(0)$。

其中，* 表示分布函数的卷积算子（convolution oprator），F^{n*} 表示自身的 n 重卷积（有 $F^{1*} = F$, $F^{n*} = F^{(n-1)*} \times F$）。

（2）计算单个业务线、单个损失种类的风险资本

根据损失分布法，资本要求或风险资本反映了操作风险大小，可以作为操作风险的风险值指标。

给定置信水平 α，在此水平上操作风险的非预期损失 $UL\ (i, j)$ 是：

$$UL(i,j;\alpha) = G_{i,j}^{-1}(\alpha) - E[v(i,j)] = \inf\{x \mid G_{i,j}(x \geq \alpha)\} - \int_0^{\infty} x dG_{i,j}(x) \tag{3.40}$$

巴塞尔委员会根据式（3.40）定义的非预期损失概念，将风险资本直接定义为非预期损失，即 $CAR(i,j;\alpha) = UL(i,j;\alpha)$

（3）计算整个银行的操作风险资本

新资本协议建议的内部计算法计算整个银行的操作风险资本的方法是，将每一业务条线上的风险资本加总，即

$$CAR(\alpha) = \sum_{i=1}^{i} \sum_{j=1}^{j} CAR(i,j;\alpha) \qquad (3.41)$$

（二）实施高级计量法的资格标准

1. 一般标准

（1）银行的董事会和高级管理层积极参与操作风险管理框架的监督；

（2）银行的操作风险管理系统概念稳定，执行正确有效；

（3）有充足的资源支持在主要产品线上的控制及审计领域采取该方法。

2. 定性标准

（1）银行必须建立独立的操作风险管理岗位，用于设计和实施银行的操作风险管理框架。

（2）银行必须在全行范围具备对主要产品线分配操作风险资本的技术，并采取激励手段鼓励改进操作风险管理。

3. 定量标准

（1）银行需要证明其操作风险计量方式符合与信用风险 IRB 法相当的稳健标准。银行在开发系统的过程中，必须建立操作风险模型开发和独立验证的严格程序。

（2）操作风险内部计量系统必须与委员会规定的操作风险范围和损失事件类型保持一致。

（3）监管当局要求银行通过加总预期损失（EL）和非预期损失（UL）得出监管资本要求，除非银行能够证明在其内部管理流程中已经充分考虑了预期损失。

（4）银行的风险计量系统必须足够"明细"（granular），从而能够

捕捉影响损失估计分布尾部形态的主要因素信息。

（5）银行风险计量系统必须具备某些关键要素，包括内部数据、相关的外部数据、情景分析和反映银行经营环境及内部控制体系情况的其他因素。

（6）银行需要在总体操作风险计量系统中建立可信、透明、文件齐备且可验证的方法，以确定各基本要素在总体操作风险计量系统中的权重。

4. 内部数据

（1）银行必须按照规定跟踪收集记录内部损失数据。用于计算监管资本的内部操作风险计量方法，必须基于对内部损失数据至少 5 年的观察，银行如果是初次使用高级计量法，也可以使用 3 年的历史数据。

（2）银行必须建立文档齐备的程序，以持续地评估历史损失数据的相关性，包括在何种情况下采用主观的推翻、调整系数或其他调整措施，采用到何种程度以及谁有权做此决定。

5. 外部数据

银行的操作风险计量系统必须利用相关的外部数据，尤其是当有理由相信银行面临非经常性、潜在的严重损失时。

6. 风险缓释

高级计量法允许银行出于计算最低监管资本的需要，在计量操作风险时承认保险的风险缓释影响。

7. 局部使用

在符合相关规定的情况下，银行可以就部分业务使用高级计量法，对其余业务使用基本指标法或标准法。

本章小结

本章通过对经济资本需求的定义，从理论上确定了商业银行所需要经济资本总量大小。通过分析，笔者认为风险偏好的确定是经济资本得以准确计量的前提和保证。本章还对银行面临的三大风险经济资本需求的计量从理论上和操作上给出了解释，并且对监管机构规定的监管资本计量方法进行了扼要介绍。本章内容是后文进行经济资本供求均衡分析的重要理论基础，同时也是主动经济资本管理理论框架的重要组成部分。

第四章 商业银行经济资本的 供给和分配

第三章我们对商业银行经济资本的需求进行了详细的描述，本章将着重阐述经济资本的供给以及经济资本的分配。一方面经济资本的供给与经济资本的需求相平衡才能达到经济资本管理的目的，同时如何求得经济资本的平衡也是实施主动经济资本管理的核心。另一方面，经济资本的分配过程中所体现的理念又是实现经济资本管理价值创造目标的重要手段。因此，本章具有承上启下的功能，是全文的核心内容之一。

第一节 商业银行经济资本的供给

一、经济资本供给和经济资本供给管理定义

银行经济资本是银行内部管理的重要工具和手段，但经济资本需求更多是一个资本管理中的被动概念，是计量结果的一个体现。要想将经济资本管理与银行业务发展有效衔接，并且展开对经济资本的主动管理，经济资本需求的界定就显得十分必要。但在论文撰写过程中，笔者查阅了大量的资料，并为发现目前有理论和实务工作者对经济资本供给进行清晰准确的定义。

试想，如果一个银行 CEO 坐在办公室里准备做这一年的经济资本分配计划，我相信他脑海里浮现的第一个问题就是：我到底向业务单元

分配什么东西？他如果被告知"经济资本只是一个理论上的东西，无法和实际上的资本进行联系和对应"，简单概括就是我们并不知道我们究竟要分配什么。我敢肯定，他马上会感到无所适从、一头雾水。连分配什么都不知道，如何来做决策呢？

为搭建完整的主动经济资本管理框架，也为经济资本管理和理论及实务工作者进一步展开研究提供基础，笔者尝试着对经济资本供给进行了如下定义：经济资本供给能够确保银行在非预期损失冲击下正常运营的银行财务资源总和，在内容上可以包括股本、未分配利润、次级债以及其他能够在非预期损失发生时用于弥补损失的财务资源。这里的经济资本供给定义源于对经济资本对商业银行资本的理论分析（具体分析见后）。首先，银行经济资本供应定义中将经济资本供应定义为一种财务资源，这种财务资源是银行能够用来抵御非预期损失的；其次，银行供应经济资本的目标是确保银行能够持续稳健经营；最后，银行经济资本作用是抵御非预期损失。

同时，笔者将银行经济资本供给管理界定为银行通过充分利用资本筹集和消费渠道，有效调节银行经济资本供给数量，从而使经济资本供给总量与经济资本需求总量实现动态平衡的过程。在经济资本供给管理过程中，各家银行需要根据自身的业务发展战略、风险偏好等诸多因素对经济资本供给给出适合本行情况的具体定义。

经济资本供给的定义在理论和观念上为银行实施资本约束和指导业务发展的作用打下了基础。以往人们一谈到经济资本，不去区分经济资本的供给和需求，要么从抵御非预期损失的理念出发对经济资本进行阐述，要么从经济资本的计量出发对经济资本进行阐述。上述阐述都无法使经济资本的理念与银行业务发展的实际情况紧密结合在一起，对银行实施资本约束和资本控制作用不大。而可用经济资本和资本供给的提出，使我们认识到，银行的经济资本与监管资本同样是有成本的，并且是稀缺的，银行业务的发展需要受到经济资本的约束。同时对约束银行业务发展的经济资本供给总量也给出了明确建议。这样，银行就可以基于经济资本管理的理念对经济资本进行分配，并实施业务发展的资本约束。

经济资本供给概念清楚地告诉我们，经济资本并不仅仅是看不见摸不着的空中楼阁，它是银行实际持有的可以用来抵御非预期损失的资本值，是从银行管理者的角度出发告诉人们银行究竟可以承担多大的风险，即银行业务扩张的速度和规模最大可以达到什么样的程度，管理者仍然有信心确保银行在一定置信区间内保证银行不会倒闭。

上述经济资本供给的概念很好地回答了银行 CEO 的疑问。我们可以明确地告诉他，我们分配的就是银行可以支配的经济资本供给总量。至于经济资本供给总量是多少，我们在接下来的内容中逐步展开。

二、经济资本供给的理论分析

（一）监管资本供给的理论分析

1. 监管资本制度的理论分析

如第二章所述，银行资本需求的理论根源来自委托—代理关系的存在、信息的不确定性以及银行挤兑风险的存在及其危害。监管机构确定银行需要持有必要的监管资本正是为了解决上述理论难题，因此从理论上讲，被监管机构接受的可用资本具有以下三个特点。

（1）其索偿权低于已保险存款资本。在政府（监管部门）介入前，这部分资本会为银行提供缓冲区；

（2）具有长期资本性质，即在银行发生挤兑时也是稳定的资金来源，从而降低银行挤兑风险，为监管机构研判局势提供时间；

（3）能够帮助降低银行道德风险，防止银行利用网络之便，故意提高资产负债率，承担过多的风险。

根据以上理论分析，银行不同的资本来源具有不同的资本性质。

（1）股本金。股本索偿权最低，并且危机发生时无法撤回。但是股本金无法限制银行的风险承担，因为股本金只能从银行杠杆率的角度限制其风险承担，无法限制银行资产组合的风险，股本金与资产组合风险之间的联系并不紧密。所以，较高的股本比率不一定能够降低银行违约的概率，也无法解释银行业绩的波动。

（2）次级债。次级债的索偿权仅高于股本，也可以认为是长期资本，因为它的期限一般较长，危机出现时很难得到偿还。虽然次级债会增加银行的杠杆，但是它可以降低银行资产组合的风险。如果次级债持有人没有储蓄保险的保护，他们就会非常严格地监督银行的风险变化情况，并且在必要时会进行干预。

（3）未保险债务（级别较高的债务和其他未保险债务）。这些债务的索偿权很高。它们不是长期"有耐心"的资本，银行挤兑时可能会首先撤离，未保险债务不是监管机构认可的资本，尽管它也对银行承担的风险进行监控。

2. 从经济角度对监管资本的解读

图 4.1 显示了银行整体价值的分布情况，其形状是由银行资产的风险所决定的。我们发现，银行的预期资产回报率为正。但由于银行持有的是风险资产组合，最终资产回报率将围绕预期价值上下波动。银行在某个正概率下会遭受巨大损失，并且在某个临界水平出现违约情况。在这个关键点，银行将产生危机成本，避免该成本的发生也就是风险管理存在的主要理由；同时，该成本可以解释为什么整体风险管理对银行至关重要。银行持有的资本越多，损失超过违约点并导致违约发生的情况就越不可能出现。所以，持有更多资本可以使银行更安全，这同监管机构的观点相一致。

由于资产价值下降意味着经济损失，各关联方不得不根据各自的索偿权顺序承担这些损失：

（1）银行的损失准备用于冲销预期损失，为资产组合提供缓冲和

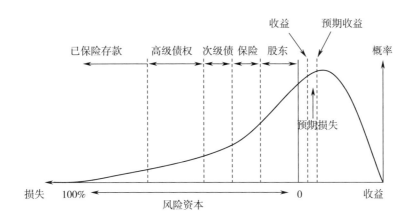

图4.1　银行损失分布与吸收

"保险"。

（2）如果损失大于准备金，那么收益将会受到影响。

（3）股东作为公司剩余权益持有人，一旦不存在剩余资产收入，就不得不面对相应的损失。

（4）既然银行购买保险以避免某些资产的价值减少，那么保险公司将承担相应发生的损失。

（5）当损失超过股权价值和保险时，较低级别的债权人发生损失的概率最高，他们将承担损失的一部分。

（6）当损失数量较大时，较高级别的债权人也不能幸免于难。

（7）损失在5和6之间的某个水平时会大大增加"银行挤兑"的概率，政府机构会介入，努力拯救银行。如果储户遭受损失，整个银行系统的存款保险将给予一定数量的弥补。

（8）当储蓄金额超过可被弥补的金额，已保险的储户不得不自己承担这部分损失。

关键一点是所有关联方是否可以就风险资本的规模达成一致意见，用以防范银行资产的风险所累积的潜在损失。风险资本如何在各个关联方之间分配是一个谈判的结果，直到达到一个经济平衡状态。这个谈判过程相当艰苦而复杂。

3. 监管机构承认的资本

监管机构接受一级资本和二级资本，它们能够承担缓冲作用。两者都属于账面金额，可以从银行资产负债表中直接获得。我国监管机构认可的资本主要包括[①]：

（1）核心资本

实收资本：投资者按照章程或合同、协议的约定，实际投入商业银行的资本。

资本公积：包括资本溢价、接受的非现金资产捐赠准备和现金捐赠、股权投资准备、外币资本折算差额、关联交易差价和其他资本公积。

盈余公积：包括法定盈余公积、任意盈余公积以及法定公益金。

未分配利润：商业银行以前年度实现的未分配利润或未弥补亏损。

少数股权：在合并报表时，包括在核心资本中的非全资子公司中的少数股权，是指子公司净经营成果和净资产中不以任何直接或间接方式归属于母银行的部分。

（2）附属资本

重估储备：商业银行经国家有关部门批准，对固定资产进行重估时，固定资产公允价值与账面价值之间的正差额为重估储备。若银监会认为，重估作价是审慎的，这类重估储备可以列入附属资本，但计入附属资本的部分不超过重估储备的70%。

一般准备：一般准备是根据全部贷款余额一定比例计提的，用于弥补尚未识别的可能性损失的准备。

优先股：商业银行发行的、给予投资者在收益分配、剩余资产分配

---

① 中国银行业监督管理委员会：《商业银行资本充足率管理办法》，银监会网站。

等方面优先权利的股票。

可转换债券：商业银行依照法定程序发行的、在一定期限内依据约定条件可以转换成商业银行普通股的债券。计入附属资本的可转换债券必须符合以下条件：

第一，债券持有人对银行的索偿权位于存款人及其他普通债权人之后，并不以银行的资产为抵押或质押；

第二，债券不可由持有者主动回售，未经银监会事先同意，发行人不准赎回。

长期次级债务：是指原始期限最少在五年以上的次级债务。经银监会认可，商业银行发行的普通的、无担保的、不以银行资产为抵押或质押的长期次级债务工具可列入附属资本，在距到期日前最后五年，其可计入附属资本的数量每年累计折扣20%。如一笔十年期的次级债券，第六年计入附属资本的数量为100%，第七年为80%，第八年为60%，第九年为40%，第十年为20%。

（3）资本扣减项

首先，商业银行计算资本充足率时，应从资本中扣除以下项目：

—商誉；

—商业银行对未并表金融机构的资本投资；

—商业银行对非自用不动产和企业的资本投资。

其次，商业银行计算核心资本充足率时，应从核心资本中扣除以下项目：

—商誉；

—商业银行对未并表金融机构资本投资的50%；

—商业银行对非自用不动产和企业资本投资的50%。

（二）经济资本的理论分析

从理论角度看，经济资本是确保银行免受"挤兑"所需要的资本。经济资本是对银行整体在保证一定置信水平下的偿付能力所需资本的一个估计，置信水平等同于银行优先债务的目标评级。银行持有经济资本的目的就是保证银行远离挤兑临界点的风险资本，经济资本是由股东和较低级别债权人提供的。经济资本是一种抽象资本，不同于股权资本，但是，经济资本同监管资本的视角非常接近。这一关系如图4.2所示。

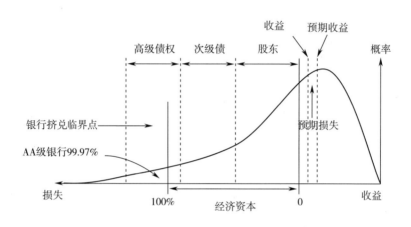

图4.2　银行损失分布与经济资本关系

可见，银行持有经济资本的目的是保证银行在一定的置信水平下持续经营，也就是说，是保证银行在不低于预先设置的置信水平下不受到挤兑的威胁。从这一理论分析出发，实际上所有可以使银行免受挤兑危险的资金来源都可以定义为经济资本。只要我们采取一个可观察的标准确定了银行挤兑的临界点，也就清楚了银行在临界点之前可以用来抵御损失的全部资产组合，这个组合就可以直接定义为可用经济资本。例如，银行 AA 级优先债务一般违约概率在 1 ~ 3 个基点。所以很容易判断优先债务的损失为零，置信水平为 99.97% 时挤兑临界点的分布位置。

三、经济资本供给的数量分析

从以上理论分析可以知道，经济资本与监管资本性质接近，只是观察问题的角度有所区别。监管资本是从监管者的角度，为保证银行稳健经营提出的外在限制条件，其目的是确保银行远离挤兑危机以使经济免受金融危机的困扰。监管关于合格资本的定义既是理论上归纳，也是对国外多家先进银行的实践的一个总结，基本符合银行发展要求并具有可操作性。经济资本从银行内部管理需要出发，目的是确保银行在既定的置信水平和持续期间内免受意外情况的冲击而倒闭，其理论的出发点与监管资本是一致的。但从经济资本抵御非预期损失的定义出发，与监管资本略有区别。从数量上看，准备金作为抵御预期损失的财务资源，在统计意义上是银行正常经营中必然发生的风险成本。监管部门虽然将准备金列入附属资本，准备金无法发挥经济资本所要求的抵御非预期损失作用，因此不能作为经济资本供给的一部分。因此，作为准备金与预期损失的差额部分需要从监管资本中扣除以作为可用经济资本，具体的资本结构关系见图4.3。

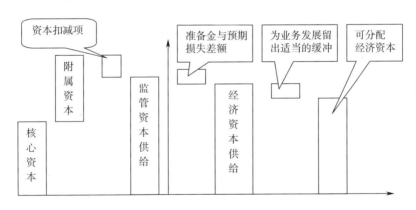

图4.3　经济供给总量

从数量角度说，核心资本加上附属资本减去资本扣减项就得到了银行的监管资本供给总量。从以上分析可以知道，监管资本的经济学含义同样是抵御银行挤兑的风险。从监管资本供给过渡到经济资本供给，需要增加一个调整项，即准备金与预期损失的差额。如果银行的预期损失高于准备金，则当损失发生时银行需要用自有资本进行弥补，而当准

备金高于预期损失时，高出的部分银行可以用来弥补非预期损失。因此，可用经济资本与可用监管资本之间的数量关系可以表示为

$$\begin{array}{l}\text{经济资本} \\ \text{供给总量}\end{array} = \begin{array}{l}\text{监管资本} \\ \text{供给总量}\end{array} \pm \begin{array}{l}\text{准备金与预期} \\ \text{损失的差额部分}\end{array}$$

$$= (\text{核心资本} + \text{附属资本} - \text{扣除项}) \pm \begin{array}{l}\text{准备金与预期} \\ \text{损失的差额部分}\end{array}$$

$$(4.1)$$

长期以来，由于政策原因我国的商业银行损失准备计提严重不足，这也就严重侵蚀了银行的风险承担能力，经济资本供给总量大打折扣。而欧美等发达国家银行，不良资产拨备覆盖率往往超过100%，有的甚至超过150%，增加了抵御非预期损失的能力，经济资本供给总量也随之大大增加。

并不是所有的经济资本供给都可以用来分配，原因是银行需要留有充分的机动空间以应对可能发生的不确定性事件，同时也需要为战略发展的业务留出适当空间。用于缓冲的经济资本数额一般都在银行的风险偏好中进行清晰表述，比如，若一家银行的风险偏好表述为各项业务的经济资本占用总额不得高于资本总额的85%，就表明有15%的经济资本被预留出来作为战略预备队来应付可能发生的不确定情况。比如ING银行规定核心资本必须不少于经济资本的120%。

扣除上述情况后，银行就得到了真正可以分配的经济资本总量，这也就解决了开头提到的困扰某银行CEO的棘手问题。现在，这位CEO可以着手进行经济资本的分配了。

四、资本供给与资本约束

在经济资本供给概念提出之前，人们对经济资本管理的概念更多是集中在如何计量业务中所需要的经济资本，也就是经济资本需求。对于计量出来的经济资本需求也主要是通过向业务部门征收必要的资本

成本来衡量部门的绩效。在这样一个逻辑体系内，经济资本约束是弱化无力的，经济资本不能形成对业务的实质性约束。

只有清晰界定了经济资本供给的概念，银行才能在有限的经济资本供应前提下，对业务实施有效的资本约束。理论工作者和银行的实务工作者才能从满足定义要求的角度出发寻求可以用来支持银行业务发展的经济资本资源，也才演化出了经济资本筹集渠道的选择和经济资本主动管理的概念。

经济资本供给概念的提出为商业银行经济资本的研究提供了全新的视角。从理论上讲，经济资本供给的界定为银行开展经济资本分配研究确定了对象（经济资本供给总量），为商业银行主动经济资本管理理念的建设打下了理论基础。

第二节　经济资本配置概述

一、资本配置的概念

目前人们对资本配置的概念理解并不统一，市场上比较流行的说法是"资本配置是指名义上或形式上计算支持业务的资本总量过程"[①]。国内的许多学者也将资本配置按照上述说法进行了定义（李文，2007；彭茂吾等，2003）。该观点认为配置的资本总数正常情况下不应超过但可以小于可得到的资本（即已投资资本）的总数。事实上管理层并不能在预先估计或类似做法的基础上分配所有的资本，因为这样不能对业务部门回报率的最大化起到激励作用。

有的学者从另一个角度提出了资本配置的概念，"在机构整体风险资本确定的基础上，风险资本配置的任务就是将机构的整体风险资本

[①]　克里斯·马滕：《银行资本管理——资本配置和绩效评价》，机械工业出版社，2004。

（或风险限额）分配至每一个业务部门。"①该观点认为，风险资本配置的目的在于一个与总体风险战略和股东目标相一致的业务风险组合。考虑到分散化效应，机构上层部门的风险资本限额要小于下层部门风险资本限额之和，即分配到最低单位的资本总量的算术加总有可能大于银行的资本总量。

由以上分析可以看出，目前对经济资本配置的理解尚有很大分歧，有的认为是一个资本占用的计量过程（如马滕等），有的定义是将风险资本分配给各个业务单元。无论哪种经济资本分配的定义，都没有解释两个问题：第一，分配的是什么；第二，为什么分配经济资本。充分考虑以上已经有的定义以及经济资本分配对银行的作用等多方面因素，笔者将经济资本分配定义为：根据银行的发展战略和风险偏好，将可用来分配的经济资本供给总量分配到各个业务部门，以优化银行承担的风险总量和结构，并以此保证银行价值最大化目标的实现。

以上定义有以下几方面的优势：第一，明确了分配的对象为可用来分配的经济资本供给。以往各类经济资本分配论文都没有明确说明，分配的是什么，仅仅说明经济资本（或风险资本）分配到业务单元，缺乏可操作性。这里将分配对象明确为可用来分配的经济资本供给总量，便于银行在日常的工作中进行操作。第二，明确了经济资本分配的前提是遵守并确保发展战略和风险偏好的实现。我们知道，可用经济资本计量出来之后，如何分配到各个业务单元是面临的第一个问题，这里将遵守全行发展战略作为一个起点，有利于保证全行战略和风险偏好的实施。第三，明确了分配的目的是优化银行所承担风险的总量和结构，并以此为基础确保银行价值最大化目标的实现。实际上，经济资本的分配就是银行愿意承担的风险总量和结构的分配，也是全行资源的分配。经济资本在各个风险类型之间、各个业务条线之间的分配结果就决定了

---

① 王春峰：《金融市场风险管理》，天津大学出版社，2001。

银行将来承担风险的总量和结构。第四，经济资本分配的目标是实现银行价值最大化。银行之所以要把稀缺的经济资本分配给某个部门，完全是出于经济价值最大化的考虑。简单地说，就是这样的分配能够为银行创造更多的价值。可见，随着经济资本的分配，银行价值创造的目标也实现了。

二、经济资本配置的目的

银行以经营和管理风险作为自身的主要职责，向各个业务单元配置必要的资本是银行业务发展内在和必然的要求。同时，作为银行资本管理者，将经济资本进行配置存在以下几个目的。

1. 银行业务战略的实施

通过经济资本分配将银行的业务战略与风险战略、风险偏好有机结合。充分发挥经济资本对银行资源分配的调节作用，实现银行的业务战略、风险控制及资源配置要求相一致的目标。

2. 经营决策

银行决策者可以凭借 RAROC/EVA 决定部门/产品的取舍和产品定价，决定银行总体和各业务线的目标，制定业务扩张和业务收缩的战略调整计划。依据对各类组合资产的 EVA 和 RAROC 的动态监测，对 EVA 和 RAROC 指标恶化或有明显不利趋势的组合资产及时采取措施，通过调整新增资产业务结构，或通过对存量资产出售、证券化或其他信用衍生工具等方法进行积极处理，力求银行总体上在可承受的风险范围内实现收益的最大化。

3. 风险管理

银行可以将有限的经济资本在各类风险、各个机构和各种业务之间进行分配，计算各类组合资产的 EVA 和 RAROC，衡量各类组合资产的风险收益，对银行的总体风险和各类风险进行控制。

4. 绩效考核

经济资本的配置是基于银行各部门的风险状况，将银行的整体经济资本虚拟配置到银行所有的业务和产品线，甚至单笔业务和产品，并要求为所配置的资本取得足够的资本回报，以此进行绩效评估。RA-ROC/EVA 将不同类别的风险和收益统一起来，提供给银行一个标准化的指标来考核不同业务部门和分行的绩效。帮助银行建立一套透明、可信、及时和可操作的、将员工个人行为与银行业务战略和风险管理目标有机结合的风险调整的绩效考核体系。

三、经济资本配置方法的不同发展阶段

根据马滕（2004）的研究，资本配置方法可以分为两类：被动法和主动法。被动法是指这样一些资本分配方法，即把对银行、特定业务或交易等有所贡献的资本数量作为一个整体，但没有试图去控制这一数量。最简单的形式可能是银行向其监管者递交的监管资本要求报表。可能会用其他的资本定义（如风险资本）对其做进一步补充，并可能根据各个业务单元进一步细分。这一方法演进到下一步就会是将资本纳入绩效衡量。主动法是运用资本配置方法影响业务结果，调整配置给特定业务的资本，鼓励管理者使这些资本的回报最大化。例如，通过这种方法，银行的管理者可以调整业务可用的风险资本。

在主动法和被动法之间存在一种半主动的资本配置方法，即银行已经开始在计划流程中使用资本要求，为单项业务设定目标或界限。三种方法的发展阶段如图 4.4 所示。

当资本配置的方法作为绩效衡量方法的正式组成部分被管理者所接受时，被动法就转换到了主动法。如果没有这种转化，则资本对业务的归属关系仍然是一个理论问题——业务经理就不受资本的约束，任何企图通过改变资本配置来控制银行绩效行为都影响很小，甚至没有一点影响。

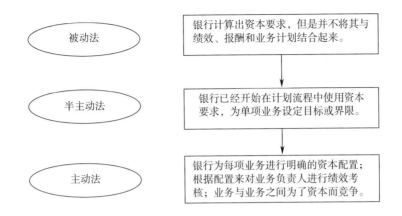

图4.4　资本配置法的典型发展阶段

从被动法转换到主动法有两个步骤。第一步，通过广泛的循环讨论计算，使管理者接受这种方法。比如，设定一个较宽的回报期望值，作为计划方法的一部分。第二步，资本回报率（或风险调整绩效衡量）成为与绩效相关的补充信息的正式组成部分，用来考察业务经理的绩效，甚至包括组织级次中较低级次的业务经理。现在银行在资本配置决策中就可以充当一个更为主动的角色了，与绩效衡量挂钩保证了业务经理有动力使分配到的资源创造更多收益。

四、经济资本配置的主体

如第一章所述，银行的资本管理存在四种不同的视角，这四种不同的视角代表了四种不同的资本管理参与者的角色。要想搞清楚究竟是哪一类资本管理者对资本分配起到决定作用，需要把四者关心的重点和所处的角色清楚地划分开来。

1. 司库

为全行业务发展提供合理的资本支持是司库的核心职责。司库主要关注各类资本的可得性，通过优化资本结构尽量降低资本成本。同时，司库还关心筹集资本的投资渠道，由于银行筹集的资本的渠道和投资的途径不同，银行资本投资常存在利率错配的风险，这也使资本投资成为司库的主要职责之一。

2. 风险管理者

风险管理者进行银行资本管理的核心是测量底部各种风险非预期损失的经济资本数量以及不同资本结构所面临的风险。风险管理者量化银行承担风险的过程中就相当于在不考虑资本充足率监管要求的情况下，测量银行真实需要的资本数量过程。

3. 股东

股东更关心投资产生了多少收益以及其回报有没有恰当地补偿投资的风险。股东衡量风险时只是观察实际收益的波动，而不是对风险敞口进行精密的自上而下的分析。

4. 监管者

监管者的角度是从银行外部出发，他们制定了游戏规则，是前面三者内部资本管理强制性的约束条件。

对这四者在资本管理中所处的位置和相互关系，马滕作了比较经典的总结[1]，具体可以参照图4.5。

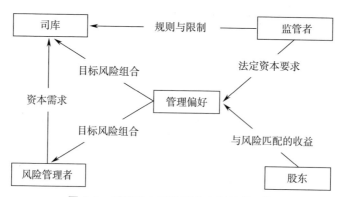

图4.5　看待资本四种观点之间的关系[2]

---

①　马滕：《银行资本管理》，机械工业出版社，2004。

②　马滕：《银行资本管理》，机械工业出版社，2004。

从四者在资本分配中的关系看，监管者属于银行外部机构，可以提出强制性的监管资本要求，但不能从银行内部发展的角度对银行资本分配提出硬性要求；股东关心的是投入银行的资本是否能够得到足额的回报，并且承担的风险总额是可控的，从这个角度看，股东类似于监管者对银行的具体资本分配并不感兴趣；司库的职责是负责银行所需资本的筹集，并将筹集来的资本投资出去。这种投资既包括对外的投资渠道选择，包括兼并、收购等的完成，也包括对内的投资，即将筹集到的资本向行内各业务条线、各业务单元进行投资，即资本的分配；风险管理者通过精密的数理统计模型将风险进行量化，并根据量化后的风险提出全行业务发展究竟需要多少资本的需求。根据以上分析可以看出，司库部门更多地承担着主动经济资本管理和从上到下分配方式的资本分配职责，而风险管理部门则承担着资本需求的准确计量并实现从下而上资本配置的职责。可见，银行要实现资本的有效分配，必须由司库和风险管理者有效配合才能够完成。

五、经济资本配置的过程

（一）自下而上与从上到下

从理论和实践上，经济资本的配置流程大概都有自上而下和自下而上两种。

1. 自下而上

自下而上通常是与被动的资本管理相对应，通常是根据各各业务单元所做业务的现状，依据特定的资本计量模型对各业务单元所承担的风险所需资本进行计量，并通过一定方法进行逐级汇总，最终得到银行实际业务运行中占用的资本总量，具体流程如图4.6所示。

采用自下而上流程进行资本配置，其限制条件仅有一个，即汇

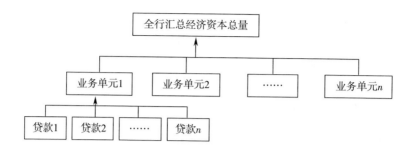

图 4.6　自下而上经济资本分配流程

总后的经济资本不能大于可用经济资本总量。但在实践中也存在一些问题，首先是资本分配决策是分散作出的，银行管理部门无法事先控制经济资本占用的多寡，到了具体占用数据出来的那一刻，是超出了银行经济资本供给总量还是不足银行都只能被动接受，在下一期再行调整。其次，由于决策的分散化，很难保证经济资本配置的最优化。A 部门和 B 部门都会不停占用经济资本，但却无法事先确定配置给谁更加有效。最后，经济资本削减决策很难做出。当经济资本占用超出银行全部的经济资本供给之后，究竟削减哪一个机构的经济资本占用，以及依据什么削减不太清楚，同时也容易造成经济资本配置过程的倒逼机制形成，即业务单元为使自身业务做大通常可以采取"先上车后买票"的办法，通过业务扩张对经济资本造成占用的既成事实，对资本管理部门实现倒逼，资本约束无法落到实处。

2. 自上而下

自上而下的资本配置流程，一般是资本管理部门根据全行业务发展战略和风险偏好，采取必要的手段对可用资本在不同风险种类、业务部门、业务条线之间进行分配，具体流程如图 4.7 所示。

可见自上而下的经济资本分配可以确保全行风险偏好的实现和发展战略的实施。

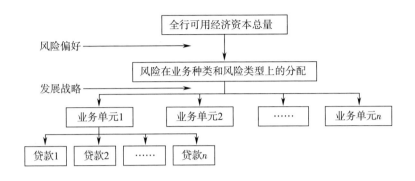

图 4.7　自上而下经济资本分配流程

（二）经济资本的分配过程

这里以自上而下的分配流程为例，简单介绍一下经济资本分配的大致过程。经济资本的分配大概需要经过五个步骤。

第一步，确定需要通过经济资本进行分配的风险种类。这是经济资本分配的基本问题，但这更多地取决于银行风险计量模型发展的程度和阶段。只有那些银行可以准确计量的风险，才可以通过经济资本进行分配。那些风险管理部门或者司库部门无法明确计量的风险，本身就无法明确如何通过资本进行抵御，也就无法进行分配。

第二步，识别并确定风险承担主体，并尽量将分配的风险专业化。风险承担主体的确定过程中，应该使每个主体承担的风险尽量专业化。原因在于：一是由于专业化风险分工可以使每一位员工更加专注于某一大类风险的研究，避免资源的浪费。并且往往从事某类交易的人员往往已经被证明是最适合这个岗位的人选，因此专业化可以产生更多的收益。二是审计和监督流程可以更加容易和高效。由于假定从事某类交易的员工只通过承担自己领域内的风险获得收益，审计过程中就不会出现反复扯皮的现象。三是通过清晰界定所承担风险的类型，可以在交易小组内部减少错误交易的出现。

风险主体的确定和风险区分的专业化需要建立在三个必要的基础上：首先，风险可以独立区分；其次，风险管理部门之间的配合高效，确保风险得到有效管理；最后，内部的对冲交易是基于来自市场的价格进行转移定价。

第三步，资本的分配过程，需要注意资本的集中化和分散化特点。确定了风险承担主体后，就需要分配资本的方法。一般来讲有三种方法进行资本的分配：一是自上而下的分配；二是通过谈判分配经济资本；三是通过建立内部资本市场来分配经济资本。第一种方法下，每一个风险承担主体风险资本的总量和绩效考评办法都由高级管理层直接确定。这种方法在高度集权化的银行中比较常见，这些银行的高级管理人员通常依据风险承担主体过去的经营情况和预期的盈利能力将经济资本分配到各个风险承担主体。

第四步，对风险承担单元的 RAPM 考核。准确的考核是基于正确的风险调整后绩效考评（RAPM）的计量办法之上，而要准确地计量每个单元的风险调整收益水平需要在两个方面进行决策：一是采取业务单元已经使用的经济资本还是分配给该业务单元的经济资本；二是使用分散化的经济资本还是未分散化的经济资本。

采取占用的经济资本还是分配的经济资本对业务单元的绩效进行考评将产生完全不同的结果。分配的经济资本是风险承担主体能够承担的最大风险，但往往没有用足，因此采取这一指标进行考核可能产生误导。而简单采取已经占用的经济资本进行考核，可能存在风险承担主体在月末考核时点通过交易认为减少占用资本量，从而调高绩效水平的可能。采用占用经济资本进行考评要注意两类风险，第一，风险主体主动占用非常少的经济资本而使经济资本浪费没有得到惩罚；第二，可能有很多业务单元存在强烈的经济资本需求，会对闲置的经济资本进行抱怨。为解决上述不足，建议采取占用经济资本加上限额内未占用经济资本的一定比率确定考核所用经济资本，即

$$EC = EC_1 + \alpha EC_2 \qquad (4.2)$$

其中，EC_1、EC_2 分别代表占用的经济资本和已分配未占用的经济资本，

α 为一个固定的系数，比如可以确定为20%，这样就可以从机制上保证分配的经济资本被尽量地使用出去，而且考核结果也更加公平。

采用分散化的还是未分散化的资本分配是考核面临的另外一个难题。由于存在分散化效应，一般来讲银行总的经济资本会小于各个业务单元经济资本的简单加总。如果采取分散化的分配方法，如何将这种分散化效应分配给业务部门有两种办法可以选择：第一，将分散化效应平均分配到各个业务部门；第二，采取内部贝塔值的方法进行分配。内部贝塔值可以定义为业务单元的收益与全行收益的协方差除以银行收益的方差。

目前被银行广泛接受的绩效考评工具是 RAROC（下文详细介绍）。

第五步，将风险调整绩效考评结果与激励和惩罚措施结合。这里的关键问题是决定是否将 RAPM 作为绩效考核工具以及何时采用。

第三节　经济资本配置的方法

经济资本的分配方法可以说是多种多样，传统的分配方法有资产变动法、收益变动法、系数法等。资产变动法更适用于信用风险资本的分配，收益变动法适合于全行角度和业务条线的资本分配，而系数法基本更多针对信用风险和贷款的分配。几种方法各有优劣，其中的系数法由于其简便易行的特点在实践中得到广泛应用。上述几种分配方法国内学者多有研究和建树，本文拟从现代金融风险管理理论的一些新发展的角度，介绍一些尚未受到大家广泛关注的经济资本配置方法。

一、经济资本分配的方法介绍

随着现代金融理论的发展，VaR 已经成为度量金融风险的重要手段，而基于经济资本分配的 RAROC 模型也成为各家银行绩效考评的重要工具。国外银行基于现代金融理论的思想开发了多种经济资本分配方法。具体有：

1. 基于市场数据的独立经济资本分配方法

这种方法将每一业务单元看作独立的、自行运作的业务单位。利用市场上每一业务大类平均的价格—收益比率（平均的 P/E ），每一业务经济资本分配量可以表示为

$$EC_j = (averageP/E)_j \times R_j \times F_a \qquad (4.3)$$

其中， F_a 为调整系数，是由银行确定的一个常数。银行整体的经济资本等于所有业务经济资本的简单加总。这一方法的不足是，由于它依据市场的平均 P/E 计算经济资本，忽略了分散效应。

2. 基于 RAROC 的比率得分方法

这一方法适用于与一个业务单元有关的相似组合的经济资本计量。这一方法基于 VaR 等现代金融风险计量手段。每项业务单位被乘以一个调整后的常数因子以实现分散化效应。而在独立经济资本分配的方法里，经济资本被简单相加而忽略了分散化效应。这一方法的缺陷适用于计算分散化效应的乘数因子可能存在时间上的不稳定性。

3. 内部 β 法

这一方法采取的是分散化的经济资本分配方法。这一方法用银行价值与每一业务单元价值之间协方差除以整个银行方差得到某一业务单元的 β 值。每一业务单元分配的经济资本与 β 成正比， β 值越高则该单元给银行造成的风险越大，需要的经济资本也就越多。这一方法的缺点有：第一，只能用于已经建立的业务单元，而无法对尚在建设中的单元进行分配；第二，如果资产价值出现偏峰分布则会产生误导效应。而银行信用业务恰恰就是偏峰分布。

4. 边际经济资本分配

这种方法类似于成分 VaR 的计量方法。成分经济资本分配方法是比照银行业务中包括业务单元 j 前后的经济资本变化情况来确定该业务单元的经济资本分配数额。

$$EC_j = EC - EC(without(j)) \tag{4.4}$$

所有边际成分经济资本的和等于加总的边际经济资本。一般银行加总的边际经济资本将小于银行全部经济资本的总量，就需要用每个业务单元的边际成分经济资本与加总的边际经济资本的比作为调节系数对每一业务单元的经济资本分配总量进行调整。

5. 套利定价理论（APT）法

APT 法基于银行收益的因素分析。这一方法假设，每家银行由一系列标准业务单元组成。每一类业务的回报都是模型的输入参数，每一家银行收益对这些参数的敏感度的总和为 1。这样，输入的因子就可以作为银行向该单元分配经济资本的权重。这一方法的好处是充分考虑了分散化效应。但这一模型对数据的要求较高制约了模型的应用。

6. 公允价值法

这一方法用净现值法或其他方法计量每一业务单元 j 的净资产价值（NAV_j）。然后这一方法需要两个参数：第一，一段时间内 NAV_j 的波动率；第二，置信水平。给定上述两个参数，每一单元的经济资本就等于 NAV_j 的 VaR 值。银行的经济资本就等于上述各项 VaR 值的简单加总。这一方法没有考虑 VaR 以及各业务单元经济资本间的相关性，也就忽略了分散化效应。

二、基于 RAROC 的经济资本配置

在所有风险调整绩效模型中，最清楚、简单、直观的方法应属风险调整后的资本收益模型（Risk - Adjusted Return On Capital，RAROC）。该模型在 20 世纪 70 年代由信孚银行开发，目前已经为市场上绝大多数银行所接受。

（一）RAROC 的定义

根据现代资产组合理论，RAROC 可以被认为是业务部门的一种 Sharpe 比率。其分子是未来的一段时间（下一年）或过去的一段时间

（上一年）的风险调整后收入的某种度量；分母是作为未预期损失度量的经济资本。即：

$$RAROC = \frac{\text{风险调整后的收入}}{\text{经济资本}} \tag{4.5}$$

1. 风险调整后的收入

风险调整后的收入一般采取的方式用银行业务收益减去各项成本、预期损失得到。这里的风险调整的概念就来源于各项收益被预期损失调整后获得的收入。

风险调整后的收入 = 收入 – 成本 – 预期损失

　　　　　　　 = 预期收入（一般利息收入 + 其他收入,如各种收费）

　　　　　　　 – 资金成本

　　　　　　　 – 无息费用（直接费用和间接费用 + 分摊的管理成本）

　　　　　　　 – 预期损失（ + 资本收益）

$$\tag{4.6}$$

对贷款而言，收入包括利息收入和收费收入，成本包括内部资金转移成本（COA）、各项费用分摊等成本，发放贷款给银行造成的预期损失从大数定律出发时银行一定要付出的成本，因此也要在收入中扣除，经过上述扣除就得到了风险调整后的收入。关于是否在风险调整后的收入中再加入一块经济资本投资收益，学者们表述各异。一般来讲，如果针对贷款的内部资金转移支出是按贷款金额的100%收取，则隐含假定就是贷款全部资金由内部资金提供，所分配的资本并未用于放贷，这样所分配经济资本的投资收益就应加回到风险调整后的收入上去，否则不加。存款的计算方法类似。

2. 经济资本

这里的经济资本完全按照以前我们计量每一笔业务经济资本需求时所使用的方法计量。但具体的经济资本数据需要根据限额等情况进行适当调整。RAROC 模型既可以针对整个银行，也可以针对每一单笔交易。RAROC 的准确计量需要银行具有准确的内部资金转移价格（FTP）体系和准确的成本分摊体系。

（二）基于 RAROC 的资本配置决策

由于经济资本对银行来讲既稀缺成本又非常高，因此，如何将有限的经济资本配置到业务中去常常成为银行的决策问题。当银行面临一系列不同的投资项目时，需要决策将经济资本配置到哪个项目能够增加银行价值时，RAROC 是一个非常有用的手段。一般来讲，基于 RA-ROC 的资本决策需要两个步骤：第一步，在一系列项目中决策哪些项目对银行是有利（即增加银行的经济价值）可以接受的，哪些项目需要拒绝；第二步，在所有通过决策的项目中选择最优项目进行经济资本配置。

当银行采取 RAROC 作为资本配置手段时，需要明确设置一个最低收益水平（Hurdle Rate），对于 RAROC 低于银行设置的最低收益水平的项目予以淘汰，只有收入大于最低收益水平的项目才成为银行的备选项目。最低收益水平通常根据银行业平均的资本回报水平或根据CAPM 模型推导而出。所以，基于 RAROC 指标的资本配置决策条件为

$$RAROC > Hurdle\ Rate \tag{4.7}$$

由于银行面临的项目可能非常多，因此 RAROC 大于最低回报要求的项目应该非常多，但银行的经济资本非常有限，如何在可行项目中选择成为下一步决策的关键。一般情况下，有两个办法解决，第一，按照项目 RAROC 的高低顺序排序，受益高者得；第二，计算一个经济资本权重，按照权重在各个业务条线进行分配。第一种方式比较简单，第二种方式主要的工作如下：

首先计算经济资本分配的权重：

$$\omega_j = EC_B \Big/ \sum_{j=1}^{n} EC_j \tag{4.8}$$

其中，EC_B为银行可获得的经济资本总量，EC_j代表通过最低资本要求检验的项目的经济资本配置需求。

则配置给第 j 个项目的边际经济资本为

$$\omega_j EC_j \qquad\qquad (4.9)$$

（三）最低回报率的确定

从全行角度看，银行对贷款产品的定价需要考虑资本市场或股东的最低期望回报率（Hurdle rate）。最低期望回报率即股东可以接受的最低回报，银行通常将最低期望回报率设定为资本成本。设定最低期望回报率包括对全行整体的最低期望回报率和不同业务单元的最低期望回报率，全行整体的最低期望回报率即股东期望的资本收益率。关于银行资本期望收益的确定，银行一般可以采用 ROE/ROA 方法、红利收益模型以及资本资产定价模型来实现，设定期望回报率的某个合理取值区间或范围，再进一步依据银行的发展战略和目标来确定具体数值。

银行可以考虑根据其在股票市场的表现情况以及股东目标期望回报率要求进行必要资本回报的设定。以下分别介绍两种股东目标期望回报率确定的方法：

1. 资本资产定价模型（CAPM）

应用资本定价模型作为设定资本收益率的基础，这一方法相对更加量化。资本定价模型是计算资本成本的标准化金融工具，已在包括银行业的各个行业广泛应用。这种方法实际上是在一个股权可以流动的市场上，通过对上市银行的风险溢价的计算，再加上无风险收益而得出银行的股权成本。资本定价模型在银行中的应用公式是

$$K_e = R_f + \beta(R_m - R_f) \qquad\qquad (4.10)$$

其中，K_e 为期望投资收益，即目标资本收益率，也即最低期望回报率；R_f 为长期无风险利率，银行通常使用国债利率作为无风险利率；β 为用

来衡量所持股票相对于市场的不稳定性[①]; R_m 为市场全部证券组合的收益率。

CAPM 模型表明股票的预期回报与贝塔值呈线性关系。在金融理论里系统性风险的大小是用贝塔值来衡量的。它是一项资产的未来回报率，与整个资本市场价值变动率之比。资本资产定价模型是建立在一个有效的资本市场前提之上的。国外有专门的机构会跟踪资本市场和个股动态，在对历史记录进行分析的基础上提供贝塔值。

2. 红利收益模型

对股权成本还可以通过红利收益模型测算：因为通常可以认为股票的价格是未来现金流的现值，在股票市场上股票的价格是可以观测到的，另外如果可以预测将来的红利和增长率，就可以得出银行的股权成本：

$$K_e = \left[D \times (1 + g)/P \right] + g \tag{4.11}$$

其中，K_e 为银行的股权成本；D 为公司发放的红利；g 为未来的增长率；P 为观察到的股票价格。

3. 最低回报率制定过程中其他需要考虑的因素

对于最低回报率的确定，可以按照银行的实际发展进程和市场环境选择适用的方法，包括以上提到的一般的 ROE/ROA 方法、红利收益模型以及资本资产定价模型。除此之外，具体实施中还应该考虑以下因素确定最低资本回报率。

为一般商业性贷款制定可接受的目标回报率——通过为贷款制定适当的目标回报率，并利用相应 RAROC 的计算结果，将风险因素真实地反映在具体项目评价中，通过比较 RAROC 计算结果与目标回报率的差异程度，对贷款、投资决策提供指导性意见。

为特殊情况的贷款制定较低的/较高的目标回报率——对于一些国

---

① 股票市场整体的 β 系数为 1。如果所持股票的波动性大于整体股票市场，其 β 系数大于 1，反之则小于 1。

家政策支持或压缩的贷款，RAROC 的计算结果可能会低于/高于最低回报率。银行应该针对产品的特点和国家对该项目的支持程度，适当地对这些贷款的目标回报率进行调整，以符合目前我国银行业发展的特点和银行在政治和策略方面的需要。

定期调整目标最低预期回报率 —— 最低回报率应该定期更新，以反映资本的市场价值。银行应建立目标最低预期回报率的定期调整制度，充分考虑由市场资金供求情况造成的融资成本波动，有效发挥 RAROC 客观尺度的功能。

（四）RAROC 模型的缺陷和改进

根据前面所述 RAROC 模型在资本配置过程中将 RAROC 与最低资本收益相比来决定项目的去留，这里的假设是低于最低回报的项目都不会增加股东价值。但这个假设可能导致实际操作中的错误决策。这源于 RAROC 模型假定违约概率是一个常数。这一假设与银行资本的预期收益固定不变相矛盾，原因是想维持银行的违约概率保持不变，则银行的资本回报率必须变化。同样，如果要维持银行的资本回报率保持不变，则违约概率必须变化。[1]

第二代 RAORC 模型有效克服了第一代模型的上述问题。第二代模型的主要方法论是使每项业务的风险与银行的资本的风险相联系。调整后的 RAROC 模型（ARAROC）采用下式进行计算：

$$ARAROC = \frac{(RAROC - R_F)}{\beta_E} \qquad (4.12)$$

其中，β_E 为银行资本的系统性风险，R_F 为无风险收益。

根据第二代 RAROC 模型，只要 ARAROC 大于市场的风险溢价

---

[1] RAROC 的核心前提之一是计算每笔交易所需要的经济资本，这样做的目的是为了将银行的违约概率稳定在一个水平（即所选定的置信水平）。所以若将银行违约概率表述成为一个期权模型，即如下式，其中的 d_2 应该为常数，根据 Black–Scholes 公式知道要维持 d_2 不变，必须改变资本结构，而资本结构的改变就表示资本回报率必须相应变化。反之亦然。$P\ (default)\ = P\ [V_{AT} < F]\ = -N\ (d_2)$。

（市场收益水平 R_M，与无风险收益率之间的差），投资项目就可以接受。因此，决策规则就变成了只要 $ARAROC \geq R_M - R_F$ 项目就可以接受。

比如，假定 RAROC 是 12%，无风险收益率为 5%，市场收益率（也等于最低收益水平）为 11%，银行资本的 $\beta_E = 1.5$。如果根据第一代模型，由于 RAROC 高于最低收益要求，项目可以接受。但根据第二代模型，$ARAROC = (0.12 - 0.05)/1.5 = 4.7\%$，而市场收益与无风险收益的差为 6%，ARAROC 小于市场上的风险溢价，项目应该被拒绝。

（五）基于 RAROC 的经济资本配置举例

1. 市场风险经济资本分配

基于 RAORC 的市场风险资本分配与市场风险的 VaR 值相关。基于 RAROC 配置的市场风险经济资本与未使用的市场风险限额以及风险限额超出情况相关。比如，假定在一定置信水平下银行计量 VaR 值，基于 RAROC 收取的经济资本可以表示为

$$EC_{\mathrm{RAROC}} = F_1(\mathrm{VAR}) + F_2[MAX(\mathrm{VAR}_{\mathrm{limit}} - \mathrm{VAR}, 0)]$$
$$+ F_3[MAX(\mathrm{VAR} - \mathrm{VAR}_{\mathrm{limit}}, 0)] \qquad (4.13)$$

其中，F_1 为用于调整每日计量的 VAR 模型中忽略的事件风险，F_2 为对未使用 VaR 限额征收的经济资本乘数，F_3 为对超过 VaR 限额部分征收经济资本乘数。

根据上述公式，由于存在互斥关系第二项或者第三项将等于零。比如，假设置信水平为 99% 的 VaR 限额为 100 000，$F_1 = 2.00$，$F_2 = 0.20$，$F_3 = 4.00$。我们计算以下两种情况下 RAROC 模型分配的经济资本：第一，VaR = 80 000；第二，VaR = 150 000。

第一种情况下，有部分 VaR 限额没有使用，则

$EC = 2(80\ 000) + 0.2(100\ 000 - 80\ 000) + 4(0) = 164\ 000$

第二种情况下，业务超出了 VaR 限额，则

$EC = 2(150\ 000) + 0.2(0) + 4(150\ 000 - 100\ 000) = 500\ 000$

2. 信用风险

RAROC 模型中信用风险征收的经济资本与标准化资本因子有关。标准化资本因子是信用评级和到期期限的函数。在给定信用评级水平，资本因子随到期日的增加而增加。同样，给定到期期限，资本因子随信用评级下降而升高。针对信用风险征收的经济资本可以表达为

$$EC_C = 资本因子 \times 头寸的市值 \tag{4.14}$$

资本因子可以从评级机构处得到，或者可以运用外部模型，如 KMV 模型计算得到。

3. 操作风险经济资本

与信用风险和市场风险相比，操作风险是一项更加难以量化的风险。虽然很多先进银行开发了信用风险和市场风险计量模型，操作风险计量现在处于一个艺术远胜于技术的时代。由于内部数据匮乏，VaR 模型还没有很好地用到操作风险资本计量当中。目前可行的办法是对不同的业务单元进行操作风险评级，全行的操作风险资本可以依据操作风险评级分配到每一个业务单元和具体业务上去。

三、国内商业银行经济资本配置实践介绍

国内商业银行经济资本的配置实践经历了资本配置完全由业务需求决定到以模型方法为主、参考业务发展需求的模式转变，经济资本配置更加强调资本效益与经营战略导向。

（一）业务需求主导的经济资本配置

经济资本管理处于初级阶段的商业银行，资本分配更为突出资本的"资源保障"职能。在这一模式下，年初的经济资本计划在当年资本可支撑的条件下按照各业务单元业务发展所需的资本支撑进行制定，较少或不考虑各产品线的效益情况。这种相对简单的配置方式的基础是经济资本计量的权重法。在权重法下，银行可以根据各项资产业务的风险权重和年度目标资本充足率，较容易地计算出各业务单元的资本

需求量，如表4.1所示。在业务计划确定后，只需将业务产品按照不同风险权重进行分类，将业务计划、风险权重和目标资本充足率相乘，即可得到各业务条线应分配的经济资本数量。

表4.1　　　　　　　业务需求主导的经济资本配置过程　　　　单位：亿元、%

业务条线	业务计划	风险权重	业务资本需求
业务1	100	100	10
业务2	150	75	11.25
业务3	50	25	1.25
合计	300	—	22.5

注：假设情景中银行目标资本充足率为10%，未考虑减值与风险缓释情形。

随着经济资本管理水平的不断提高和银行价值导向的不断强化，这种简单粗放的经济资本配置方法越来越不适应银行高质量发展的需要。首先，这种配置模式使经济资本计划成为银行业务计划的附庸，作为被动的资源保障，对分支机构的经济资本限额必须随着业务计划的调整而不断调整，不利于发挥资本刚性约束资产的作用；其次，单纯按照业务需求予以资源配置的模式忽略了各项业务的实际资本回报情况，可能会造成高资本消耗、低回报的业务分得更多的资源，而高资本回报的优质业务获得较少的资本支持，在全银行形成错误的业务发展导向，不利于银行内源补充资本和价值创造能力的提高，长远来看会对银行的竞争力产生不利影响。

（二）模型化的经济资本配置

当前，多数商业银行已开始采用以模型方法为主的经济资本分配模式。在较为通用的配置模型中，经济资本的分配主要考虑基础配置、效益配置和战略配置三大因素。配置的起点是综合考虑分行经济资本存量占用和当年可用资本数量之和作为分配基数，对分行的资本进行零基配置。基础配置是根据机构近三年的历史占用占比情况进行分配。由于现实中分行存量的业务结构和资本占用很难在短期内实现调整与压降，基础配置部分一般会占到分配基数70%以上，目的在于保障分行业务的连续、平稳发展。效益配置是根据机构的价值贡献情况和资本使用效率进行配置，目的在于在资本配置中体现"挣资本"理念，对效益情况良好的分行予以资源倾斜。战略配置是商业银行根据董事会、高管层确定的经营发展战略和当年准备重点支持的业务领域而进行的专项资源保障。例如，近年来国家倡导商业银行以金融服务落实普惠金融，支持防范化解重大风险、精准扶贫、污染防治等领域，支持京津冀、粤港澳大湾区等重点区域，商业银行为服务和落实国家战略，可以在战略配置因素中将相关战略予以专项资源保障。一个典型的经济资本配置模型见表 4.2。

表 4.2　　　　　　　　商业银行经济资本配置模型要素

一级	二级	三级	说明
基础配置（60%）		最近一年 EC 占用占比（70%）	保障连续平稳发展
		最近两年 EC 占用占比（20%）	
		最近三年 EC 占用占比（10%）	
效益配置（30%）	资产优化配置（30%）	全行上年贷款 EC 系数/分行上年贷款 EC 系数（50%）	横向对比节约资本
		分行上两年贷款 EC 系数/分行上年度贷款 EC 系数（50%）	纵向对比节约资本
	资本回报配置（70%）	分行 EVA 占比×RAROC 修正系数	体现价值贡献与挣资本要求
战略配置（10%）		优先支持银行重大战略部署和重点业务领域	服务发展战略

模型化的经济资本配置的特点也十分明显。首先，这种经济资本配置方法将资源分配变成了一个相对独立的过程，不再受到业务计划等其他外部因素的影响，较为充分地体现了资本主导的理念。其次，通过基础配置有效保障了分行的连续平稳发展。从理论上来说，基于零基预算的资本分配，应当是一个全量资源重新分配的过程，分行根据自身的经营表现、资本回报等获得当年应得的资本量，进而根据资本限额积极

调整和优化业务结构。然而在现实中，银行资产端期限较长，在合同和客户关系的约束下，极难做到对存量业务的灵活调整，不考虑历史情况的资本分配会严重干扰分行的正常经营，反过来也不利于经济资本管理工作的正常开展。在模型中引入基础配置因素，就在一定程度上考虑了分行存量的资本占用，兼顾了资本配置的效率性与合理性。最后，银行管理部门可以通过调整模型中的各项因素及其权重在资源配置中体现管理要求和政策导向。如表 4.2 所示，为突出价值导向与挣资本理念，可在模型因素中加入效益配置指标，并设置一定权重，这样会使资本效益优秀的分行在资源配置中获得更多的激励。

第四节　资本配置的实现手段：风险限额

银行通过 RAROC 等模型进行资本配置需要相应的手段得以实现，而根据不同业务确定明确的风险限额是经济资本分配得以实现的重要手段。没有明确的风险限额，即使有再完善的经济资本配置模型也无法将资本在业务单元之间进行实际分配，也就无法实现经济资本的真正配置。这里以信用风险限额为例对银行风险限额的设置过程中一些问题进行总结。

一、信用风险限额的定义和作用

信用风险限额可以普遍定义为银行基于其业务战略和风险偏好愿意接受的特定组合或交易维度层面的最大信用风险暴露的上限，是银行有效管理中短期信用风险和控制集中度风险的主要手段，也是控制银行短期信用损失上限的有效工具。在银行的风险管理架构中，通过建立信用风险限额管理体系可以从组合和单一客户两个层面进行信用风险的集中度管理。组合层面的信用限额体系是银行信贷风险战略的重要载体，同时限额监控的成果可以为银行高级管理层提供风险战略和集中度风险控制的决策支持；单一客户层面的信用限额体系则是银行自下而上控制风险集中的重要工具，是组合限额体系的基础。

建立信用风险限额管理体系，通过严格的贷款限额管理和内部授权制度，控制贷款风险的过度集中问题，避免不可预见因素对单一借款人、某一行业和地区的冲击，使整个贷款组合承受集中度过高的信用损失，以降低贷款组合的风险度。另外，信用风险限额不仅是授信的风险管理手段，同时也被作为拓展目标市场的工具。在全行整体优化的基础上设定地区、行业、产品和客户风险限额，以此约束各级机构、各类业务按照全行最优的结果拓展业务，可以有效地避免各级机构按照本区域战略目标发展业务导致的局部优化但全行整体不能达到最优结果的情况发生。

二、信用风险限额设计的原则

信用风险管理的一项重要内容是对单个交易对象和关联交易对象群体建立授信限额。以银行各项业务风险的可比计量为基础，对未来潜在的信用风险进行有效计量，对于银行为某一特定交易对象建立有意义的限额进而设置一个业务和风险总量的上限至关重要。银行需要考虑限额体系设计的如下原则。

1. 将银行战略、风险偏好、组合管理目标及信贷管理先进实践及原则通过限额体系在信贷决策和管理流程中得到充分体现

信用风险限额是银行风险战略、风险偏好和组合管理目标的量化体现，而银行经营战略、风险偏好和组合管理目标则通过资本分配和限额体系得以执行。

2. 标准化与灵活性相结合，支持信贷业务发展

从大多数国际领先银行的经验来看，不同层面的信贷决策，包括限额设定和管理，很大程度上信赖于信贷人员及风险管理人员的行业经验和职业判断。但在从计划经济向市场经济转轨、国内银行界普遍存在

信用文化有待加强、风险意识有待提高的特定环境下，限额方案的目标之一即是提供尽量标准化的限额设定方法、思路和限额管理流程，通过承载中外信贷管理的优秀经验和减少人为操纵的空间有效支持信贷人员决策和提高工作效率和有效性。

信用风险限额同时也是体现银行拓展目标市场和对组合进行积极监控与管理的平台，因此在实行标准化管理的同时，应为信贷管理人员提供必要的决策灵活空间。限额工具的宗旨是当出现客户资信情况恶化或限额被突破的苗头时被作为引发进一步讨论的工具，而不应成为不经调查机械否决的业务发展障碍。

3. 实用性与先进性相结合

设计以巴塞尔新资本协议和巴塞尔委员会发布的如《信用风险管理原则》（2000 年 9 月）等资料文献中的信用风险最佳实践指导原则为指引，参考国际领先银行在限额设定与限额管理方面的相关实践。限额方案同时立足于银行的特定管理需求与中国独特的监管和转轨经济环境，兼顾先进性与实用性的结合。银行在设计和管理限额的过程中，需要遵循巴塞尔新资本协议及其发布的相关文件的指导原则和要求，其中主要包括如下要点。

（1）银行管理贷款风险集中的框架，应以书面文档的形式予以规定，其中包括对与银行有关的贷款风险集中的定义，这些风险集中和相关限额的计算方法。定义限额时，应结合银行的资本、总资产或存在有效的计量指标时的总体风险水平。

（2）银行应根据其目标市场和总体信用风险战略，制定和实施相关的政策和程序，以确保其信贷资产组合的足够多样化。这些政策尤其应确定资产组合的目标，并确定对单一交易对象，关联交易群体，特殊行业和经济部门、地区以及具体产品的授信限额。

（3）银行应对单个借款人和交易对象，以及各组关联交易对象群体在银行账簿、交易账簿和表内外业务中的各类风险，按可比、有意义的方式进行加总，确定整体授信限额。

（4）限额通常以对借款人或交易对象的内部风险评级为基础，拥有较高评级的交易对象可能获得较高的限额。对于具体的产业、经济部门、地区和具体产品也应设定限额。

（5）银行所有包含信用风险的业务领域都需要有授信限额。这些限额有助于确保银行的授信业务能充分地分散。一些银行的大部分授信风险来源于交易账户和表外的业务及产品。对这些交易设定限额可以有效地管理银行的整体信用风险状况和交易对象风险。为有效实施，这些限额应有约束力，而且不由客户需求所驱动。

（6）银行在设置总体授信限额和监测授信过程时应考虑压力测试的结果。这种压力测试应考虑利率情况和其他市场变化，以及流动性条件等。

银行的授信限额应反映因交易对象违约而引起的近期清盘而带来的风险。如果银行与某一交易对象有好几笔交易，它对该交易对象的潜在风险暴露可能会在计算的期限内大幅度、不连续地变化。因此，潜在的风险暴露应在多个时间序列上计算。该限额也应将在清算情况下没有担保的风险暴露考虑在内。

三、限额制定的方法

限额管理是由银行风险战略驱动的集中性风险管理工具，限额管理方案在利用定量分析设定初始限额的同时，应该强调银行战略、信贷组合管理目标、监管政策、风险偏好及市场状况等定性调整因素，旨在提高限额设定的合理性和管理效率，充分融合管理层的信贷管理和组合管理经验和银行的战略和风险偏好。限额管理方案还应针对定性调整设计了标准化的定性调整因素模板，从而使对初设限额定性调整的过程更加理性化和标准化，同时能够将银行信用风险管理资深人员的管理经验体现在银行限额设定和管理机制中。

根据国际领先实践经验，银行在设计限额管理方法体系的时候会全面考虑以下的要点而作出谨慎的设计决策。

信用限额设定方法体系须综合考虑特定组合和客户过去与未来的资信情况变化趋势。

限额设定应基于有效的对未来信用敞口的预测。

应针对不同业务活动建立全行一致、可比的敞口计量方法（包括表内和表外业务）。

组合层面限额基于不同组合维度的经济资本作为限额设定的重要依据，以此作为银行高级管理层进行组合管理、集中度风险管理和战略决策的支持。

银行应针对不同的行业或经济区域、地区和产品设定限额。

银行在其限额设定和监控流程中应考虑压力测试的结果。压力测试应考虑经济周期、利率和其他重大市场波动和银行的流动性情况。

银行应明确定义执行不同维度限额的严格程度（rigidity）。在原则上限额一旦设定应该严格执行，但是在限额设定的初期，考虑到数据基础和设定方法等仍有待验证，限额可以先作为指导性的管理工具进行使用，同时银行也应该建立超限额审批机制对特殊情况（例如针对临时性的重大市场调整以及关键客户的特殊需求等）进行处理。

根据银行的内部管理需要以及管理环境和数据条件，银行可以设计为组合层面与单一客户层面相结合的全面性的限额管理体系。各维度限额互为依托，从而更加全面地对银行集中度风险进行管理和控制，进一步体现巴塞尔新资本协议的精神和原则。

（一）组合层面信用限额

随着内部评级体系和经济资本在国际银行界的普遍应用，经济资本目前已经被先进银行广泛应用于限额设定，特别是在组合层面。根据巴塞尔委员会对内部评级法的专项调查，67％的成员表示内部评级体系在其限额管理中占据重要作用。根据国际先进经验，基于经济资本的组合限额设定方法主要包括。

1. 采取一个或一组主观的资本乘数，例如规定任何一个行业占用的经济资本不能超过全行经济资本总量的 15%

与将组合限额直接表达为贷款余额或信用敞口的方法相比，这种基于经济资本的限额设定方法将信用资产组合的风险因素考虑在内。与此同时，由于信用风险经济资本的计量通常采用比标准法风险敏感度更高的内部评级法和先进的组合风险量化工具，这种方法也在一定程度上解决了资本限额计量的不准确性问题。然而，这种采用资本乘数的限额设定方法，其主要目的是防止银行的信用资产组合在某个特定的领域过于集中。但由于资本乘数的主观性，这种组合限额方法忽略了银行的战略发展目标和除了控制集中度风险以外的其他组合管理目标，也很难保证银行的整体信用风险水平与其风险偏好和银行风险承受能力保持一致。

2. 将信用风险经济资本分配到不同信用资产组合层面，并采用分配的经济资本作为组合层面的信用限额

这种方法采用先进的经济资本计量方法确定各个信用资产组合的经济资本占用情况，并在组合优化和全行资本回报最大化的目标驱动下将经济资本分配到不同维度的资产组合（如不同的产品、行业和地区）。这种经济资本分配和限额管理的过程是一个定量和定性相结合的过程，并通常与银行的战略规划和业务经营计划相整合，形成一套完整的限额设定和监控体系。在这种方法中，经济资本经过模型计量和优化配置，成为一个衡量和管理各业务单元风险回报的统一尺度。在计划阶段，银行的战略和业务经营计划以及组合管理目标等，通过经济资本分配贯彻到各个业务单元中去；而之后的监控阶段，总行通过对经济资本实际占用和 RAROC、SVA 等指标的考核，保证银行的资本回报最大化目标的实现。

（二）单一客户层面的信用限额

单一客户限额作为银行控制单一客户集中度风险的有效手段，是银行整个限额管理体系的基础。国际先进银行在限额管理中一般根据客户的规模、风险状况或行业特征进行分类管理，并根据不同类型客户的业务复杂程度和借贷规模采纳不同的限额管理体系。一般来说，规模越大、复杂性越高和对银行贡献程度越高的客户对银行越重要，其所需的包括限额管理在内的信贷管理体系越复杂，所需银行投入的管理层专业经验和判断越多；而对于规模较小、业务简单的客户，银行则会使用较为简单的管理体系和流程，以降低成本提高效率。

参考多家国内外先进银行的客户信用限额设定方法，这些银行的具体做法各不相同，并没有普遍适用的最佳做法，但各银行皆以建立最适合其经营和监管环境的限额设定和管理体系为宗旨。其中设定方法普遍包括以下几种：

1. 以门槛收益率为基准进行债项层面的授信审批：基于债项层面的 RAROC 和区域组合的目标 SVA 进行分级信贷授权和债项层面的个案授信评估。该体系一般以客户评级限额作为银行可接受的单一客户层面的信用损失上限，不再针对不同单一客户单独设定最高授信限额。

2. 以监管要求为基准制定单一客户信用限额：如监管当局规定对单一客户的贷款余额不能超过银行资本金的一定百分比，则银行根据其战略和风险偏好按该比例下调一定幅度得到其单一客户限额，以确保银行经营的合规性和控制单个客户层面的信用风险集中度。

3. 基于客户的有形净资产辅以主观调整估算客户限额：这种思路的出发点是客户违约时银行可以通过处置其有形净资产的方式得到债务清偿，基于客户财务信息计算的有形净资产基础上，辅以以下调整系数计算客户限额：

（1）客户信用评级；

（2）偿债能力；

（3）行业评级；

（4）地区评级；

（5）在其他银行的债务余额等。

4. 参照与负债相关的行业基准财务比率核定客户限额：使用基于与负债相关的客户所在行业基准财务指标核定该客户的限额。这种方法的假设是"银行基于与负债相关的行业基准值能够体现其风险偏好"，即银行认为与该行业基准相关的负债水平是其愿意接受的、合理的负债水平，适用于该行业的所有客户。

5. 基于客户未来现金流产生能力设定限额：基于未来现金流设定限额所依据的原理是客户的偿债能力取决于其未来产生现金流的能力。通过预测客户在未来一段时期内产生现金流的能力并通过银行结合市场信息和风险偏好确定的折现率折现后作为授信限额的设定基础。

6. 利用 KMV 模型的原理设定限额：将公司股本的市场价值看作一个以公司资产的市场价值为基础资产（underlying asset）、以公司的违约点（DP）作为期权执行价格（stricking price）的买入期权（call option）的价值，从而利用股票市场的股价与股价波动率的信息计算企业资产的市场价值和市场价值波动率。

四、限额管理流程

限额管理方案不仅包括限额设定方法，而且需要与限额设定方法相配套的限额管理流程。管理流程应该强调银行风险偏好，风险战略与限额管理体系的有机结合，风险控制对业务发展的有效支持及强调建立全行一致、有效的银行信贷文化的重要性，在风险可控的前提下实现限额管理效率的提高和管理成本的节约，并尽量实现限额管理决策标准化和电子化，尽量减少不必要的人为操纵空间。具体地，在流程管理中银行需要遵循如下原则。

（一）建立有效的问责制

建立有效的问责制是确保对限额执行情况进行有效监控并采取适当跟踪措施的重要途径。限额管理方案应该强调客户经理职能与限额审批职能的明确职责分工，并强调他们应对各自的决策承担相应的责任。

（二）客户限额审批职能的独立性

客户限额审批职能独立于业务单元（即客户经理职能），风险管理职能独立地从风险角度对业务管理职能的发展需求进行考察，从而保证除了考虑客户需求对业务发展的影响外，银行全面地考虑了可能的风险因素。

（三）适当的权责分离

组合限额与客户限额设定方法论维护职能、限额审批职能、组合限额与客户限额设定方法论验证职能三个职能互相独立，确保限额设定方法论的制定者与使用者分开，限额设定方法论的检验者与方法论的设计者及方法论的使用者分开，保证该方法使用的客观性及独立性。

（四）效率与有效性原则

流程应能在风险可控的前提下，减少流程环节，以提高工作效率及减少银行的管理成本。

（五）将管理流程与银行现有可用的财务分析工具及限额设定方法论相结合

流程应能充分与银行现有可用的财务分析工具、限额设定方法论相结合，并为将来方法论的改进及财务分析工具的升级预留空间。

（六）可行性与前瞻性相结合

流程应在支持银行中长期业务发展目标的基础上兼顾银行现有经营、监管和文化环境特征，提高其在目前文化环境内的可行性。

第五节　经济资本管理应用的国际比较[①]

一、美国银行[②]

根据英国《银行家》杂志公布的最新排名，截至 2006 年底，美国银行取代花旗银行成为世界第一大银行。[③] 美国银行经济资本管理的情况在同业中有一定的借鉴意义。

美国银行通过自己开发的风险矩阵对经济资本和风险限额进行计量。美国银行通过将经济资本分配到业务条线而管理各个业务线可以承受的风险总量。对业务计划的回顾和审批情况、对经济资本分配的审批情况以及经济资本的使用情况一并通过财务报告和风险报告加以监控。行业、国家、交易、资产分配及其他限额作为经济资本分配的补充手段，与经济资本一起起到对银行风险的管理作用。美国银行依据对每一项业务的风险和收益分析制定限额体系，并且针对限额超出情况进行动态跟踪和分析。美国银行还对计量所用的数据和参数进行持续不断的跟踪和改进，以确保风险和资本计量及分配结果的准确性。

从风险类型来看，美国银行不仅对传统的信用、市场和操作风险分配经济资本，而且将经济资本分配作为战略风险管理的重要手段加以运用。通过经济资本分配，有效地保证对每一业务单元所承担风险的管理，经济资本分配的计划也定期进行回顾和跟踪，并根据情况进行调整。每一个产品线经济资本的分配计划必须与银行高层在年初根据年度经营愿景所制定的业务计划保持一致，从而保证战略风险的有效管理。

---

① 所有数据和资料根据各家银行 2006 年和 2007 年年报整理得到。
② 源引自美国银行 2007 年报，来源于美国银行网站。
③ 参见《银行家》杂志：关于国际银行最新排名的结果，2007 年。

　　同时，在执行新巴塞尔协议的相关问题上，美国银行表示，在内部计量经济资本要求的同时，也会关注监管资本的合规性。从经济资本与监管资本的性质判断来看，美国银行认为二者性质基本相同。

二、JP 摩根

　　JP 摩根使用内部风险评估方法对所承担风险与资本充足性进行评估。JP 摩根针对四类风险分配经济资本，即信用风险、市场风险、操作风险和股权风险（指对公司的私人股权风险进行评估）。2011 年、2012 年 JP 摩根的经济资本数据如表 4.3 所示。

表 4.3　　　　　　　　　　JP 摩根银行经济资本　　　　　　单位：亿美元

风险类型	年平均	
	2012 年	2011 年
信用风险	466	482
市场风险	175	145
操作风险	159	85
股权风险	60	69

　　1. 信用风险

　　信用风险经济资本针对对公和个人业务条线分配。

　　对公条线的经济资本计量的是全部对公业务组合的非预期损失。计量中既包括违约带来的损失，也包括由于交易对手信用评级变动造成市场价格变动的影响。信用风险经济资本计量的持有期为一年，置信区间根据银行 AA 级的目标信用评级水平确定。除了到期日和相关性之外，信用风险经济资本分配还基于信用风险的一些驱动因子，包括信用风险暴露、违约可能性、损失严重性以及市场上的风险溢价水平。

　　对个人业务组合信用风险经济资本的计量基于对产品和其他相关风险的细分。每一细分维度的违约概率和违约损失率由历史数据估计得来。计量的持有期为一年，置信区间根据银行 AA 级的目标信用评级水平确定。每一细分维度的经济资本需要根据市场同业情况等因素进行适当调整。

2. 市场风险

JP 摩根计量市场风险经济资本的原理是，经济资本能够反映由于市场价格因子的不利变动而给金融工具或者组合价值造成损失程度的风险。市场价格因子包括利率、汇率、信用价差、债券价格、商品价格等因素。银行的市场风险经济资本由每日计量的 VaR 及每月进行的压力测试结果决定。银行根据每一业务单元对全行的 VaR 和压力测试结果的权重分配该单元的市场风险经济资本。

3. 操作风险

JP 摩根使用自下而上的基于风险的资本配置模型向每一业务条线配置操作风险经济资本。操作风险经济资本基于实际损失和基于压力测试情景的损失计量，并根据风险转移工具和风险控制环境进行适当的调整。更为关键的是，JP 摩根公司认为其模型满足新协议的要求，并且准备获得批准后将作为操作风险的高级法予以实施。

4. 股权风险

银行针对私人持有的或者公开持有的证券、第三方基金投资以及私人股权承诺等组合分配经济资本，以抵御由于股票市场下跌造成的潜在损失。

三、第一信贷银行的资本管理

第一信贷银行基于风险评估基础上展开资本管理（包括监管资本和经济资本）以为银行创造价值。

（一）资本管理过程

该行资本管理作为计划和检测程序的一部分，包括以下内容：

1. 资本的计划和预算

资本的计划和预算包括提议风险偏好和资本分配对象；分析与价值变动相关的风险，并将资本分配到业务单元；向业务单元分配风险调整后的绩效评价指标；针对股东价值创造能力和银行价值的影响进行分析；准备并提议财务计划和红利计划。

2. 资本的监控程序

监控程序包括分析集团层面和业务单元层面的绩效水平；准备对内对外的经营情况报告；分析并监控限额情况；对集团层面和每一单独子公司的资本充足情况进行监控。

（二）关于资本管理的理念

该行通过确立超过风险回报的收益目标以最大化股东价值。上述目标通过对每一业务条线分配经济资本并依据风险调整后的回报绩效考评体系确保实现。

该银行认为，由于资本是股东投入银行并以此期望回报额，加之监管的外在压力，资本和资本的分配对全行战略来讲极端重要。资本又有监管资本和经济资本之分。监管资本是依据监管制度计量的所需要的资本，而经济资本则是根据银行实际承担的风险大小而定。至于经济资本和监管资本之间的关系，可以通过两种资本的需求计量方式来确定。比如，该行目标定位为标普评级的 AA 级，即违约概率大概是 0.03%。这样，银行所需要的经济资本就是确保银行在 99.97% 的置信水平下不倒闭。而银行所需要的监管的一级资本则不能低于市场上相同评级的国际主要银行的水平。因此，在进行资本分配过程中就需要进行双重限制，以确保分配的资本是监管资本和经济资本中的较大者。

计划、财务、业务部门的资本管理职责是基于监管限制和风险偏好情况清晰地定义集团和每个单位的目标资本化程度。该行的资本配置部门每月准备一份财务报告，对资本比率以及占用情况进行监控和报告。该公司同时披露了根据资本分配结果计算的 EVA 情况，具体见表 4.4。

表4.4　　　　　　　　　集团和下属部门的 EVA 水平　　　　单位：百万欧元

部门	2006 年 12 月	2005 年 12 月
零售部门	256.7	−88.4
公司金融部门	537.2	317.8
公司	547.7	454.2
CREF	−10.6	−136.4
市场/投行部	696.8	449.1
私人和资产管理部门	606.1	430.2
资产管理	468.2	330.5
私人银行	137	96.7
CEE 地区	801.4	503.2
CEE	457	267.8
波兰	344.4	235.4
全球银行服务部	84.7	−75.4
公司中心	−910.7	−669.9
集团整体	2 392.2	890.8

四、美国 WACHOVIA 银行

根据该银行披露信息，针对业务单元采取的关键绩效考评指标是经济利润、RAROC 以及其他有效的比率指标，这些指标被用来评价业务单元的绩效并分配资源。其中相关指标的计算公式为：

$$经济利润 = 净经济收益 - 资本成本$$

$$RAROC = 净经济收益 / 经济资本$$

$$净经济收入 = 收益 - 预期损失 - 非现金成本$$

（一）经济资本

准确的定价和绩效评价依赖于严谨而一致的风险量化计量，该银行引入了经济资本体系作为绩效评价的工具。在计量经济资本时，将置信水平选择为 AA 级的目标评级。从 2002 年起，将经济资本成本率确定为 11%。该行针对五类风险分配经济资本：

1. 信用风险

信用风险是指由于客户无法按期还款的风险，用风险经济资本由风险管理部的信用风险分析团队计量得到。2007 年信用风险经济资本占该行全行经济资本总量的 58%。

2. 市场风险

该行的市场风险是指全部资产负债表上的利率风险、投资的价格风险以及交易户市场价值风险。2007 年市场风险经济资本占该行全行经济资本总量的 20%。

3. 操作风险

该行将操作风险定义为由于错误的内部程序、系统和人员操作以及外部事件造成损失。2007 年操作风险经济资本占该行全行经济资本总量的 8%。

4. 其他风险

指上述三类风险之外的风险，包括业务风险及其他风险。2007 年其他风险经济资本占该行全行经济资本总量的 14%。

（二）基于经济资本配置情况下的绩效评价

1. 全行的经营结果

根据以上计算规则以及该行自行计量的结果，全行 2007 年经济利润为 42 亿美元，RAROC 为 47.66%。

表 4.5　　　　　　　　全行总体经营结果概览　　　　单位：百万美元

收入情况 \ 年份	2007	2006	2005
净利息收入	13 717	10 746	8 461
收费及其他收入	3 771	3 536	2 799
隐藏收益	165	140	138

续表

收入情况　　　　　　年份	2007	2006	2005
总收入	17 653	14 422	11 398
成本情况			
信用风险准备	858	426	271
非利息成本	8 163	6 825	6 060
所得税	3 151	2 618	1 859
分段收入	5 481	4 553	3 208
绩效及其他数据			
经济利润	4 224	3 583	2 470
RAROC	47.66%	56.56%	53.22%
平均经济资本	11 521	7 865	5 851

2. 各分部门的利润和 RAROC

表 4.6　　　　　　　　　公司主要部门的绩效情况　　　　　单位：百万美元

绩效情况		2007 年	2006 年	2005 年
财务管理部门	经济利润	238	218	223
	RARC	47.73%	46.08%	52.50%
	平均经济资本	649	622	537
公司和投资银行部	经济利润	−419	1 434	1 254
	RARC	6.65%	29.45%	30.52%
	平均经济资本	9 632	7 776	6 426
资本管理部	经济利润	1 012	751	513
	RARC	67.52%	62.81%	45.06%
	平均经济资本	1 791	1 450	1 505

五、ING 集团

ING 银行自 1998 年开始使用经济资本，1999 年开始披露经济资本。在管理资本过程中，ING 银行将可支配的金融资源（AFR）和经济资本运用到资本管理当中。这些理念来源于该行的内部风险管理模型。经济资本用来计量未来一年在 AA（置信水平 99.95%）级目标评级情况下银行所面临的全部风险。可支配财务资源（AFR）等于资产的市场价值减去负债的市场价值，负债中不包括 ING 公司发行的股票。ING 集团下属两个主要机构为 ING 银行和 ING 保险公司。其中 ING 银行的 AFR 近似值可以用核心资本代替。整个 ING 集团的 AFR 等于 ING 银行与保险公司的 AFR 相加后减去分散化效应（该公司假定分散化效应为 15%）。银行的资本结构如表4.7所示。

表4.7   **ING 银行的资本结构**   单位：百万欧元、%

项目 ＼ 年份	2007	2006
核心资本	23 374	20 058
核心资本扣减项	6 397	5 726
全部一级资本	29 772	25 784
其他资本	11 792	11 445
监管资本	41 654	37 229
加权风险资产	402 727	337 926
核心资本比率	7. 39	7. 63
监管资本充足率	10. 32	11. 02
经济资本	17 927	15 876
AFR	31 733	25 784

银行规定全行目标的核心资本比率不低于 7.20%，同时规定目标的可用财务资源不低于经济资本的 120%。截至 2007 年末，该行的 AFR 为 497 亿欧元，而分散化以后的经济资本为 360 亿欧元，AFR/EC 为 138%。

（一）银行经济资本的计量

1. 经济资本计量的基本假设

ING 银行经济资本计量基于以下假设：

计量经济资本过程中采取单边 99.95%（AA 级目标评级）和一年持有期；

所有目前已知的风险都包括在模型之中（目标经济资本计量针对五类风险：信用、市场、操作、交易和经营风险）；

经济资本计量基于公允价值原则。即假定市场有效率，则公允价值就等于市场价格；

经济资本反映由于银行客户行为而产生的隐含选择全价值；

经济资本计量基于税前数据；

计量没有涵盖未来业务发展的计划影响；

经济资本通过相关系数的计量进行最后的加总。

2. 经济资本的计量过程

ING 银行经济资本计量的简要流程如图 4.8 所示。

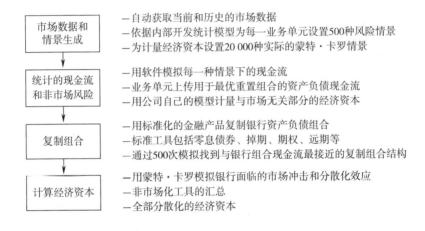

图 4.8   ING 银行经济资本计量过程

（二）经济资本的配置

ING 银行按风险大类分配后的经济资本见表 4.8。

表 4.8   按风险的经济资本分配结果   单位：百万欧元

年份	2007	2006
信用风险	7 505	7 557
市场风险	7 407	4 816
非金融风险	3 017	3 503
全部银行	17 927	15 876

（三）经济资本的使用

银行在多方面使用了经济资本的计量结果，包括：

1. 风险偏好的确定

银行采用三个指标确定全行的风险偏好：在险收益（EAR）、在险资本（CAR）和经济资本（EC）。EAR 是在中等程度的压力情景下银行收益的变化，2007 年银行的 EAR 风险偏好降低到了31%（2006 年为32%）。CAR 是在相对比较温和的压力情景下，银行净资产价值的潜在下降值。集团的 CAR 风险偏好值用 CAR/AFR 确定。经济资本的风险偏好值与 AFR 相联系，AFR 不低于 EC 的120%。这里的 AFR 可以用核心资本来取代。

2. 银行依据经济资本制定了一系列风险限额

限额包括信用风险敞口等一系列限额数据。

3. 绩效考评

银行依据经济资本分配及目标的绩效考核指标，采取 RAROC 指标对每一个业务单元进行绩效考核。全行的经营绩效见表4.9。

表4.9　　　　　　　　　　全行效益情况　　　　　　　单位：亿欧元、%

年份	2007	2006
税后 RAROC	20.30	20.60
经济资本	78	81

按业务类型和区域的业绩评价结果见表4.10。

表4.10　　　　　　基于 RAROC 的银行部门业绩评价结果　　　　单位:%

业务种类和地区	税后 RAROC		税前 RAROC	
	2007 年	2006 年	2007 年	2006 年
荷兰	14.8	13.1	18	17.7
比利时	27.5	28.6	26.1	28
世界其他地区	13.8	16.8	12.3	167
其他批发业务	-35.5	-3.6	-66.5	-17.6
批发业务小计	17.6	17.7	17.6	19.2

续表

业务种类和地区	税后 RAROC		税前 RAROC	
	2007 年	2006 年	2007 年	2006 年
房地产信贷	32.7	40.1	44.6	58.6
批发业务汇总	20.3	20.6	22.5	24.3
荷兰	60.4	46.4	78.8	65.9
比利时	45.8	45.5	55.6	60.5
波兰	56.9	17.6	70.5	22.5
其他零售业	2	-0.5	0.9	-1.9
零售银行小计	39.5	32	50.3	44.4
公司条线	-59.5	-60.8	-86.8	-115.4
银行整体	22.3	20.5	26.2	26.2

六、小结

根据对五家银行实际应用经济资本的情况进行分析，我们发现这些银行在经济资本管理和应用方面有以下一些共同特点。

第一，每家银行都采取特定的方法把经济资本在业务条线、区域和风险种类之间进行分配；

第二，每家银行都把经济资本与风险管理紧密衔接，每一家银行几乎都认为经济资本是银行管理风险的核心工具和手段；

第三，各家银行都把经济资本作为绩效考评和激励约束的核心指标。

当然各家银行在经济资本的管理方面还有很多不同之处，包括：

第一，对可用经济资本的定义各不相同；有的定义为核心资本的一定比率（ING 银行），有的认为经济资本与监管资本毫不相关（JP 摩根）；还有的在实际应用中将经济资本与监管资本混用，以其占用量最大者作为分配和考核的依据（比如第一信贷银行）。

第二，经济资本计量的基本假设略有不同。比如，同样把目标评级定为 AA 级，有的给出的置信水平是 99.75%，有的给出的置信水平是 99.97%。

第三，经济资本在银行使用的广度和深度差异比较大。有的已经应用到每一个业务条线和产品大类的绩效考评、风险限额设置以及风险偏好定义等诸多方面（比如 ING 银行），有的还仅仅是一个全行的管理数据。

本章小结

要实现经济资本管理过程中基本的供求平衡目标，必须对经济资本供给进行明确界定。在独立的分析基础上，本文创造性地将经济资本供给定义为：经济资本供给能够确保银行在非预期损失冲击下正常运营的银行财务资源总和，在内容上可以包括股本、未分配利润、次级债以及其他能够在非预期损失发生时用于弥补损失的财务资源。上述定义就使银行管理者能够清楚，在资本分配过程中分配的究竟是什么东西。

在明确定义经济资本供给的前提下，本文又对经济资本分配进行了定义，笔者在这里将经济资本配置定义为：根据银行的发展战略和风险偏好，将可用来分配的经济资本供给总量分配到各个业务部门，以优化银行承担的风险总量和结构，并以此保证银行价值最大化目标的实现。这一定义最终目标直指银行价值创造，为主动经济资本管理打下了理论基础。

在上述创造性定义的前提下，本文系统介绍了经济资本配置的工具、流程、方法，并对国际商业银行的经济资本管理情况进行了横向比较。

经济资本的供给和配置是主动经济资本管理的重要组成部分，本章内容在全文中起到承上启下的作用。

第五章　商业银行经济资本管理与价值创造

一直以来，利润最大化是企业经营目标的概念一直深入人心，但是不是实现利润最大化就真的能够实现企业追求的目标，答案还不是很确定。原因是企业经营过程中必须将投入的资本作为一种成本来看待，正确评价商业银行的经营绩效也需要从这种观点入手。本章将对银行经营中以价值最大化为目标进行深入论述。

第一节　经济资本管理与价值创造的理论分析

一、价值最大化：银行的经营目标

过去十几年间，公司经营的总体目标是企业价值最大化，即为股东创造价值的理念已经为国际上绝大多数公司所接受。但企业的经营目标并非一开始就表述为价值最大化，不同阶段、不同企业、不同利益关系人对企业的经营目标都提出过不同观点或表达，其中比较有代表性的有三种：利润最大化、资本回报率最大化和企业价值最大化。

1. 利润最大化：经济学的经典表述

尽管在许多企业管理著作中把企业经营目标界定为价值最大化，但是在经济学的经典著作中，对企业经营目标的表述多数还是利润最大化。这也许是由理论的严谨性决定的，理论对某些现实现象的定义、归纳和升华需要一个比较长的时间。

　　但是，把利润最大化作为企业的经营目标，至少有三个缺陷。第一个缺陷是我们通常所说的利润是指损益表中的利润，它是以会计分期假设和权责发生制为前提的，是一定期间（比如说一年）的利润，反映的是资源流入与流出的记录，但无法反映企业整个经营期间特别是未来的趋势。有时过去某一个时期（比如某一年）的利润和企业所具有的实际价值或实际经济意义是不一致的，和这个企业的发展趋势也可能是不一致的。

　　第二个缺陷是没有考虑到资本及资本成本。举个例子来说明，比如某个企业，资本额为 2 000 万元，一年挣了 200 万元；另一个企业，资本额为 1 000 万元，挣了 150 万元，哪一个更好呢？如果从利润最大化的角度来评价，前者就要比后者好。但实际上不是这样的，因为不能只考虑挣了多少钱，还要考虑资本及资本成本。

　　第三个缺陷是会计的对外报告职能决定了它是审慎的。会计的产生最早是为了满足对外报告的需要，是给债权人、税务部门和监管部门看的，这些外部因素决定了会计制度需要按照审慎性原则来设计。比如对资产成本，都是按过去发生的资源流入流出来计价的。也就是说，会计记录所提供的价值，在经营管理中有时是有缺陷的。当然会计方法也在创新，根据国际公认的会计准则需要作调整，每年都要评估，增值要进入利润，减值要进入成本。但是会计方法的改进还是受其职能的限制，因为任何改进都改变了它的基础，就是按实际发生的真实的资源流入流出来计价，并且任何改进都会带有主观性和技术上的误差。

　　2. 资本（股本）回报率最大化

　　这个指标显然弥补了利润最大化指标的一个缺陷，就是把资本和资本成本考虑进来了，但是却没有解决另外两个缺陷，即会计假设的局限性和会计审慎性原则的局限性。如果股本不是经济资本，而是报表上的实拨资本，还可能带来新的问题，就是管理者可以在不考虑风险增加的情况下，通过扩张业务规模增加收入，从而人为地提高股本回报率。

3. 企业价值最大化

以企业价值最大化作为经营目标，是被普遍认同的管理战略。理论上讲，如果公司业绩差（即无法实现股东价值最大化），恶意收购者或者公司偷袭者将强制更换无效的管理层。由于现代金融制度的建立，"争夺企业控制权市场"更加高效，迫使公司不得不采取经济价值的方法取代过时的会计方法对业绩进行评价。从经济意义上看，企业价值是未来收入的流量的现值，或者说是以资本期望回报率为折现率的未来现金流的现值，它考虑了时间因素、风险因素，还考虑了资本成本。企业的价值就是在它的经济寿命期之内所有现金流的折线值。即

$$VALUE = \sum_{t}^{\infty} \frac{E(CF_t)}{(1 + r_t)^t} \tag{5.1}$$

其中，CF_t 为第 t 期的现金流，r_t 为第 t 期的折现率。

公司的现金流取决于公司的盈利能力，即未来扣除成本后的净收益水平。而折现率的高低则取决于未来现金流的稳定性（风险）、发生时间和资产负债比率等因素。实证分析表明，与传统会计评价方法相比，以现金流为基础的经济评价方法与公司的股票价格和公司市值有更高的相关性。[①]

以上论述同样适用于银行。要实现价值最大化的目标，银行不仅要增加未来的现金流量，而且要使银行预期现金流保持稳定，这就需要银行进行有效的资本管理。银行的价值最大化目标的实现除上述因素外，还受到银行所处环境的外部因素限制，如市场竞争、社会法律环境等。银行价值最大化额相关影响因素如图5.1所示。

正如第一章所述，风险管理是银行一个重要功能，承担超过一般企业的风险是银行经营过程中的常态。因此，要想实现银行价值最大化的目标，银行必须展开有效的风险管理，以确保银行现金流的稳定

---

① 见 Friedrich et al. （2000）。

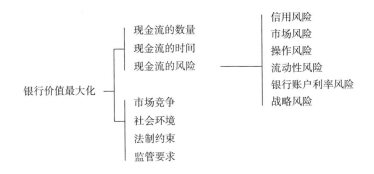

图 5.1　银行价值最大化影响因素

性。根据国内学者研究，经济资本管理已经成为风险管理的最新发展阶段。

二、商业银行的估值与资本关系

如上所述，多数工商企业的价值可以通过现金流折现模型进行计算。银行与普通企业估值过程中采取的方式相同，只是在选取折现率时略有区别。一般企业选取的折现率为 WACC 法计算得到的，即通过将资金成本和股权成本加权后得到的一个平均值。而银行采取的折现率来源于股本成本率。该方法除了具有简单、易于操作的优点外，在实际业务和理论方面还有以下优点。

1. 不同于一般企业，银行很难通过先确定总价值，然后扣除债务价值来确定股本价值，因为银行债务很大程度上无法在资本市场交易。例如，储蓄和活期存款不是没有利息就是远低于市场平均回报，且没有明确的到期日。由于无法确定成本，因此无法对银行债务的公允市场价值进行准确估算。

2. 存款可以使银行产生价值也是事实，因此债务管理不仅仅具备融资功能，而且还是银行的组成部分。银行这一价值创造的潜力应该在估值方式中得以充分体现，但整体估值方法是无法对其进行显示的。

3. 鉴于银行业务的低利润率，当整体估值时，利率水平预期的某些微小差异将导致银行股权价值的巨大波动。

当银行仅仅是一个单纯的股份制企业时，其基本管理目标可以通过对资金成本及盈利的管理来实现。然而，当银行吸收了存款成为负债机构时，银行资产的流动性成本、银行的破产成本与负债额结合的税收减免等因素都会对银行管理基本目标的实现产生重大的影响。在这种情况下，银行的市场价值可以表示为

银行的市场价值 = 银行股份的价值 + 银行负债税收减免的现值 − 银行风险成本的现值

银行的市场价值可以用图 5.2 表示。[①]

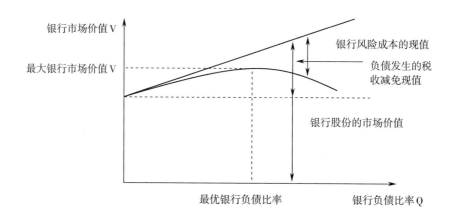

图 5.2　银行价值与资产负债比率关系

当银行没有吸收存款，即没有形成负债时，银行的市场价值等于其股份的市场价值。当该银行吸收存款而形成负债时，负债的市场价值是由负债引起的税收减免现值与银行风险成本现值之差决定的。银行风险成本是由资产流动性成本、银行倒闭成本、政府对资本的管理以及存款保险等因素来决定的。当银行需要承担其风险成

---

①　俞乔：《商业银行管理学》，上海人民出版社，1998。

本时，银行选择最优负债比率（资本比率），以达到银行市场价值的最大化程度。

三、银行资本管理与风险管理、价值创造之间的关系

（一）利润最大化陷阱与经济资本的风险防范作用

1. 利润最大化陷阱

以往银行以追求利润最大化为经营目标，在传统的经营管理中，衡量银行经营状况的指标是资产回报率（ROA），测度投资回报的指标是股权回报率（ROE），它们之间通过股本乘数（EM）发生直接的联系。其中：

$$ROA = \frac{税后净利润}{总资产} \tag{5.2}$$

$$ROE = \frac{税后净利润}{股权资本} \tag{5.3}$$

$$EM = \frac{总资产}{股权资本} \tag{5.4}$$

显然，税后净利润/股权资本＝税后净利润/资产×资产/股权资本，即

$$ROE = ROA \times EM$$

从而得出：在资产回报率（ROA）给定时，银行资本金越低，股东回报越高；在资本金一定的情况下，资产规模越大，股东回报越高。风险没有作为一种成本计入银行绩效考评的基本流程，以此为前提，资产扩张很自然就成为银行实现利润最大化的最简便直接的手段。在传统的银行经营管理中，由于资产扩张不受资本制约，股东追求高额回报（ROE）的结果必然诱使银行不计风险地盲目扩大资产规模，最终掉入利润最大化陷阱，面临破产的威胁，见图5.3。

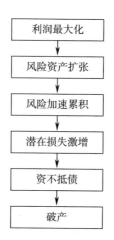

图 5.3   银行利润最大化陷阱

2. 经济资本构筑了风险防线

银行是经营风险的企业，风险与损失不可避免，银行资本金的重要作用就是构筑风险防线，防止银行倒闭。可以说，资本金是银行实力的象征，是安全保证。

在资本金的作用下，利润最大化的风险可以得到防范。

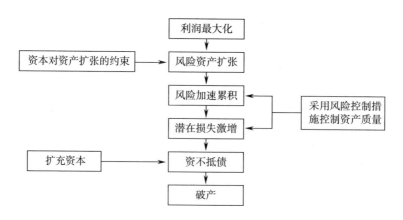

图 5.4   银行关键风险防范

从图 5.4 可见，关键的风险防线中有两道均与资本密切相关，第一道防线是通过建立资本对资产的约束来限制风险资产的无节制膨胀，第二道防线是扩充资本金数量，增强资本消化风险的实力，形成安全底线。这两道防线形成了对破产风险的事前防范和事后补救。

（二）资本管理与价值创造的理论分析

1. 风险管理与价值创造的理论分析

根据新古典主义关于金融市场的严格假设推导出了 M—M 定理、CAPM 理论等一系列理论。在这种完美的世界里，如果公司以价值创造为目标，则公司层面的风险管理和资本管理是无关紧要的、不必要的甚至是有害的。

商业银行和其他工商企业一样，其基本管理目标是实现银行价值的最大化。但是，由于商业银行的重要职能是风险加工，日常的业务就是管理信用、市场、操作、流动性等多方面的风险，并且从这些管理中赚取利润。根据新古典主义的结论，似乎商业银行的风险管理不仅无助于达到价值创造的目的，甚至有损于银行的价值最大化。理论与现实的差距在哪里？我们发现，主要原因在于新古典理论对金融市场的假设过于严格，与现实世界有一定距离。

新制度主义理论通过放松对新古典理论假设的条件，由于风险管理可以降低诸如代理成本和交易成本的限制而为公司创造价值。在新制度主义世界里，避免违约几乎是所有风险管理的存在理由和核心内容。潜在违约不仅通过造成银行财务危机成本加大直接给银行带来损失，还通过影响银行的信用评级、外部融资成本等诸多因素进而对银行的价值造成影响。

由于在新制度主义世界里（接近现实世界），存在巨额的交易成本使银行的资本融资无法顺利进行，所以一旦可能造成银行违约的小概率事件发生，银行将面临财务危机、挤兑甚至被吊销执照和破产清算的危险。银行风险管理为了避免小概率的违约事件出现，造成了最终的风险厌恶行为。当总体风险水平的上升，银行股东及其代理人可能放弃一些可以增加银行价值但不利于股东的项目（也就是投资不足），这不利于银行价值最大化目标的实现。

2. 银行资本管理与价值创造的理论分析

为了避免小概率事件造成银行发生危机，银行有两条密不可分的道路可以选择：第一是进行必要的风险管理，第二是持有足够的资本。银行通过风险管理，可以降低非系统性风险（特定风险）发生的概率。风险管理过程中可以通过出售风险、套期保值以及购买保险等诸多手段降低银行承担的风险水平，降低小概率事件的发生，如图 5.5 所示。银行风险管理通过以下途径为银行创造价值：首先，减少股权的代理成本，从而使银行可以在不提高违约风险的前提下提高其杠杆融资比率；其次，通过将风险管理作为股权融资的替代品而降低融资成本；再次，降低交易成本，尤其是发生危机的成本；最后，降低税收负担。所有这些作用都将增加银行的净现金流量，从而增加银行的整体价值。

在非系统性风险之外，银行还承担着一大部分的系统性风险，是无法分散和转移的，必须通过持有必要的资本来抵御。可见，持有足够资本是银行风险管理的最后一道，也是最重要的一道防线，它可以使银行免受轻易出现危机的威胁。而且银行吸收风险，除了进行积极的日常分散化管理之外，就只有通过持有足额资本来完成了。

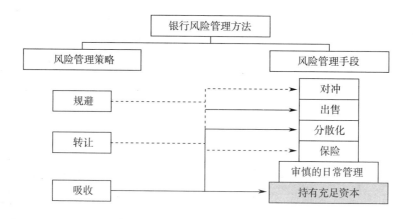

图 5.5　银行风险管理办法

从理论上讲，银行持有资本是吸收非预期损失的最后保障，它可以向投资者传递银行稳健经营并不会轻易受到外部事件冲击而出现财务危机的信息。因此，如果银行持有资本不存在成本，理论上讲银行应持有足够的资本以抵御非预期损失，就可以避免小概率事件发生造成银行的财务危机，从而为银行节约成本。但由于代理成本、交易成本、税收成本等一系列成本的存在，使银行持有资本成本很高，拥有过多成本虽然银行安全了，但却不利于银行价值的提升。根据史图斯模型，资本预算过程中对第 i 项交易的最低资本回报要求等于股东投入资本（$V_{E,i}$）和资本最低回报要求（$R_{E,i}$）乘积加上交易所需经济资本（EC_i）和银行财务危机成本（FDC）①乘积，即

$$R_i = R_{E,i} \times V_{E,i} + FDC \times EC_i \qquad (5.5)$$

一般来讲，银行的资本回报要求就比较高，而财务危机成本更是高得离谱。因此，持有适量资本才是银行价值创造的最佳选择。而持有多少资本，持有什么形态的资本是银行资本结构管理所面临的主要问题。

同时，银行的资本预算又是银行风险和价值创造的起点和源泉。一方面，银行通过资本预算，将资本配置于不同的领域和业务单元，这个过程就是银行主动经济资本管理过程中的资本配置过程，同时也是银行业务选择的过程。这就决定了银行将要承受什么样的风险，得到什么样的回报。比如，多数银行将主要的经济资本配置于信用风险，把少量经济资本配置于市场和操作风险，这也就意味着银行将通过资本配置和业务筛选承担更多的信用风险，而承担更少的市场和操作风险。另一方面，资本预算又决定了银行将多少资本用来承担每一类风险的损失。我们知道，经济资本计量过程中对所需要的经济资本计量的出发点是确保银行的违约概率不低于一个水平（也就是置信区间的概念），经济资本预算和配置的过程已经确保银行的违约概率不

---

① 假定为所需经济资本的一个百分比。

会高于预先设定的水平，也就为银行创造价值提供必要保证，具体关系见图5.6。

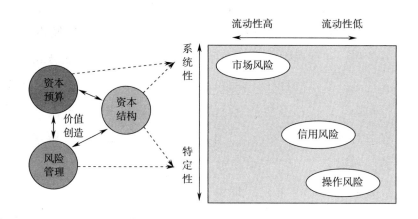

图5.6　资本管理、风险管理和银行价值创造

由图5.6可见，银行经济资本主要用于抵御系统性风险，银行资本管理通过风险的主动选择以及对系统性风险的抵御达到为银行创造价值的目的。

第二节　银行价值创造能力的衡量标准：EVA

一、EVA 的概念

1. 经济增加值概念的提出

在传统的以会计资本为核心的考核体系中，会计利润是反映银行及其各业务部门经营绩效的绝对额指标。而在以经济资本为核心的绩效考核体系中，反映银行及其各业务部门经营绩效的绝对额指标是经济增加值（Economic Value Added，EVA）。

1982 年，美国人 M. Stern 与 G. Bennett Stewart 合伙成立 Stern Stewart & Co. （财务咨询公司），推出能够反映企业资本成本和资本效益的 EVA 指标，专门从事 EVA 应用咨询，并将 EVA 注册为商标。经过不遗余力的推广，经济增加值已经为美国资本市场和企业所接受。越来越多的企业集团采用经济增加值作为下属子公司业绩评估和经营者奖励依据。管理大师彼得·德鲁克在《哈佛商业评论》中指出，EVA 是衡量"总要素生产率"的尺度。《财富》甚至称它为"当代最轰动的财务理念"。

国外的大企业已经率先使用 EVA 的概念。可口可乐公司在 1987 年引入 EVA 概念，美国邮政署 1994 年引入 EVA 概念。而 Stern Stewart 财务顾问公司更是从 20 世纪 80 年代开始使用 EVA 理念对 19 个国家的上市公司进行排名，其中美国的 1 000 家大公司的 EVA 排名还在《财富》杂志上公布。相比国外企业，国内企业对 EVA 概念的引入和使用相对较晚，中国建设银行自 2002 年正式引入 EVA 作为部门和分行的绩效考核指标，并逐渐推广完善。

2. 经济增加值的定义

根据 EVA 的创立者美国纽约 Stern Stewart 咨询公司的解释，EVA 表示的是一个公司扣除资本成本（Cost of Capital，COC）后的资本收益（Return on Capital，ROC）。EVA 的基本理念可以阐释为：一个企业只有在其资本收益超过为获取该收益所投入资本的全部成本时才能为企业的股东带来价值。考虑资本成本特别是权益资本的成本是 EVA 的明显特征，EVA 不仅是一种有效的公司业绩度量指标，还是一个企业全面管理的架构，是经理人和员工薪酬的激励机制，是战略评估，资金运用，兼并或出售定价的基础。用公式表示为

$$EVA = NR - COC = NR - EC \times RM \tag{5.6}$$

其中，NR 为税后净利润，COC 为资本成本，EC 为分配的经济资本总量，RM 为经济资本的最低回报要求。关于经济资本最低回报要求可以参照第四章第三节在计算 RAROC 过程中所提供的集中理论

方法。

德鲁克大师在《哈佛商业评论》上的文章解释说："我们称之为利润的东西，也就是企业为股东留下的金钱，通常根本不是利润。只要有一家公司的利润低于资金成本，公司就是处于亏损状态，尽管公司仍要缴纳所得税，好像公司真的盈利一样。相对于消耗来说，企业为国民经济的贡献太少，在创造财富之前，企业一直在消耗财富。"

二、EVA 与商业银行价值关系的理论分析

由于经济增加值（EVA）是在扣除全部所用资本机会成本后的剩余利润。EVA 把资本投入作为一种成本看待，需要衡量银行实际经营的结果与股东所投入资本的最低回报要求的关系。我们知道，资本对于企业来讲是有成本的，而且不低；资本对于股东来说是赚取回报的工具，股东将资本投入到企业，最终目的就是要赚取与所投资本相适应的回报。如果企业创造的税后收益达不到股东的最低回报要求，虽然从表面上看是为企业创造了利润，从实质上看却在摧毁股东的财富。原因是股东投入企业的资金若得不到最低回报，与投资于同类企业的资本相比就相当于遭到了贬值，也就摧毁了股东的财富。EVA 概念由于在银行中实现了如下的理念革命，更适合于作为银行价值创造能力的一个衡量尺度。

1. EVA 是股东衡量利润的方法

资本费用是 EVA 最突出最重要的一个方面。在传统的会计利润条件下，大多数公司衡量是否盈利都采取会计报表上的收益与成本的差额，而没有考虑资本作为一种投入时是有成本并且要求回报的。因此，表面上看来在盈利的公司，许多由于没有达到最低资本要求却在实际上损害股东财富。EVA 纠正了这个错误，并明确指出，管理人员在运用资本时，必须为资本付费，就像付工资一样。

2. EVA 使决策与股东财富一致

EVA 帮助管理人员在决策过程中运用两条基本财务原则：第一条原则，任何公司的财务指标必须是最大限度地增加股东财富；第二条原则，一个公司的价值取决于投资者对利润是超出还是低于资本成本的预期程度。从定义上来说，EVA 的可持续性增长将会带来公司市场价值的增值。银行的管理决策是否能为银行创造价值，一方面看银行决策是否能为银行创造 EVA，另一方面还要看上述决策所创造的 EVA 是否能够持续增长。

3. EVA 是易为管理人员所理解的财务衡量尺度

EVA 的优势在于概念简单，易于向非财务管理人员解释。这是由于它是从人们熟知的营运利润中减去用于投资整个银行（或业务单元）的资本费用。通过评估对使用资本的收费，EVA 使管理者开始重视管理资产和收入，帮助他们恰当地权衡两者关系。银行管理者将 EVA 的理念运用到日常管理中，就会避免简单的经济利润决策，而会转到价值创造决策上来。

4. EVA 结束了多目标引起的混乱

大多数银行用于表达财务目标的方法又多又杂，有的银行对基层负责人的考评指标多达几十个，密密麻麻一大堆，既有诸如存款增长率、市场占有率等业务指标，又有诸如利润水平等收益指标。业务单元或分支机构的负责人在进行决策时，很难衡量究竟应该以哪一个指标为准。EVA 解决了这些问题，仅使用一种财务衡量指标，就把所有决策过程归结为一个问题"我们怎样提高 EVA"。一切活动都基于单独一种前后一致的指标，而且这一指标总是以为股东投资的增加价值为标准。

三、EVA 的四大功能

1. 评价指标（Measurement）

企业经营的评价指标，通常用权益报酬率、总资产报酬率、销售净利率、每股收益等指标。这些指标没有考虑资本成本因素，不能反映资本净收益的状况和资本运营的增值效益。企业盈利大于零并不意味着企业资产得到保值增值。为了考核企业全部投入资本的净收益状况，要在资本收益中扣除资本成本。

EVA 是衡量业绩最准确的尺度，无论处于何种时间段的公司业绩，EVA 都可以作出最准确最恰当的评价。在计算 EVA 的过程中，首先要对传统的会计数字进行一系列调整，以便消除会计扭曲，使业绩评价结果尽量与经济现状相吻合。

2. 管理体系（Management）

由于以税后利润核算为中心的效益指标没有完整核算企业的资本成本，导致管理者淡化和无视股本融资资本成本，将股本资本看作一种无成本的资本。缺乏对股本成本核算的模式导致其管理行为异化。公司可以把 EVA 作为全面财务管理体系的基础，这套体系涵盖了所有指导营运、制订战略的政策方针、方法过程，以及衡量指标。在 EVA 体系下，管理决策的所有方面全都囊括在内，包括战略企划、资本分配，并购或撤资的估价，制订年度计划，甚至包括每天的运作计划。总之，增加 EVA 是超越其他一切的公司最重要的目标。

3. 激励制度（Motivation）

用 EVA 进行评价时，经营者不仅要注意他们创造的实际收益的大小，还要考虑他们所应用的资本的大小以及使用该资本的成本大小。这样，经营者的激励指标就与投资者（即股东）的动机（即使其财产增值）联系起来。可以使所有者和经营者的利益取向趋于一致，促使经营者像所有者一样思考和行动。可以在很大程度上缓解因委托—代理关系而产生的道德风险和逆向选择，最终降低全社会的管理成本。

4. 理念体系（Mindset）

EVA 以一种理念和能够正确度量业绩的目标，凝聚着股东、经理和员工，并形成一种框架指导公司的每一个决策，在利益一致的激励下，用团队精神大力开发企业潜能，最大限度地调动各种力量，形成一种奋斗气势，就像邯郸钢铁公司职工关心每吨钢的成本一样，人人关心EVA。共同努力提高效率，降低成本，减少浪费，提高资本运营能力，每增加一个 EVA，都有努力者的一份。这种企业文化的作用力对我国企业来说具有非同小可的意义。

四、国际前 20 家大银行 EVA 的测算

笔者根据英国《银行家》杂志公布的数据，尝试对市场上排名前20 位的国际大银行的 EVA 水平进行简要的测算，具体过程如下。

1. 数据来源

根据 THE BANKER 2018 年公布的世界前 1 000 家大银行的数据整理得到表 5.1 数据。

2. 资本成本的确定

根据 2018 年全球排名前 100 家大银行加权平均的资本回报水平测算得到资本成本约为 14.241%。

3. 经济资本价值的计算

（1）经济利润的计算

由于各个国家和地区的所得税征收比率不同，各个国家对于所得税的抵扣等规定也各不相同，因此这里将 EVA 的计算公式调整了税前收入减去资本成本计算。

（2）经济增加值的计算

EVA = 税前利润 − 资本成本 = 税前利润 − 经济资本 × 资本成本率

4. 对我们的一些启示

从各家银行公布的结果看，有一半（10 家）的银行 EVA 为负值。

表 5.1　　　　　　　　排名全球前 20 位银行的 EVA 测算　　　　单位：百万美元

银行	排名	资本总额	总资产	税前利润	资本成本	经济增加值
中国工商银行	1	324 185	4 007 226	56 012	46 168	9 844
中国建设银行	2	272 222	3 398 523	46 050	38 768	7 282
中国银行	3	224 578	2 990 388	34 240	31 983	2 257
中国农业银行	4	217 972	3 234 006	36 786	31 042	5 744
摩根大通银行	5	208 769	2 533 600	35 909	29 731	6 178
美国银行	6	191 416	2 281 477	29 215	27 260	1 955
富国银行	7	178 195	1 951 757	27 377	25 377	2 000
花旗集团	8	164 901	1 842 465	22 657	23 484	− 827
三菱 UFJ 金融集团	9	152 905	2 890 455	13 272	21 776	− 8 504
汇丰控股	10	151 054	2 521 771	17 167	21 512	− 4 345
交通银行	11	102 878	1 388 365	12 790	14 651	− 1 861
法国巴黎银行	12	101 791	2 361 749	13 627	14 496	− 869
法国农业信贷集团	13	101 542	2 124 300	12 637	14 461	− 1 824
三井住友金融集团	14	99 909	1 874 462	10 442	14 228	− 3 786
西班牙国际银行	15	93 097	1 740 127	14 567	13 258	1 309
瑞穗金融集团	16	86 498	1 930 768	7 533	12 319	− 4 786
高盛集团	17	78 294	916 787	11 355	11 150	205
巴克莱银行	18	72 895	1 531 416	2 027	10 381	− 8 354
法国 BPCE 银行集团	19	71 644	1 517 892	6 646	10 203	− 3 557
招商银行	20	70 619	967 379	13 929	10 057	3 872

第三节　经济资本管理的价值创造路径分析

正如第一章所述，经济资本不仅仅是一个概念，一个数量，经济资本概念揭示了银行管理风险、平衡风险收益的本质。经济资本是当代银行业顺应国际监管要求，超越资本监管要求而产生的全新管理理念，经济资本的意义在于它能够引导银行实现风险防范和价值创造。经济资本之所以能够为银行创造价值，就在于它的广泛应用，既有宏观层面的经营战略决策管理、资产配置、并购决策和组合管理，也有微观层面的贷款定价、业绩考核、客户营利性分析等。商业银行通过引进经济资本，并在风险计量、战略制定、业务计划、资源配置、绩效考核、贷款定价等各个方面广泛加以运用，使之成为管理者实现战略意图进而为银行创造价值的工具。经济资本成为连接银行诸多领域的一个桥梁和纽带。

一、经济资本通过风险调整绩效评价（RAPM）体系的建立和运行为银行创造价值

银行管理者常面临的一个困境就是如何衡量不同部门的业绩，并在此基础上进行必要的激励和惩罚。常常是 A 部门说，我为银行赚取了最多的税后利润，我应该拿的奖金最多；B 部门说，我给银行创造了最大的市场份额，我应该拿最多奖金；C 部门说，我的客户最多，工作最辛苦，没有功劳也有苦劳，应该给我最多的奖金。面对这种情况，如果考核指标失误可能导致鼓励那些实际上在摧毁价值的部门或者是惩罚了真正为银行创造价值的部门。无论上述哪种情况发生，都会损毁银行的价值，长期来看不利于银行价值创造能力的提高。

正如上一节所说，EVA 作为绩效考评的指标，由于其综合考虑了风险、收益和资本回报三者的共同要求，可以使银行上下用一个声音说话，用一个统一的指标衡量不同部门的绩效，也使基于 EVA 的激励约束决策与银行价值最大化的目标相一致，通过科学绩效考评为银行创造价值。而经济资本概念的引入，使 EVA 考核指标真正从价值创造角度评价各个业务单元的绩效水平，这才是 EVA 指标的灵魂和实质，也是 EVA 指标真正区别于其他考核指标的关键。而且根据第四章的案例

分析可以知道，几乎每一家银行都把经济资本作为绩效评价的工具在全行使用。

1. 一个说明问题的例子

下面举例阐述以经济资本为基础的风险调整回报考评体系如何通过 EVA 指标为银行创造价值。假定银行有 A、B、C、D 四个业务单元，年末每个部门都交出了自己认为满意的答卷。管理者必须根据这份答卷决定奖励哪个部门、限制哪个部门。它们答卷的一部分如表 5.2 所示。

表 5.2　　　　　　　　　某银行各业务单元的经营情况　　　　　　　单位：万元

业务单元	毛收入	各项成本	税前利润	税收成本	税后利润
A	1 000.00	200.00	800.00	264.00	536.00
B	1 000.00	400.00	600.00	198.00	402.00
C	600.00	200.00	400.00	132.00	268.00
D	400.00	50.00	350.00	115.50	234.50

从表 5.2 看，虽然 A、B 两个部门毛收入相同，但 A 部门由于存在成本节约的优势，无论从税前利润还是税后利润来看都是 A 部门遥遥领先，若以净利润作为考核指标，该部门应该予以奖励。但事情是不是就像它表面反映的那样呢？让我们加入经济资本和 EVA 指标再进行一次比较，事情的真相就显现出来了（假定经济资本要求的最低回报为15%），如表 5.3 所示。

表 5.3　　　某银行各业务单元的经营情况（加入经济资本的情况）

单位：万元

业务单元	毛收入	各项成本	税前利润	税收成本	税后利润	分配的经济资本	经济资本成本	EVA（%）
A	1 000.00	200.00	800.00	264.00	536.00	5 000	750	−214.00
B	1 000.00	400.00	600.00	198.00	402.00	2 000	300	102.00
C	600.00	200.00	400.00	132.00	268.00	1 000	150	118.00
D	400.00	50.00	350.00	115.50	234.50	500	75	159.50

令人意想不到的结果出现了，表面上税前利润最多的 A 部门 EVA

却为负值，表明在消耗银行的价值。而默默无闻的 D 部门却是为银行创造价值最多的部门，这其中的奥妙就在于由于业务特性不同，各个部门占用的经济资本也不同。A 部门虽然税前利润高居第一，但由于其高额的经济资本占用使回报并未达到经济资本要求的最低水平，而 C 部门凭借较低的经济资本占用却为银行创造了大量的经济增加值。这也与银行的实际情况基本符合，A 部门与对公业务的集团客户放款比较像，由于经济竞争激烈，集团业务往往价格最低，免费服务最多，真正的税后回报水平也就最低，有时甚至为负。B 部门相当于中小企业客户部门，收入比较高，配置的经济资本也比较多，但由于竞争并不激烈，收益往往还能覆盖成本并带来经济增加值。C 部门相当于个人业务部门，规模没有对公业务大，收益不高，但由于其占用的经济资本较少，还是能为银行创造相对较高的经济增加值。D 部门相当于银行的新兴部门，比如投资银行部门，这类部门主要通过提供服务赚取收入，由于承担的风险极小，占用的经济资本也就非常少，这类业务的经济增加值也就最高。通过分析可以看出，真正能够为银行带来经济增加值的不是大客户，而是中小客户、个人客户和中间业务，这就决定了银行应该把更多的资源投向上述部门以为银行创造价值。这也是目前国内银行转型的重要方向。

2. 国外知名公司 EVA 运用的实际案例

国外知名公司的实践也为以经济资本为基础的 EVA 考核能够为银行创造价值的观点提供了佐证。第一，可口可乐公司。可口可乐公司从 1987 年开始正式引入 EVA 指标。实践中可口可乐公司通过两个渠道增加公司的经济附加值：一方面将公司的资本集中于盈利能力较高的软饮料部门，逐步摒弃诸如意大利面食、速饮茶、塑料餐具等回报低于资本成本的业务；另一方面通过适度增加负债规模以降低资本成本，成功地使平均资本成本由原来的 16% 下降为 12%。结果，1987 年开始，可口可乐的 EVA 连续 6 年以平均每年 27% 的速度增长，该公司的股票价格也在同期上升了300%，远远高于同期标准普尔指数55%的涨幅。第二，美国邮政署的扭亏。美国邮政署是具有多年历史的国有企业，仅1971—1993年就累计亏损92亿美元。为了扭亏，曾采取了全面质量管理等多种管理措施，但都不奏效。1993年9月，美国邮政署开始大力推行EVA计划，1994年把8万名经理和员工纳入EVA激励制度之中。从1994年开始，结果不但没有新的亏损，还把过去累计的92亿美元亏损都逐步消化了。此外，服务质量的满意度也得到了很大提高，邮件递送速度和精确度也大大提高。第三，安然公司的倒闭。安然公司虽然是由于会计丑闻影响而破产，但其实安然的破产本身有其必然性。前几年，安然的规模和效益在报表上在增长，但是 Stern Stewart 财务顾问公司提供的数据则显示其经济增加值历年来都在下滑。正是因为这种下滑，导致它突然破产。

二、通过嵌入银行的战略决策过程为银行创造价值

在业务经营管理过程中，银行的风险来自不同的产品或客户，不同的产品或客户会给银行带来不同的非预期损失。换句话说，不同的产品或客户在给银行带来经济利益的同时，也不同程度地消耗银行的经济资本。通过EVA指标，可以准确反映出不同产品或客户的贡献度。对于股东来说，其投入的资本是一种有价值的稀缺资源，其定价模型一般表述为

$$R = R_0 + \beta(R_S - R_0) \tag{5.7}$$

其中，R 为股东预期收益要求，R_0 为无风险投资收益，R_S 为社会平均投资收益，β 为行业资本投资风险系数。这是制定客户或产品战略规划的基准。

通过经济资本的配置和管理引入资本约束机制，以实现经营模式和增长方式的转变。对于商业银行而言，资本决定了商业银行经营规模的扩张能力、风险抵御能力和市场生存能力。传统的以经营利润为核心

的经营目标体系往往容易引发分支机构通过盲目的规模扩张，结果使银行掉进了"利润最大化陷阱"，虽然实现当期名义利润的快速增长，却积累了大量未被覆盖的风险，为银行未来经营埋下隐患。通过经济资本分配和EVA考核体系的建立，银行将有限的经济资本在各类风险、各个层面和各种业务之间进行分配，计算各类组合资产的EVA，衡量各类组合资产的风险收益，对银行的总体风险和各类风险进行总量控制。通过比较，明确银行总体和各业务线的目标，明确制定哪些业务扩张哪些业务收缩的战略性计划。

银行在制定五年规划或者战略规划过程中，针对全行大类的产品需要提出明确的扩张、维持和对出等战略性决策，而基于经济资本分配的RAROC体系就像一个战略家，主导着战略的制定和未来几年各个战场战役的发展。比如，银行集团客户贷款、小企业贷款、个人贷款、活期存款、咨询业务各作为单独的产品，其成本收益情况如表5.4所示。

表5.4　　　　　　　　各业务条线RAROC情况　　　　　　单位：万元

业务大类	业务量	收入	转移价格支出	分摊费用	预期损失	风险调整收益	分配经济资本	RAROC
集团客户贷款	2 000 000	100 000	-70 000	15 000	9 000	6 000	160 000	4%
小企业贷款	375 000	30 000	-13 125	6 000	5 062.5	5 812.5	22 500	26%
个人贷款	500 000	30 000	-17 500	6 000	4 500	2 000	20 000	10%
活期存款	11 111 111	-80 000	388 888.9	175 000	0	133 889	77 777.8	172%
咨询业务		20 000	0	1 000	0	1 000	400	250%

一个银行战略的制定者，只要有一个如表5.4所示的计算结果，马上可以作出未来五年应该优先发展咨询业务和活期存款的战略判断，原因很简单，就是上述业务具有明显的价值创造能力，能够为银行创造价值。而经济资本一旦作为重要手段嵌入银行的战略决策过程，其对银行价值创造能力提升的作用将不言而喻。

三、经济资本通过基于风险的产品定价为银行创造价值

将银行的经济资本成本以及要求的经济资本利润率水平作为定价参数放入定价模型，并依据模型为产品制定出一个合理的产品价格，银行的价值创造过程就在产品销售过程中自动实现了。下面以贷款定价为例，具体分析经济资本的分配如何指导银行的价值创造。

目前市场上被大家普遍接受，也是应用最广的贷款定价方法就是成本加成定价法。目标贷款利率不但要覆盖全部成本，还应满足银行的价值创造目标。贷款的全部成本有资金成本、营运成本、风险成本、资本成本，银行的价值创造目标通过贷款利率中的资本期望回报来实现。通用的贷款定价模型为：

贷款收入 = 贷款成本 + 期望回报

单位贷款的收入 = 贷款利率

单位贷款的成本 = 资金成本率 + 营运成本率 + 信用风险利差 + 分配的经济资本 × 资本成本率

单位贷款期望回报 = 单位贷款分配的经济资本 × 资本经济利润率

将上述几个方程联立，得到：

贷款目标利率 = （资金成本率 + 营运成本率 + 信用风险利差 + 资本最低回报率） + 期望回报 　　　　　　　　　　　　　　　(5.8)

1. 资金成本率

贷款的资金成本率是银行为筹集贷款资金而付出的利息成本率。贷款的资金成本率是根据某笔贷款的自然期限、重新定价特征和现金流特征，在金融市场上融入同种性质的资金所需付出的成本率，实际上就是该笔贷款的内部资金转移价格（FTP 中的 COF）。

2. 营运成本率

营运成本是指单位贷款应分摊的全部直接费用和间接费用。成本

的清晰准确分摊依赖于银行高效运行的系统和完善的分摊规则，国内目前银行费用分摊尚处于起步阶段，要得到每一项业务的成本几乎是不可能的，甚至某一大类产品的费用分摊的准确也需要很长时间以后才能实现。

3. 信用风险利差

信用风险利差是用来弥补为发放贷款而必须承担的信用风险成本，也就是我们在 RAROC 公式里面提到的预期损失的概念。

信用风险利差 = 违约概率（PD）×违约损失率（LGD）

违约概率（PD）：是指特定时间段内借款人违约的可能性。

违约损失率（LGD）：是指违约发生时风险暴露的损失程度。

目前，先进的银行可以自己开发内部模型系统，提供每一个客户的违约概率。市场上大的评级公司也定期公布不同评级客户的违约概率水平。穆迪公司依据自 1920 年以来的数据积累，提供最长达 20 年期的客户违约概率数据，参照表 5.5。

表 5.5　　　　穆迪公司客户累计违约概率（1983—2015 年）　　　单位：%

客户评级	期限									
	1	2	3	4	5	6	7	8	9	10
Aaa	0.00	0.01	0.03	0.07	0.14	0.21	0.30	0.42	0.55	0.70
Aa	0.06	0.18	0.28	0.43	0.65	0.91	1.18	1.43	1.66	1.93
A	0.08	0.25	0.50	0.78	1.09	1.43	1.78	2.14	2.53	2.92
Baa	0.25	0.70	1.24	1.82	2.44	3.05	3.64	4.25	4.88	5.50
Ba	1.19	2.82	4.62	6.51	8.34	10.08	11.67	13.21	14.71	16.30
B	3.33	7.58	11.85	15.77	19.24	22.27	25.00	27.33	29.43	31.26

数据来源：穆迪公司网站。

从以上数据可以知道，高外部评级客户的违约概率很低，比如 Aaa 级客户长至十年的违约概率也只有 0.70%。同时发现，在 Baa 级与 Ba 级客户之间存在一个违约概率的跳跃，这也是为什么 Baa 级以上的客户才被认定为投资级的原因所在。

违约损失率（LGD）的计算对内部数据的要求更高，目前多数银行直接采用巴塞尔新资本协议公布的违约损失率建议值，即信用放款的违约损失率为45%。

4. 分配的经济资本

贷款分配的经济资本可以采取资产波动法、收益波动法等多种方法，对于内部模型建设上不完善的银行，可以考虑直接采取比较简单的系数法进行分配。

5. 资本最低回报率

资本的最低回报率的确定可以采取第四章第三节的理论方法，也可以采取行业某一时段的平均值来计算。

6. 资本经济利润率

资本经济利润率是指银行贷款所要求实现的经济增加值目标比例，一般由银行的高级管理层自行确定。

有了这些参数，我们就可以尝试着针对某一笔贷款进行定价，并且可以告诉我们通过贷款定价如何为银行创造价值。假定银行面对如表5.6所示的客户贷款需求：

表5.6　　　　　　　　　客户贷款需求　　　　　单位：万元

客户	贷款金额	穆迪评级	客户接受利率
A	100 000	Ba	8%
B	5 000 000	Baa	7%
C	10 000 000	A	6%

银行该如何决策，这些决策又是怎样增加银行的价值的呢？我们假定贷款都是一年期，违约损失率都是45%，费用比率与贷款规模呈反向变动。在不考虑经济资本的情况下，三类贷款的目标利率分别是5.24%、4.55%和4.24%，见表5.7。根据会计利润最大化的原则，决策的结果是全部发放。

表 5.7　　　　　　　不考虑经济资本的贷款目标利率

客户	贷款金额	违约概率	费用比率	资金成本	不考虑经济资本的贷款目标利率
A	500 000	1.42%	0.60%	4%	5.24%
B	1 000 000	0.34%	0.40%	4%	4.55%
C	10 000 000	0.08%	0.20%	4%	4.24%

考虑经济资本之后，贷款目标利率的结果如表 5.8 所示。

表 5.8　　　　　　　考虑经济资本的贷款目标利率

客户	贷款金额	违约概率	费用比率	资金成本	经济资本分配系数	资本目标回报率	资本经济目标回报率	考虑经济资本的贷款目标利率
A	500 000	1.42%	0.60%	4%	15%	15%	5%	8.24%
B	1 000 000	0.34%	0.40%	4%	10%	15%	5%	6.55%
C	10 000 000	0.08%	0.20%	4%	5%	15%	5%	5.24%

根据以上计算结果，银行应该拒绝客户 A 的贷款申请，原因就是客户给予银行的回报水平无法满足银行的资本回报。这与不考虑经济资本的定价结果有明显区别。银行要么拒绝客户 A 的贷款申请，要么要求客户提高贷款利率至少到 8.24% 才予以贷款，这明显提高了银行收益水平，为银行创造了价值。

四、通过资产组合选择为银行创造价值

经济资本的引入为银行资产组合的选择提供了有力的支持手段。当银行面临一系列资产组合需要投资抉择时，可以通过 RAROC 工具进行有效的经济资本配置，以实现银行价值创造的目标。

假定银行面临同样可以带来 100 万元名义收入的资产组合，其占用的经济资本和预期损失水平各异，则依据计量结果银行将对项目进行筛选，见表 5.9。

表 5.9   备选项目   单位：万元

资产组合	预期收益	预期损失	经济资本分配	RAROC
A	100	30	1 000	7.00%
B	100	20	800	10.00%
C	100	10	600	15.00%
D	100	10	500	18.00%

假定银行资本最低目标回报水平为 15%，则根据 RAROC 的决策规则，将 RAROC < 最低资本要求的项目，即 A、B 排除在备选项目之外；若银行有足够的经济资本，则 C、D 项目均入选；若银行经济资本总量有限，则 D 成为最终选择。依据经济资本的项目选择结果，确保了银行价值创造目标的实现。

本章小结

本章从理论上论述了价值最大化应该作为银行经营最终目标的结论，原因是只有为企业带来超过资本最低回报要求的业务，才真正为企业创造了价值，而那些创造收益水平低于资本最低回报要求的业务，实际上是在消耗企业的价值。根据分析，得出了银行经济资本管理可以为银行创造价值的结论。在论述了 EVA 作为价值创造能力衡量指标后，又对经济资本为银行创造价值的四大路径，即绩效考评、战略制定、产品定价和资产组合选择进行了重点分析。

第六章 主动经济资本管理：持续不断为银行创造价值

截至目前，国内外学者关于经济资本管理的论述多集中在静态的经济资本管理上，在静态管理中更多集中于经济资本的计量（也即需求管理）。银行的经营是一个持续不断的过程，如何在银行经营过程中动态管理经济资本，并通过动态经济资本管理不断为银行创造价值，就成为了经济资本管理需要考虑的另外一个关键问题。本章提出的主动经济资本管理框架，解决了如何持续不断为银行创造价值的问题。本文尝试就主动经济资本管理的可行性、主动经济资本管理的方法等诸多方面进行探讨，建立主动经济资本管理的理论框架。

第一节 主动经济资本管理与持续不断为银行创造价值

一、最优经济资本的理论分析

1. 最优经济资本总量存在性的理论推导

银行经济资本既有利益也有代价。从保障安全的角度出发，资本金数量越大，安全系数越高。然而，在 ROA 给定时，资本金数量的提高将使股东回报率降低，显然，资本金数量与其收益成反比的现实必然引发安全与收益的平衡问题，此问题又可以转化为资本回报率给定前提下，使经济增加值最大的经济资本数量确定问题。

如前所述，经济增加值（EVA）是税后利润扣除经济资本成本后的净额，即经过调整的税后营业利润减去债务和权益资本的使用成本后的差额。其计算公式为

$$EVA = NR - COC = NR - EC \times RM \tag{6.1}$$

其中，NR 为税后净利润，COC 为资本成本，EC 为分配的经济资本总量，RM 为经济资本的最低回报要求。

其中的税后利润 NR 可以表示为经济资本实际回报率与经济资本分配总量的乘积，即：

$$NR = EC \times RC \tag{6.2}$$

其中，RC 为经济资本的实际回报水平。

则 EVA 的公式可以调整为

$$EVA = EC \times RC - EC \times RM = EC(RC - RM) \tag{6.3}$$

根据上面分析，经济资本的实际回报率与经济资本的数量成反比，即经济资本总量越多实际回报越低，经济资本越少，实际回报越高。可以假设：

$$EC = a + b \times RC(b < 0)$$

这样，根据最大化 EVA 的目标求解最优经济资本的公式就可以表述为

$$MAX(EVA) = MAX[EC(RC - RM)]$$
$$st. \begin{cases} EC = a + b \times RC \\ b < 0 \end{cases} \tag{6.4}$$

可以通过线性规划对式（6.4）进行求解，得到最优经济资本总量计算公式为

$$EC^* = \frac{b \times RM - a}{2b} \tag{6.5}$$

其中，a、b 为假定的参数。

由此可以得出结论，站在理论角度，宏观最优经济资本数量存

在，且可以通过计算求解，它将成为银行宏观确定和调整其风险控制边界的基础。当银行的实际资本（监管资本）在满足监管要求的前提下高于最优经济资本总量时，则可以通过回购股份、增加收益分配等手段降低资本金数量，或通过 RORAC 调节加大风险投入，提高资本收益率；当实际资本低于最优经济资本时，则需要通过增发股份、降低分配增加资本金充足率，或通过削减风险投入、降低风险集中度等手段加大安全保障系数。这一切正为主动经济资本管理奠定了坚实的理论基础。

2. 最优经济资本总量应该是一个区间，而不是一个具体数值

虽然通过上述分析我们可以得到一个理论上的最优经济资本分配数值，由于以下原因我们不能把最优经济资本理解为一个简单的数值。

第一，我们上式推导过程的假设过于简单。我们假设银行的实际收益与银行的经济资本总量呈简单的线性反向相关关系，但在实际情况中可能更加复杂。首先，经济资本总量单单作为分母影响收益水平。而且可能通过影响银行的评级水平、客户对银行业务的选择等多方面影响作为分子的银行收益水平。比如，经济资本总量增加了，银行的信用评级相应提高，在市场上的筹资成本相应降低，进而影响银行的收入。看来简单的线性关系并不是资本总量与收益的最佳描述。其次，我们假定银行实际的收益水平独立于银行最低资本回报要求，但实际中银行的收益水平是市场同类公司总收益的一个样本点，无论采取 CAPM 理论还是采取行业平均水平，银行自身的收益都对最低资本要求有一个反向作用。

第二，由于交易成本的存在，最优经济资本应该成为一个区间值，而不是一个具体值。如果我们生活在新古典主义的无摩擦世界，可以无成本地调整资本总量和结构，我们应该选择一个最优经济资本值作为目标。但由于实际中无论是资本融资还是股票回购以

及资产组合调整，都存在谈判、税收、交易等多方面成本，因此最优经济资本总量应该是一个区间，只有超出区间范围我们才采取行动进行管理。

第三，不确定性的存在需要最优经济资本成为一个区间值。我们知道，经济中各种活动都具有不确定性，银行经营同样如此。一方面，银行自身的经营具有诸多不确定性因素。银行与客户在某些项目上的合作并非取决于银行一方的意愿，需要银行与客户等多方博弈最终确定。而有些项目又是银行无法预先设计的，这样为应对市场不确定性，避免错失市场机会银行应该使经济资本保持在一个相对安全的区域之内。另一方面，银行面临的经营环境具有不确定性的特点。银行生存在一个复杂的金融生态之中，即使自身能够很好地控制各项指标使经营向着既定的目标前进，但金融市场上瞬息万变的情况需要银行不断应对，比如经济的周期性波动、突然出现的诸如次贷危机的金融市场危机都会对银行的流动性、风险以及经营状况产生冲击。银行需要维持资本在一定的区域之内，避免这些情况发生使银行措手不及，影响正常经营。

第四，从实际操作的角度出发，把最优经济资本维持在一个确定值之上也是无法操作的。由于各种因素的影响，银行想要确保每时每刻经济资本都在一个理论的最优值之上，即使投入全部精力也是无法操作和实现的。

综上所述，银行最优经济资本总量是存在的，而最优经济资本总量是一个以某一目标值为中心的区间，用公式表示为

$$EC_e \in \left[EC^* + \alpha, EC^* - \alpha \right] \qquad (6.6)$$

其中，EC_e 为银行可以接受的经济资本总量水平，它属于一个以理论最优经济资本总量为中心的一个区间。α 作为区间的长度反映交易成本、风险偏好、市场不确定性以及其他因素，见图6.1。

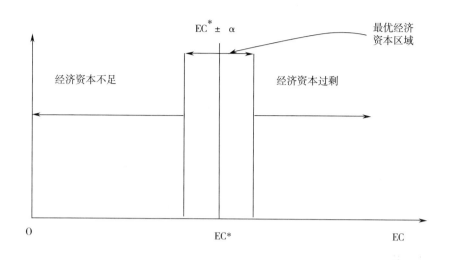

图6.1 最优经济资本区间

二、主动经济资本管理的概念界定

本文把商业银行主动经济资本管理界定为：在内外部限制条件下，商业银行通过资本计划、资本分配、限额管理等一系列手段和工具，动态调整经济资本供给和需求的总量结构，使经济资本维持在最优水平目标区域内，以实现银行价值的最大化。主动经济资本管理的上述概念充分体现了商业银行经营中的各种因素，贯彻了银行经营中价值创造这一必要理念和原则，这一概念涉及如下几个方面：

第一，主动经济资本管理应充分考虑内外部限制条件。银行是一个在具体历史阶段经营的金融企业，任何决策都必须充分考虑内外部环境的限制。内部环境的限制包括本行现有的资本结构、业务结构，本行的发展阶段，本行的发展战略以及本行发展的历史情况等诸多因素。最优经济资本的确定在银行的不同发展阶段应该采取不同策略，比如银行处于扩张的上升期，对经济资本的需求应该比较旺盛，主动经济资本管理的核心应该是如何为业务的快速发展提供有力资本支持和保证。而银行的主要业务类型也决定银行的经济资本管理应该采取不同的策略，比如，如果绝大多数收入来源于利差，则银行收入的波动性就比较小，经济资本需要的区间长度就可以缩短；反之，以从事买卖价差交易为主的银行其收益波动性大，最优资本区间的长度就应该长。

银行经营的外部限制包括监管的政策、金融市场的成熟程度和发展状态，整个金融市场的稳定水平等。比如，在一个相对成熟的金融市场中经营的银行，由于资本筹集渠道畅通，资本管理的交易成本小，就可以将最优资本区间的长度缩短，反之应该加长。再比如，在金融市场相对稳定时期，资本管理的渠道也会非常畅通，最优资本的区间长度也可以缩短，反之，在目前这种受次贷危机影响市场剧烈波动，流动性紧缩的环境下就应该加大最优资本区间的长度，尽量避免进行频繁的资本管理动作。

第二，主动经济资本管理强调经济资本管理的动态性。这里的动态性是指银行的资产组合、风险组合与资本供应都应该根据内外部情况不断调整，使经济资本供求在互相适应的过程中逐步达到均衡。这里的动态性充分体现了经济资本管理过程中的主动性。动态经济资本管理需要银行主动地采取资本计划、资本分配手段，并对各个业务单元设置限额进行资本管理，指导银行应该向哪些领域以及如何分配和使用经济资本，而不是仅仅被动接受各个业务单元出于自身考虑所做业务对经济资本占用的后果。

第三，主动经济资本管理从供给和需求两个方面调节经济资本总量。银行资本的供给主要来源于银行采取各种手段筹集的资本金，包括采取股权融资和债权融资等多种形式。经济资本的需求主要取决于商业银行所开展的各项业务对经济资本的占用。从供给和需求两个方面管理经济资本，真正体现了经济资本管理的主动性。当银行经济资本不足以支持业务时，商业银行可以通过外部融资增加资本来支持业务发展，也可以通过出售和减少高风险业务来抑制经济资本需求。当经济资本总量过剩时，商业银行可以通过股票回购、战略并购等减少经济资本的供给，也可以通过大力拓展业务加大经济资本需求以实现经济资本供求的平衡。

第四，主动经济资本管理的终极目标是为银行创造价值。银行的资本管理和其他所有管理的目标是一致的，就是为银行创造价值服务。主动经济资本管理通过 RAROC、EVA 等绩效衡量指标和资本分配工具，将既定的资本分配到不同的业务单元，确保全行经营最终的 EVA 目标的实现，也就为银行创造了经济价值。这些思想在第五章中已有充分阐述，这里就不展开——介绍。

三、通过主动经济资本持续不断为银行创造价值

通过以上各章的论述，我们得出了经济资本管理可以为银行创造价值的基本结论。同时，经济资本管理又有主动和被动之分，采取主动经济资本管理对银行持续不断的价值创造能力作用更加明显。这主要是因为：

第一，主动经济资本管理能够以全行经营的战略目标为出发点，制定资本计划，最终实现银行价值的最大化。资本计划是主动经济资本管理的开始，通过经济资本计划银行实际上已经确定了希望承担哪种风险，承担多少。同时也确定了银行希望通过承担风险创造多少价值。主动经济资本管理使银行在各项业务发展上占尽先机，未雨绸缪，加之创造目标已经包含在银行的各项主动经济资本计划之中。

第二，银行通过动态调整资产总量和结构、资本的总量和结构实现资本配置的最优化，达到为银行创造最大价值的目标。银行通过主动的资产配置、证券化、风险出售等一系列手段管理资本需求，出售银行无法承担或不愿意承担的风险，达到资本在风险的配置上的最优化，实际上就是实现了银行价值创造的目标。同时，银行通过安排融资计划、选择融资模式等一系列手段，调节资本总量和结构，降低资本成本，也为银行创造了价值。而二者的动态平衡更是保证银行价值创造能力始终

处于最优状态。

第三，银行通过管理资本收益率，实现资本在三个市场的流动，最终为银行创造价值。资本作为一种稀缺资源，银行需要决策如何有效吸引外部资本投资到银行，又如何将资本分配到业务条线，并且最终选择与资本相适应的资产结构以为银行创造价值。合理的资本收益率的确定可以有效引导资本在各个市场之间顺畅流动，通过资本流动为银行创造价值。

第二节　经济资本计划管理：主动管理的开始

经济资本总量计划管理主要是通过对经济资本需求和供给两个角度的分析，确定合理的经济资本总量和结构，从而在满足监管要求和银行业务发展的前提下实现银行经济资本供求平衡，为银行创造价值。这里强调在做经济资本总量计划过程中，应该把监管部门对银行的最低资本要求作为一个外部限制因素充分考虑在内，否则若作出的经济资本总量计划违背了监管要求，可能遭到监管部门严厉的处罚。

一、经济资本计划管理概念的界定

截至目前，还没有为大家所普遍接受的关于经济资本计划管理的定义，有的学者从业务计划（资本需求）的角度定义经济资本计划，有的学者从资本配置（资本供给）的角度定义资本计划，应该说都有一定道理，但对我们要构建的主动经济资本管理的理论框架来讲还不够。笔者在这里将经济资本计划管理定义为：银行管理者依据发展战略和风险偏好，根据对经济资本供求各项驱动因素的模拟分析，制定未来一段时间银行经济资本供给和需求的总量结构计划，对实施过程进行必要的监督和控制，并根据实施结果动态调整计划的过程。

上述定义充分考虑了经济资本管理过程中各种因素，对银行经济资本管理具有一定的指导意义。首先，经济资本计划的出发点是发展战略和风险偏好，这些因素决定了银行有多少资本可以分配以及这些资本可以分配给谁和必须分配给谁的问题；其次，经济资本计划过程中应充分模拟影响资本供求的各项驱动因素，这就包括银行自身的业务计划、资本现存总量、市场可能的变动情况等，这是制定合理经济资本计划的前提和基础；资本计划制定的目标是通过资本计划引导业务发展，从而实现银行价值的最大化。而银行资本计划要想实现对现实业务的引导作用，必须得到有效执行，并且执行过程中需要强有力的监督；资本计划本身并不应该是一个固定不变的东西，由于监管政策、市场情况等多种因素可能随时变化，要达到银行资本管理的最优化目标，就需要根据实际执行情况不断地调整优化资本计划，也就是计划管理的动态化，以使计划与不断变化的现实情况相符合，最终实现银行价值最大化的目标。

　　资本计划数字是否合理，要依据银行价值创造能力是否得到有效提升为判断依据。资本总量平衡的关系可如图6.2所示。

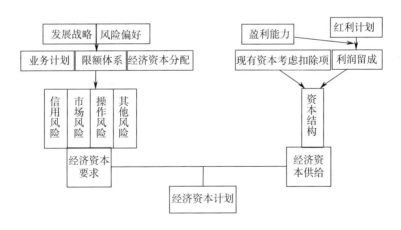

图6.2　资本计划与主动经济资本管理

　　由图6.2可以看出，资本需求和资本供给相当于天平的两边，经济资本计划相当于这个天平的支点，维持着经济资本供求的平衡。资本需求受到业务计划、风险限额和经济资本分配的种种条件制约，最终的经济资本需求总量将是一个预测结果。在不做任何融资动作时可用经济资本的增长完全取决于银行的盈利能力和红利政策。经济资本计划需要充分考虑各方面的因素，根据银行经营目标制定合理的风险、业务和资本管理计划，实现银行价值的最大化。

二、资本计划的制定

（一）具体的经济资本计划包括以下几个步骤

1. 资本需求的预测

从资本需求角度出发，利用依据业务战略和风险偏好制定的业务发展计划和资本、财务预算进行监管资本需求和经济资本需求的预测，并制定未来监管资本和经济资本的需求目标。业务计划和财务计划是银行未来基于目前状态对未来理想状况的一种描述和预测，资本管理的目标必须是满足未来业务发展的需要，而不能限制合理业务的增长，这样资本计划必须给予业务发展计划对未来的资本需求做出明确预测。

2. 资本供给的预测

从可用资本角度出发，首先预测银行的账面资本，再以账面资本预测作为调整的起点，通过与资本需求计划相一致的财物资源项目调整得到可用监管资本和可用经济资本。这里的预测应该充分考虑未来经营的不确定性而给资本供给留出充分的缓冲空间。

3. 目标（最优）经济资本区域的确定

银行需要详细分析过去与当前的经营情况，结合对市场的预测和把握确定出银行最优的经济资本区域。目标区域一旦确定就决定了银行未来一段经济资本总量的大小。

4. 将预测的经济资本需求和供给与经济资本目标区域进行比较，确定下一步经济资本管理的工作方向

如果发现经济资本需求超出了最优资本区域，则应通过需求管理手段限制经济资本需求的增长；反之应采取措施鼓励合理的经济资本

需求增加。同样，若经济资本供给无法达到最优经济资本区域，则需要制订明确的融资计划，增加经济资本供给；反之应当削减经济资本供给。

5. 经济资本计划的动态调整

经济资本计划的动态调整是根据内外部环境的变动，动态调整经济资本供给和需求的总量结构计划，使经济资本供求达到动态平衡。比如，可能在 2006 年底制定的 2007 年资本需求计划中，投资次级债券还是银行获取高额收益的重要手段；到了 2007 年中，由于市场的剧烈变动，相信没有银行愿意把钱投向这个看不见底的深渊。这个案例也告诉我们，经济资本的计划管理也要增加对市场的敏感性并提高反应速度，一味地从理论到理论，从公式到公式是管不好经济资本，更管不好银行的。

（二）经济资本计划制定过程中应该考虑的因素

在确定资本总量计划时，银行高级管理层和决策部门需要综合考虑以下因素。

1. 资本水平与银行建立的战略目标和风险偏好保持一致

银行的资本计划应该服从和服务于银行的战略，并且很好地体现银行的风险偏好。银行战略是银行制定的指导全行发展的最高纲领性文件，资本计划应该体现全行战略的重点和发展方向，并且使资本总量确保银行战略的顺利实施。同时，风险偏好表示了银行愿意承担的风险种类和风险水平，资本计划应与风险偏好保持高度一致，以使全行战略得以顺利实现。

2. 资本水平与银行建立的外部评级目标和市场形象目标保持一致

外部评级机构多把资本充足水平作为对商业银行评级的重要指标，是否具备充裕的资本表明一家银行经营的稳健程度，也决定了一家银行在客户心目中的地位。由于银行业务的特殊性，市场形象良好可以大大降低发生挤兑的概率，使银行正常经营得到保证。维持银行良好评级及在客户心目中良好的形象，可以大大降低银行筹资成本，为银行创造潜在的价值。因此，在制定资本总量计划过程中，应该充分考虑目标外部评级和市场形象目标，使三者有机结合在一起。

3. 资本总量水平与监管机构对监管资本的最低要求保持一段合理的空间

我们知道，资本充足率是监管部门对商业银行的一个核心监管指标，银行一旦达不到监管的最低要求，不仅会引起监管部门的关注和处罚，而且会使市场上出现银行可能存在危机的恐慌，也可能造成银行挤兑的潜在概率上升，从而造成银行破产。因此，保持计划的资本总量和监管最低要求之间留有必要的缓冲区应是银行进行资本计划过程中必须考虑的问题。

4. 保持监管资本、经济资本和可用资本之间的动态平衡

经济资本、监管资本都是从资本需求的角度出发衡量银行应该有多少资本，而可用资本则从资本供给的角度出发回答了银行到底有多少资本。保持这三者的有机和动态平衡就保持了资本的供求平衡，就保证了银行资本不会出现不足和过剩情况。

三、经济资本计划的执行

经济资本计划的执行是指通过各种手段在具体工作中落实经济资本计划确定的各项指标，以确保经济资本供求的平衡和最优经济资本的实现。在资本需求计划的执行过程中应用好各项限额指标以及基于风险的绩效考核指标，使风险限额落到实处，实现对经济资本需求的主动调控。在资本供给的计划执行过程中，应主动应用资本工具增扩或回收资本进而调节可用经济资本总量和经济资本的供给。

四、资本计划执行情况的监控

资本监控的目的是确保银行的业务执行结构与业务计划、风险偏

好和资本计划相一致。资本监控的手段是将银行各项计划的目标情景与实际情景进行比较。资本监控主要针对以下几个方面：整个银行和各个风险类别的风险大小，经济资本和银行总体限额的使用，超过限额的业务部门或风险类型，结构限额（规模、国家、评级、行业等）的利用程度，与上期相比的风险状况的改变，压力测试和情景分析的结果，限额或风险承受能力已超过情况下的建议措施。

五、经济资本计划执行情况的反馈和计划的动态调整

资本管理部门应主动监测资本计划的执行情况以及市场因素的变动情况，并依据各项因素的变动主动调节经济资本计划。若由于内部执行情况发现偏差，则需及时调整计划的机构，比如，若出现了经济资本过剩，即剩余资本不能充分用于银行战略性的风险承受活动以赚取回报，造成银行 ROE（或 EAR）降低，银行可以通过提高经济资本需求和降低经济资本供给的方式使经济资本供求重新趋于平衡。

假如市场发生剧烈波动，银行需要收窄自己在某一方面的风险敞口以保证银行的稳健经营。近期比较明显的例子就是次级债券的投资。当整个市场出现大面积违约，流动性下降，风险增加的情况时，银行需要主动调整自己的经济资本分配结构，收窄对次级债券的风险暴露。最直接的办法就是立即调低对次级债券投资的风险限额水平，以减少新增投资并压缩存量投资，使银行免受市场波动影响。

应该承认，这种完善的经济资本计划管理流程虽然在理论上完美，但在实际操作过程中可能会遇到各种意想不到的困难和挑战。这就需要我们在坚持总体方向正确的前提下不断创造性工作，为银行创造更大的价值。

第三节　经济资本需求的管理

经济资本的需求来源于银行所开展业务占用的经济资本，银行可以通过多种手段对资本需求进行管理，包括资本计划、限额管理、资本配置以及业务计划，前几种方式已经在前面有所介绍，这里主要介绍通过业务计划管理经济资本需求。同时，经济资本需求管理还需借助必要的手段，在这里将逐一加以介绍。

一、经济资本需求的管理手段

作为主动的经济资本管理，需要必要的手段对经济资本需求进行管理，避免由于业务的盲目扩张给银行造成无法承担的风险，进而威胁银行正常经营。一般来讲，目前国际上大银行可以用来管理的经济资本需求的手段大致有风险偏好、经济资本配置和业务计划、风险限额等。下面逐一介绍。

1. 风险偏好

如第二章所述，风险偏好表达了银行愿意承担和能够承担的风险总量以及风险在各个业务条线的分配情况。比如，一家银行如果将风险偏好表示为分配的经济资本总量不超过可用资本的80%，就表明所有业务加总的经济资本不能超过银行可以用来抵御风险的资本的80%。

2. 业务计划

业务计划是银行在现有业务基础上，依据发展战略和风险偏好，对各项业务制定明确的总量和结构的计划。根据业务计划，可以在现有的经济资本需求基础上，大致预测未来一段时间（通常为一年）银行新增的经济资本需求总量。同时，通过对业务计划的管理，银行可以有效管理未来一段时间的经济资本需求总量。比如，通过业务计划中高风险业务总量的限制，可以限制经济资本需求的总量。

3. 经济资本分配

通常自上而下的经济资本分配是内置在银行的业务计划过程的，业务计划和经济资本配置密不可分。比如，银行准备今年新发展 2 000 亿元的对公信贷业务，就必须针对对公信贷业务配置相应的经济资本，否则会造成要么业务计划无法实现，要么经济资本占用总量超出可用经济资本总量，破坏经济资本供求的平衡。

4. 风险限额

风险限额是银行针对每一大类业务和业务条线按风险类型制定的风险上限。一般来讲，风险限额需要与业务计划和经济资本配置结合在一起进行使用。而风险限额要想得到有效的使用，需要动态监控，并对限额使用不足和超过部分征收经济资本。原因是，对于使用不足的限额部分，银行同样需要准备一定的经济资本以备该业务单元随时只用限额内的资本，而经济资本是有成本的，如果长期被限制在那里就会造成资源的浪费。而对于超过分配的限额部分，应该征收更价高额的经济资本，原因是超过限额的业务对银行是十分危险的，容易造成银行由于意外冲击而倒闭的可能。

上述几个手段银行需要综合运用，以达到实现对经济资本的主动管理的目的。

二、经济资本需求管理机制的建立：最低资本回报要求和 EVA

我们知道，银行经营中资本是一个非常稀缺的资源，各个业务条线对资本都有潜在的争夺欲望，不建立一个良好的机制，资本需求对银行来说可能是永远无法满足的。

要想对经济资本需求的膨胀能够有效管理，需要对经济资本设定最低回报要求，同时对每个业务单元下达明确的 EVA 考核指标，并将业务单元的奖励方案与 EVA 完成情况挂钩。这样，业务单元在提出经济资本需求时就会斟酌项目的回报是否可以达到最低资本回报要求以及是否可以带来足够的 EVA，这样从业务单元自身的起点处就有效管理了经济资本需求。一方面，有效控制了资本需求的膨胀；另一方面，也控制了经济低收益项目对资本的需求，这都有利于为银行创造价值。

在确定最低资本回报时，银行需要充分考虑行内可用经济资本情况、同业情况、市场情况等约束条件。同时，为避免资本需求的短期利益最大化情况的出现，对那些从全行长远看有利，但近期无利可图的项目，应该在经济资本回报率上进行必要的战略倾斜，给予低于全行平均水平的最低回报要求，以实现全行的战略目标。

同时，对于有条件的银行，可以建立内部的经济资本市场，拿出一部分经济资本在部门之间进行拍卖，采取价高者得的原则。鼓励那些有潜在高收益项目的业务单元积极为全行创造更多的价值。

三、经济资本需求管理工具之一：资产证券化

巴塞尔委员会认为资产证券化的基本形式是汇集同一类型的贷款，并将这笔资产出售给具有某一特别目的公司（Special Purpose Company 或 Special Purpose Vehicle，SPV）或信托公司，由该公司以该资产组合为后备发行上市证券。上市证券的本息支付直接依赖于该资产组合所产生的现金流量。由于这些债券收益率比其他债权高，投资者愿意购买。资产证券化相当于把这些贷款由资产负债表内转移到表外。这样可以减少银行的资本需求。

1. 资产证券化

如图 6.3 所示，资产证券化过程涉及复杂的委托——代理关系以及现金流和法律关系。一般的证券化过程是：由贷款原始发放银行将贷款重整后出售给信托机构。为减少投资人了解贷款质量和期限信息的成本，银行一般把使用目的相同、利率接近的贷款重组在一起。贷款出售后银行将贷款从资产负债表内转移到表外。同时原始银行承担着贷款的后续管理和本息收回的工作。

信托公司有专人监管原始贷款的相关情况，帮助承销商发行债券。信托公司与承销商一起决定债券的利率、期限和付款方式。

当证券化资产需要信用担保时，信用担保机构就会为债券提供担保。担保使债券变得对市场更有吸引力。信用担保公司通常为信誉良好的大银行或保险公司。

债券的承销商负责向投资者推销债券。承销商从信托公司购买债券，再以高价出售给投资者。价差是承销商的主要收益来源。

借款者像往常一样向银行支付本息，银行扣除手续费后将本息转给信托机构，信托机构再转给投资者。

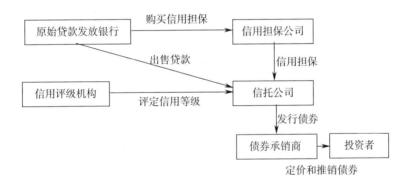

图6.3　银行资产证券化简要流程

2. 资产证券化的资本要求

（1）传统资产证券化产品。根据巴塞尔委员会的规定，对于传统型资产证券化敞口如果满足以下条件，发起行就可以在计算加权风险资产时将被证券化的资产剔除。未满足以下条件的银行仍必须针对它们所保有的资产证券化风险敞口持有相应的监管资本。

①与被证券化了的资产相关的主要信用风险已经被转让给了第三方。

②出让方对被转让的资产不再拥有实际的或间接的控制。这些资产从法律上已经与出让方脱离关系（如通过出售资产或通过次级参与

subparticipation）。这种关系的脱离方式是：这些资产即使是在破产或接管的情况下，都不再受出让方和债权人的制约。这些条件必须要由合格的律师提供法律意见来支持。

③发行的证券不是出让方的债务。因此，购买这些证券的投资人只能对资产池中的资产要求权利。

④受让人是特别目的机构，在该机构中对资产池享有权利的人有权没有任何限制地将该权利质押或交换。

⑤如果出让人有下列情形，而被认为是对转让的信用风险敞口仍然具有实际控制：出让人为了实现自己的利益，可以从受让人那里买回先前被转让的资产；或者有义务保留被转让资产的风险。出让人保留收取本息的权利并不能构成对风险敞口的间接控制。

⑥清收式赎回必须满足相关条件。

⑦资产证券化不包括以下条款：

要求发起行系统性地改变资产池中的资产，从而使该资产池的加权平均信用质量提高。除非这种信用质量的提高是通过以市场价格向独立的或非附属的第三方出售资产实现的；

允许在交易的一开始就增加发起行的第一损失责任（first loss position）或增加信用提升的程度；或

增加支付给除发起行之外的其他人的收益，如投资人和提供信用提升的第三方，以应对资产池中资产信用质量恶化的情况。

（2）合成型资产证券化产品。而对于合成型资产证券化敞口，只有满足以下条件，使用信用风险缓释技术（如抵押、担保和信用衍生工具等）来防范资产池中资产的风险才能在计算风险资本中得以承认：

①信用风险缓释技术银行已建立的合格信用风险缓释标准。

②合格的抵押品只限于在银行已建立的合格抵押品标准。

③合格的担保人只限于那些特定的核心市场参与者。在资产证券化框架中，银行不能将特别目的机构当成合格的担保人。

④银行必须将与资产池中资产相关联的重要的信用风险转让给第三方。

⑤用以转让信用风险的工具不得包括限制转移信用风险数量的条件，如：

根据事件重要程度限制信用保护或信用风险转让的条款（如某些重要性的临界值（Significant Materiality Thresholds），一旦低于这个临界值，即使某个信用事件发生了，信用保护也不再有效。或者是某些规定，允许当资产池中的资产信用质量恶化到某种程度时终止信用保护。

要求发起行改变资产池中资产从而提高资产池加权平均信用质量的条款。

为了应对资产池中资产质量恶化而增加银行信用保护成本的条款。

增加支付给除发起行之外的其他方（如投资人和为应对资产池中资产质量恶化而提供信用提升的第三方）的收益的条款。

在交易开始时增加发起银行自留的第一损失责任或信用提升程度的条款。

⑥必须要得到合格的律师提供的法律意见，确认在相关司法领域中合同执行的效力。

⑦清收式赎回必须满足相关条件。

单项资产的经济资本需求由加权风险资产乘以一定的比率得到。只要证券化过程满足上述条件，银行的证券化产品就可以使证券化资产全部变为不占用任何经济资本，银行相应减少了经济资本需求。

四、经济资本需求管理工具之二：信用衍生产品交易

当银行资产不适宜作为证券化产品进行处理，或者进行证券化处理时间上无法满足要求时，银行可以选择进行信用衍生产品交易以释放信用风险经济资本占用。

1. 信用衍生产品的简单介绍

信用衍生产品（Credit Derivatives）是指通过交易当事人签订的，以转移如贷款、债券等资产的信用风险为目的的交易合约。信用衍生产品交易量自 20 世纪 90 年代以来增长迅速，1996 年全部信用衍生产品交易量只有 40 兆美元，到了 2002 年交易量迅速增长到 2 300 兆美元。信用衍生商品可以转移信用风险，并可将债券投资或银行贷款的信用风险分离出来进行单独交易。其绩效决定于信用价差、信用评级与违约状态等。这也正是我们把信用衍生产品作为资本需求管理工具的原因所在。

信用衍生商品主要包括信用违约交换（Credit Default Swaps，CDS）、总报酬交换（Total Return Swaps，TRS）、信用价差远期契约（Credit Spread Forward，CSF）、信用价差远期选择权（Credit Spread Options，CSO）、信用连结债券（Credit‑Linked Notes）等。下面选择几种主要的信用衍生产品作一简要介绍。

（1）信用违约互换（Credit Default Swap，CDS）是一种合约，在该合约下，"保护购买方"每期固定支付利息给"保护出售方"，以换取在信用事件发生时，买方支付的大笔现金以弥补买方的信用损失。这里的信用事件由国际交换暨衍生品交易协会（ISDA）定义（具体定义见第三章第二节）。CDS 的交易支付现金流情况如图 6.4 所示。

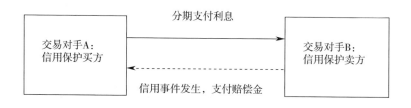

图 6.4　信用违约交易过程

比如，CDS 的买方买入一个标的为 XYZ 公司发行的 10 年期 100 万美元债券。CDS 买方每年支付标的资产面值的 50 个基点的价差给 CDS

卖方。从现在开始，每年买方应向卖方支付 5 万元利息，当 XYZ 公司债券违约时，CDS 卖方向买方支付债券市价与面值之间的差价部分（相当于买方得到了债券的全部清偿），公司违约风险完全由 CDS 卖方承担。若直到 10 年以后 XYZ 公司仍未违约，则 CDS 卖方无须向买方进行任何支付。

（2）总收益互换（Total Return Swaps，TRS）合约中，TRS 的买方（总收益的支付方，Total Return Payer）将与标的资产有关的风险和回报转移给 TRS 的卖方（总收益的收受方，Total Return Receiver），以换取卖方支付的一系列与参考利率联系的利息。标的资产的总回报包括票面利率报酬加上资产价值的变动。交换过程如图 6.5 所示。

图 6.5　总收益交换交易过程

由图 6.5 可知，当标的资产价值发生变化时，TRS 各期的现金流支付方式也发生变化。若标的资产价值增加，TRS 买方向卖方支付现金流；反之，卖方向买方支付现金流。

比如，A 银行发放了 100 万美元贷款给 XYZ 公司，贷款利率为 10%。A 银行与 B 银行签订了 TRS 协议，同意以 LIBOR +50BPS 交换该笔贷款的全部收益。则支付过程如图 6.6 所示。

当贷款价值增加（XYZ 公司评级上升等情况发生）时，TRS 买方向卖方支付款项；当贷款价值下降时（XYZ 公司违约），TRS 买方从卖方处得到额外的补偿。可见无论 XYZ 公司信用情况如何变化，A 银行的收益都稳定在 LIBOR +50BPS，信用风险完全转移给了 B 银行。

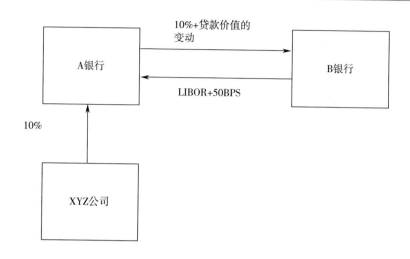

图 6.6　总收入交换举例

（3）信用连结票据（Credit Linked Notes，CLN）是发行人发行的一种工具，由投资人支付一定的本金（可平价或折价发行）购买并持有。票据的利息同发行人和某个第三方债务的信用质量相联结。具体如图 6.7 所示。

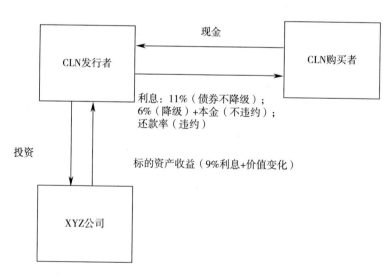

图 6.7　信用连结证券交易过程

如图 6.7 所示，CLN 的发行人买入一张年息 9% 的债券，发行机构从 CLN 投资人手上收到现金，在债券发行机构没有被调整信用评级时，CLN 发行机构每年支付 11% 给投资人；若债券发行机构被调低评级，CLN 发行机构每年支付 6% 给投资人，并在发行人违约时，交付债券回收金额给投资人。

2. 信用风险衍生产品对银行资本的节约

若银行使用信用衍生产品来规避银行账户上的信用风险，则经济资本占用为

$$EC = NP \times \left[\omega \times r_u + (1 - \omega) \times r_{ps} \right] \times 8\% \tag{6.7}$$

其中，EC 代表经济资本，NP 代表资产面值，ω 代表一个权重，根据巴塞尔规定统一为 15%，r_u 为标的资产的权重，r_{ps} 为信用衍生商品卖方的风险权重。

假设银行拥有 1 000 万元贷款投向评级为 CCC 级的公司，根据巴塞尔规定，CCC 级公司的风险权重为 150%。若银行买进一个信用违约交换规避风险，CDS 卖方的信用评级是 A 级，由监管规定知道其风险权重为 50%。

未做避险交易时，银行应该计提的经济资本为 1 000 × 150% × 8% = 120 万元。交易之后应计提的经济资本为 1 000 × （15% × 150% + 85% × 50%）= 52 万元。该笔交易为银行释放了 68 万元的经济资本。

但我们也应注意，适宜运用上述方法的贷款应该是借款人评级低而信用衍生产品发行人评级高的情况。反之会增加银行的经济资本需求。

五、经济资本需求管理工具之三：信用组合管理

巴塞尔委员会指出，银行需要建立有效的信用组合管理流程以确定有效的信用组合、组合分散经营政策和组合集中度限额。银行需要建立明确的分散化经营战略以有效抑制组合集中度和建立更加高质量、适当分散和损失更小的信用组合。

一个有效的信用组合管理职能通常需要帮助银行实现如下工作目

标：第一，提高所持有信用组合的风险调整回报；第二，降低（避免）
单个组合区间过度集中（如单个客户、单个行业或单个地区）以避免
极端事件风险（如媒体报道个别企业出现财务危机）；第三，降低信用
资质恶化的组合持有；第四，使持续放贷的经济资本占有最小化；第
五，提高资本的适用效率使银行能够更多地释放资本并适用于盈利空
间更大的业务。上述组合管理目标在执行时可能是相互冲突的。董事会
和高级管理层需要充分结合其信贷业务发展战略，内部经营环境和外
部市场如贷款二级市场、利率和信用市场化以及配套法律环境的发展
情况进行充分权衡的情况下确定组合管理职能的使命和目标。

根据第三章分析，充分分散化的组合管理可以大大降低银行的经
济资本需求。投资组合的非预期损失剂量公式为

$$UL_P = \left[\sum_i \sum_j \rho_{ij} UL_i UL_j \right]^{1/2} \tag{6.8}$$

其中，ρ 客户平均相关系数，当 $i = j$ 时，$\rho_{ij} = 1$，否则 $\rho_{ij} = \rho$。其中的
相关系数通过客户所述行业的相关系数转换得来。信用组合管理通过
组合中资产的选择，使资产之间的相关系数大大降低，甚至有些资产相
关系数为负，可以大大降低银行的经济资本需求水平。

表 6.1 列示了美国统计的不同行业的相关系数。[1]

表6.1　　　　　　　　不同行业之间的相关系数　　　　　单位:%

	石化	批零	地产	建筑	纺织	通信	交通	水电	机械	服务	采购	食品
石化	1	-0.11	0.17	0.13	0.23	-0.16	0.35	-0.31	0.2	0.1	0.23	-0.15
批零	-0.11	1	0.13	0.07	0.29	0.35	0.12	-0.15	0.04	0.39	-0.1	0.25
地产	0.17	0.13	1	0.85	-0.25	0.13	0.28	-0.17	0.2	0.34	-0.21	0.1
建筑	0.13	0.07	0.85	1	-0.23	0.26	0.53	0.17	0.33	0.21	0.43	0.19
纺织	0.23	0.29	-0.25	-0.23	1	0.2	0.25	-0.14	0.28	0.36	-0.25	0.16
通信	-0.16	0.35	0.13	0.26	0.2	1	0.17	0.61	0.38	0.29	0.33	0.11
交通	0.35	0.12	0.28	0.53	0.25	0.17	1	-0.22	0.37	0.56	0.44	0.24

① 雷宗怀：《商业银行经济资本研究》，硕士学位论文，2005。

	石化	批零	地产	建筑	纺织	通信	交通	水电	机械	服务	采购	食品
水电	-0.31	-0.15	-0.17	0.17	-0.14	0.61	-0.22	1	0.33	-0.2	0.46	0.13
机械	0.2	0.04	0.2	0.33	0.28	0.38	0.37	0.33	1	-0.2	0.46	0.13
服务	0.1	0.39	0.34	0.21	0.36	0.29	0.56	-0.2	-0.2	1	-0.23	0.55
采购	0.23	-0.1	-0.21	0.43	-0.25	0.33	0.44	0.46	0.46	-0.23	1	-0.16
食品	-0.15	0.25	0.1	0.19	0.16	0.11	0.24	0.13	0.13	0.55	-0.16	1

按照表6.1，由于相关系数达到-0.31，在一个石化行业的资产组合中加入水电行业贷款，将比单独发放贷款节约大量的经济资本，从而释放银行稀缺的经济资本资源。

六、经济资本需求管理工具之四：贷款出售

银行可以通过直接出售贷款将信用风险转移给交易对手。贷款出售有两种方式：卖断式和回购式。卖断式出售贷款是指贷款出售不附加任何回购协议，银行可以直接将贷款从资产负债表上删除，彻底释放经济资本。而回购式转让出售银行仍承担部分贷款违约风险，还不能从资产负债表上移除，也就不能完全释放经济资本。

第四节　经济资本的供给管理

一、银行资产持续增长模型[①]：银行资本供给增加的理论分析

由银行内源资本支持的银行资产年增长率称为持续增长率（SA1），用公式表示为

$$SG_1 = \frac{TA_1 - TA_0}{TA_0} = \frac{\Delta TA}{TA_0} \tag{6.9}$$

---

① 俞乔：《商业银行经营管理》，上海人民出版社，1998。

其中，SG 为银行资产的增长率，TA 为银行总资产，ΔTA 为银行资产的增长额。

但是，银行的资本的限制决定了银行资产的增长率等于银行资本的增长率，即

$$SG_1 = \frac{\Delta TA}{TA_0} = \frac{\Delta EC}{EC_0} \tag{6.10}$$

其中，EC 为银行总股本，ΔEC 为银行股本增加额。

如果新增加股本来源于未分配利润，则上述公式可以写为

$$SG_1 = \frac{EC_1 - EC_0}{EC_0}$$

$$= \frac{[EC_0 + ROA(1 - DR)TA_1] - EC_0}{EC_0}$$

$$= \frac{ROA(1 - DR)}{[EC_1 - ROA(1 - DR)TA_1]/TA_1}$$

$$= \frac{ROR(1 - DR)}{(EC_1/TA_1) - ROA(1 - DR)}$$

其中，ROA 为资产收益率，DR 为以百分比表示的银行税后收益的红利部分。

上述公式的分子部分是银行资产收益率与百分比的未分配利润之积，分母则是本期的银行资产与资本比率减去银行资产收益率与未分配利润比率之积。这一公式表示了银行资产持续增长率与三大变量有关：银行资产收益率（ROA）、银行红利比率（DR）以及规定的资本与资产比率。最后，公式扩展为包括外部资本来源的表达式为

$$SG_1 = \frac{ROA(1 - DR) + \Delta EK/TA_1}{(EC/TA_1) - ROA(1 - DR)} \tag{6.11}$$

其中，ΔEK 为外源融资的增加额。

式（6.11）左侧（SG_1）表示银行资产持续增长率目标，由银行的发展战略、风险偏好以及外部市场情况决定，具体体现在银行的业务计

划、资本分配和风险限额当中。而一旦资产增长速度确定，由 $SG_1 = (TA_1 - TA_0) / TA_0$ 可知，由于 TA_0 为期初给定值，银行的未来资产总规模 TA_1 也变为已知。剩下的三个变量 ROA、DR、ΔEK 中，后两项是银行可以主动决策的，而 ROA 水平由于受到外界各项不确定性影响，不完全由银行控制。同时，上述关系还受监管等外部限制条件约束，即银行的资本充足率不得低于监管规定的最低标准。

上述变量之间的关系最终归结为资本增长与业务增长的相互制约和平衡关系。若业务增长速度作为外生变量由银行业务计划给定，则银行应调整资本内源融资的资本供给 $[ROA (1 - DR)]$ 和外源融资的资本供给 $\Delta EK/TA_1$ 量以确保业务发展计划的实现。反之，当银行资本融资能力受到限制时，银行应控制业务增长速度以确保经济资本占用不会超过银行可承受的范围。

二、经济资本供给的增加渠道：资本融通

银行资本融通渠道可以分为内源融资和外源融资两大类。

（一）内源融资

银行资本的内源融资主要来源于银行留存盈余，即银行将当年收益扣除一部分给股东的分配之后作为未分配利润形式直接在行内资本化。与外源融资相比，内源融资具有明显的两方面优势：第一，成本低廉。银行只需将税后利润转入留存盈余账户，即可增加银行资本金，从而节省了银行为筹集资本金所需要的各项交易成本。因此也被认为是银行增加资本金的最廉价方法。第二，这部分资金相当于股东对商业银行的盈利的再投资，并且可以免缴股东的个人所得税，使股东获得税收好处。同时，由于没有新增股本，原有股东对公司的控制权也没有遭到稀释。当然，通过这种方法进行的资本融通也面临由于减少红利使股价下跌，从而使股东受损的可能。由于整体来看内源融资成本低廉，方便快捷，应该成为银行资本融通的首选方式。

1. 内源融资的限制条件

虽然内源融资具有上述优点，但通过内源融资受到三个方面的限制：第一，银行以及金融监管机构所确定的适度资本金的数额；第二，银行能够创造的收入数量；第三，银行的红利分配政策。这表明，一方面银行无法无限制通过内源融资满足业务发展需要，另一方面银行可以通过调整目标盈利能力、调节分红比率等手段影响内源融资给银行创造的资本总量。

内部融资是受到银行盈利能力严格限制的，而且该指标不是银行努力一个因素可以决定的。根据《银行家》公布的数据，全球前 100 家大银行 2018 年全年的税前收入为 8 125.60 亿美元，占全部资产的 9.11%。资产收益率最高为 3.48%，最低为 −0.34%，具体见表 6.2。

表 6.2　　　　　　　　2018 年前 100 家大银行的资产收益率　　　　　　单位：%

平均	最高	最低
0.97	3.48	−0.34

表 6.3　　　　　　　　世界前 20 家大银行的资产收益率　　　　　　单位：%

银行	资产收益率
中国工商银行	1.4
中国建设银行	1.36
中国银行	1.15
中国农业银行	1.14
摩根大通银行	1.42
美国银行	1.28
富国银行	1.4
花旗集团	1.23
三菱 UFJ 金融集团	0.46
汇丰控股	0.68
交通银行	0.92
法国巴黎银行	0.58
法国农业信贷集团	0.59

续表

银行	资产收益率
三井住友金融集团	0.56
西班牙国际银行	0.84
瑞穗金融集团	0.39
高盛集团	1.24
巴克莱银行	0.13
法国 BPCE 银行集团	0.44
招商银行	1.44

总体来看，银行资产收益率水平维持在0.5% ~ 2%的范围内波动，要使银行资产收益率短时间内大幅度增长是非常困难的。

同时，资本红利在银行净收入中的比率有上升趋势，这反映了银行希望通过较高的红利分配吸引市场投资，提高银行的市场价值。根据谢尔曼的研究（Sherman，1987），随着红利分配在银行净收入中比例的上升，银行股票的市盈率随之上升，见表6.4。[①]

表6.4　　　　　　　　　　红利分配与股票市盈率关系

红利分配比率（DR）	股票平均市盈率
<35%	11.30%
35% ~49%	11.70%
50 ~55%	12.20%
>55%	15.00%

由此可见，银行的红利政策在外部竞争压力下，是不可能随意调整的。这也制约了银行通过内源融资提供廉价的资本供给。

2. 实例分析

举例如下：假定期初银行总资产为 50 亿元，红利分配比率为 DR =40%，未分配收入 2 亿元，其他资本金 2 亿元。银行总资本 4 亿

---

① 转引自俞乔，1998。

元，总资产与总股本比率为8%。我们将上一小节公式中的几项指标作为因变量来分析银行如何通过内源融资来满足业务发展计划，具体情况见表6.5。

表6.5　　　　　　　　A银行资产增长率与资产约束实际关系

情景	银行现状	1	2	3	4
银行总资产（亿元）	50.00	54.00	56.00	56.00	56.00
资产增长率（%）（SG₁）	na	8.00	12.00	12.00	12.00
资产收益率（%）（ROA）	na	0.99	1.43	0.99	0.99
红利分配比率（%）（DR）	na	40.00	40.00	13.42	40.00
未分配利润（亿元）	2.00	2.33	2.48	2.48	2.33
不包括未分配利润的资本（亿元）	2.00	2.00	2.00	2.00	2.00
总资本（亿元）	4.00	4.33	4.48	4.48	4.40
总资本/总资产（%）	8.00	8.00	8.00	8.00	5.54

情景1：假定银行要保持8%的资产增长速度、40%的红利分配比率以及8%的资本资产比率不变，则银行的资产收益率必须不低于0.99%；

情景2：假设银行仍维持40%的红利分配比率和8%的资本与资产比率，若要实现12%的资产增长率，则其资产收益率必须提高到1.43%；

情景3：该银行仍然维持0.99%的资产收益率、8%的资本比率并实现12%的资产增长率，则银行的红利分配比率必须降低为13.42%；

情景4：若银行维持0.99%的资产收益率、12%的年增长率、40%的红利分配比率不变，则其资本资产比率将低于8%，提出警示，必须通过外源融资进行资本供给，弥补银行资本的不足。

（二）外源资本融资

当银行的内源融资无法满足资本需求时，银行需要通过外源融资实现资本的有效供给，以确保业务的正常有效运行。银行外源融资可以分为普通股票和优先证券两大类。优先证券包括各种类型的后期偿付债券、优先股票以及租赁合同等。由于上述融资工具都具有偿付上的后付性特征，可以有效帮助银行规避由于挤兑产生的危机，因此可以起到经济资本的作用。

1. 普通股发行

普通股是一种权益证书，代表其持有者对银行的所有权。通过发行普通股筹集资金，对银行来说具有以下好处：第一，没有固定的股息负担，银行拥有更大的灵活性；第二，没有固定的返还期，不必向股东返还本金，银行可稳定使用；第三，由于往往收益较高，发行相对容易。当然，发行普通股也有它的不利之处，包括：第一，稀释原有普通股股东对银行的控制权和剩余索取权；第二，普通股的发行成本和资金成本相对较高，会给银行带来一定的经营管理上的压力。

一般，商业银行是否通过普通股增加资本供给取决于以下几个方面因素：第一，银行可采取的其他外部资本额来源的可能性；第二，银行筹集未来所需要的外源资本的灵活程度；第三，不同形式外源资本额的金融后果比较，比如资本杠杆作用、对银行股权削弱程度以及对股票未来收益的影响。一般来讲，银行规模越大，通过各种优先证券获得外部资本融资的可能性越高，且银行筹集未来资本的灵活程度越高。

2. 优先股

优先股兼有股票和债券的双重特点。从银行经营者的角度看，发行优先股有以下好处：第一，可以避免对银行控制权和剩余索取权的分散和转移，减少普通股股票的下跌；第二，优先股对银行来讲不是固定的债务负担。当银行当年利润不足时，某些优先股（如非累计优先股）可以不必支付股息，减轻了银行的压力。当然，发行优先股也有其不利之处，包括：第一，优先股的使用减少了银行经营的灵活性。由于多数优先股要求固定的利息支付，造成优先股的利息成为银行的付息负担。第二，优先股的股息高于资本性债券并且需要用税后利润支付，造成银行负担增加。第三，银行过多发行优先股会降低银行的信誉。

3. 资本性票据和债券

资本性票据和债券是银行为了筹集资本金而发行的债务性资本。20世纪70年代后期，作为银行一项重要外源资本形式被银行广泛应用。这些票据包括：

（1）资本票据（Capital Notes）。这是一种以固定利率计息的小面额后期偿付证券，原始到期日一般为 7~15 年。这种票据可以在市场上出售，也可以向银行推销。

（2）资本证券（Capital Debentures）。以固定利率计算的大面额后期偿付证券，其原始到期期限为 15 年以上，某些资本证券不付息，以折扣方式发行。

（3）可转换后期偿付证券（Convertible Subordinated Securities）。这种证券可以根据债券持有人的选择，以预先规定的价格转换为银行的普通股股票。因此，这种证券的利率比一般的后期偿付证券的利率低10%~20%，而其转换价格比银行普通股股票的价格高 15%~25%。

（4）浮动利率后期偿付债券（Variable‐rate Subordinated Securities）。这类证券的计息利率是浮动利率，通常为若干市场利率的加权指数。

（5）选择性利率后期偿付证券（Option‐Rate Subordinated Securities）。这类证券的起始利率一般是固定利率，但在一定时期后可以由其持有者选择转换为浮动利率计息。

发行资本性债券可以使银行获得不稀释控制权和收益索取权以及发行成本低等的好处。当然也存在资本证券不够稳定（需要偿付本息）和负担相对固定的问题。

4. 外部资本融通渠道的选择

面对众多的外部资本筹集方式，银行需要在各类筹资方式之间进行必要的选择，通过有效控制资本成本实现银行价值的最大化目标。

（1）银行应充分考虑融资成本，选择最优工具融资。为实现创造价值的目标，银行应该充分利用次级债券、股票型票据等工具，由于上述工具在满足资本对风险抵御要求的同时，利息成本相对固定并一般低于股本成本，采取这样的融资工具可以使银行享受到财务杠杆效益，为银行创造最大价值。

（2）银行应充分考虑约束条件，确定最终的融资渠道。银行在确定资本融通渠道时，还应充分考虑各项约束条件，包括：第一，外部监管的限制。监管部门关于银行资本充足率不得低于8%以及最低核心资本充足率不低于4%的要求应该作为银行资本筹集过程中的一个硬性外部约束条件；第二，银行目标评级水平以及风险偏好等应该作为银行资本结构选择的内部约束条件。比如，银行希望保持不低于AA级的评级水平，那它的核心资本比率就不能低于7%（正如ING银行所述）。这也是为什么《银行家》杂志对国际大银行进行排名时主要依据核心资本比率水平的原因所在。因此，银行也不能盲目以债券性融资满足资本供给增加的需求，应该在保证核心资本不低于一定水平的前提下再通过资本结构调节降低资本成本，为银行创造价值。

三、中国银行业资本融资渠道的实证分析

由于中国商业银行处于中国相对有特色的制度环境和发展阶段，资本不足成为长期困扰商业银行的一个关键因素。如何通过筹资获得有效的资本支持也就成为了中国商业银行思考的关键点。截至目前，我国商业银行可以用的各项资本筹集手段各有优劣，简单地分析比较可参见表6.6。①

---

① 韦杰夫：《按国际标准建设现代商业银行强化资本约束》，载《资本约束与经营转型》，中信出版社，2005。

表6.6　　　　　　　　　　　　各种融资方式的比较

融资渠道	优点	缺点	政策限制
配股	筹资成本低； 筹措资本具有永久性，无到期日，无须归还； 筹资风险小； 可作为其他筹资的基础	受到政策限制，可募集到的资金有限； 股价低迷时，配股价格受到限制，可能达不到预期的募集金额； 稀释每股收益和净资产收益率	最近3个年度加权平均净资产收益率不低于6%； 本次配股发行的股票总数，不超过前次发行并募足股份后资本总额的30%
增发新股	筹资成本低； 筹措资本具有永久性，无到期日，无须归还； 筹资风险小； 可作为其他筹资的基础	受到政策限制条件多； 影响股权结构，可能遭到原股东的反对	募集资金不超过上年净资产总额； 增发新股的股份数量超过公司股份总数20%的，其增发提案还需获得出席股东大会的流动股股东所持表决权的半数以上通过； 增发公司近3个会计年度及预测发行完成的当年加权平均净资产收益率不低于6%
定向募集	筹资成本低； 筹措资本具有永久性，无到期日，无须归还； 筹资风险小； 可作为其他筹资的基础	影响股权结构，可能遭到原股东的反对 受市场影响力、投资者出资意愿等因素的影响，可募集到的金额存在不确定性	缺乏相关政策
可转债	满足5年以上的条件即可作为附属资本，转换成普通股后又成为核心资本； 成本低； 可减少对每股收益的稀释	股价波动可能导致不能如期转换成股票； 由于第一点的原因，可能造成财务安排上的困难	公司3个会计年度及预测发行完成的当年加权平均净资产收益率不低于6%； 发行转化债券后，资产负债比率不能高于70%，累计债券金额不超过公司净资产的40%； 可转换债券的最长期限为5年

续表

融资渠道	优点	缺点	政策限制
增强自身盈利	直接有效，稳定可靠	金额有限，短期内不能满足发展规模的需要	
次级债	可作为附属资本； 不涉及股权； 可募集的资金确定	期限长； 筹资成本高； 利率风险大； 剩余的存续期少于5年，其作为附属资本的金额被扣减	计入附属资本的长期次级债务不得超过核心资本的50%

　　近年来我国商业银行为满足资本要求，纷纷采取各种措施进行筹资，形成了比较集中的银行融资浪潮①（具体见表6.7）。

表6.7　　　　　　　　国内部分银行主要资本融资活动　　　　　单位：亿元

机构	时间	发行方式	实际募集资金
民生银行	2000 – 11 – 07	新股发行	40.89
	2007 – 06 – 27	定向增发	181.5
	2014 – 03 – 16	二级资本债	200
	2009 – 11 – 26	新股发行	312.29
	2011 – 02 – 25	配股	112.09
	2013 – 03 – 15	可转债	200
	2015 – 04 – 28	二级资本债	200
	2016 – 08 – 30	二级资本债	200
	2016 – 12 – 14	优先股	99.33
	2017 – 09 – 12 2017 – 11 – 27	二级资本债	300
浦发银行	1999 – 09 – 22	新股发行	399.55
	2010 – 10 – 16	定向增发	391.99
	2003 – 01 – 16	公开增发	24.94
	2006 – 11 – 29	公开增发	59.08
	2009 – 09 – 30	定向增发	148.27
	2014 – 12 – 31	优先股	300
	2014 – 11 – 28	优先股	150
	2015 – 03 – 06	优先股	150
	2017 – 09 – 04	定向增发	148.30

---

　　①　根据各家公司的历年年报等整理得到。

机构	时间	发行方式	实际募集资金
招商银行	2002 – 03 – 22	新股发行	107.43
	2010 – 03 – 04	配股	176.81
	2013 – 08 – 27	配股	274.43
	2014 – 04 – 25	二级资本债	0
	2006 – 09 – 22	新股发行	206.91
	2010 – 03 – 01	配股	45.26
	2011 – 07 – 18	配股	79.47
	2017 – 10 – 25	优先股	10 亿美元
	2017 – 12 – 22	优先股	275
兴业银行	2007 – 01 – 23	新股发行	157.22
	2010 – 05 – 24	配股	176.91
	2013 – 01 – 07	定向增发	235.32
	2014 – 12 – 03	优先股	130
	2015 – 06 – 17	优先股	130
	2017 – 03 – 31	定向增发	260
平安银行	1991 – 04 – 03	新股发行	0.14
	1993 – 05 – 21	配股	3.21
	1994 – 07 – 08	配股	1.35
	2000 – 11 – 03	配股	30.9
	2010 – 06 – 29	定向增发	69.07
	2011 – 07 – 20	定向增发	290.8
	2014 – 01 – 08	定向增发	147.34
	2014 – 03 – 06	二级资本债	90
	2016 – 03 – 07	优先股	200
中信银行	2007 – 04 – 19	新股发行	130.63
	2011 – 07 – 07 2011 – 08 – 03	配股	257.86
	2014 – 08 – 26	二级资本债	370
	2015 – 12 – 31	定向增发	119.18
	2016 – 10 – 21	优先股	350
中国光大银行	2010 – 08 – 10	新股发行	213.21
	2015 – 06 – 19	优先股	200
	2016 – 08 – 08	优先股	200

续表

机构	时间	发行方式	实际募集资金
中国光大银行	2017－03－17	可转债	300
	2017－12－22	定向增发	309.57 亿港元
华夏银行	2003－08－26	新股发行	54.38
	2011－04－26	定向增发	201.07
	2008－10－22	定向增发	113.8
	2016－03－23	优先股	200
中国工商银行	2006－10－19	新股发行	455.83
	2010－11－15	配股	335.78
	2010－08－31	可转债	2 498.70
	2006－10－27	新股发行	972
	2010－07－29	配股	130.44
	2014－12－31	优先股	800
	2015－11－18	优先股	450
中国农业银行	2010－07－06	新股发行	675.57
	2010－07－16	新股发行	919.6
	2014－12－31	优先股	800
中国银行	2006－06－23	新股发行	194.51
	2010－11－02	配股	416.39
	2010－06－02	可转债	397.76
	2006－06－01	新股发行	0
	2010－10－28	配股	208.3
	2014－12－31	优先股	1 000.00
中国建设银行	2007－09－17	新股发行	571.18
	2011－11－04	配股	22.26
	2005－10－27	新股发行	715.78
	2010－04－29	配股	688.9
	2014－08	二级资本债	200
	2014－11	二级资本债	20
	2015－05	二级资本债	20 亿美元
	2015－12	二级资本债	240
	2015－12－16	优先股	197.11
	2017－12－21	优先股	600
交通银行	2007－04－25	新股发行	247.5
	2010－06－09	配股	170
	2012－08－23	定向增发	296.68

机构	时间	发行方式	实际募集资金
交通银行	2005 – 06 – 23	新股发行	168.35
	2010 – 02 – 23	配股	177.83
	2012 – 03 – 15	配售	328.53
	2015 – 07 – 29	优先股	149.82
	2016 – 09 – 02	优先股	450
北京银行	2007 – 09 – 11	新股发行	146.85
	2012 – 03 – 26	定向增发	116.91
	2015 – 12 – 08	优先股	49
	2016 – 07 – 25	优先股	130
	2017 – 12 – 30	定向增发	206.41
南京银行	2007 – 07 – 12	新股发行	67.14
	2010 – 11 – 15	配股	48.14
	2015 – 06 – 16	定向增发	79.22
	2015 – 12 – 23	优先股	49
	2016 – 09 – 05	优先股	50
宁波银行	2007 – 07 – 12	新股发行	40.27
	2010 – 10 – 19	定向增发	43.76
	2014 – 12 – 31	定向增发	32.39
	2015 – 05 – 26	二级资本债	70
	2015 – 11 – 16	优先股	48.5
	2017 – 12 – 05	可转债	100
	2017 – 12 – 06	二级资本债	100

从表6.7中可以看出，我国商业银行目前的主要融资渠道无外乎以下几个：第一，定向增资募集资本；第二，公开发行股票筹集资本（包括 A 股和 H 股，也包括 IPO 和增发）；第三，发行次级债务。可转债只有部分银行少量发行，而一些高级的附属资本工具，比如混合资本债券、信托有限工具等基本没有涉及。我国商业银行普遍的问题是资本结构不合理，附属资本比重过低，造成银行无法享受金融杠杆带来的好处。

四、商业银行资本供给的缩减渠道：股票回购、红利分配和战略并购

当商业银行经济资本总额远远超过银行最优目标经济资本总额时，表示银行所持有的资本过多，银行现有的经营已经无法为银行带来应有的收益水平，则银行可以通过股票回购、增加现金分配比率、战略并购等方式将资本供给总量缩减银行的资本供给，达到为银行创造价值的目的。

1. 股票回购

股票回购是指上市公司利用现金等方式，从股票市场上购回本公司发行在外的一定数额的股票的行为。公司在股票回购完成后可以将所回购的股票注销。但在绝大多数情况下，公司将回购的股票作为"库藏股"保留，仍属于发行在外的股票，但不参与每股收益的计算和分配。库藏股日后可移作他用，如发行可转换债券、雇员福利计划等，或在需要资金时将其出售。

如果从世界经济方面来考察，我们不难发现，在不同的历史时期，以及不同国家，乃至不同性质的上市公司之间，股票回购的动机是不完全相同的。概括起来讲，主要有四个方面：第一，防止国内外其他公司的兼并与收购。以美国为例，进入 20 世纪 80 年代后，特别是 1984 年以来，由于敌意并购盛行，因此，许多上市公司大举进军股市，回购本公司股票，以维持控制权。比较典型的有：1985 年菲利普石油公司动用 81 亿美元回购 8 100 万股本公司股票；1989 年和 1994 年，埃克森石油公司分别动用 150 亿美元和 170 亿美元回购本公司股票。第二，提振股市。1987 年 10 月 19 日的纽约股票市场出现股价暴跌，股市处于动荡之中。从此，美国上市公司回购本公司股票的主要动机是稳定和提高本公司股票价格，防止因股价暴跌而出现的经营危机。据统计，当时在两周之内就有 650 家公司发布大量回购本公司股票计划，其目的就是抑制股价暴跌，刺激股价回升。第三，维持或提高每股收益水平（即给股

东以比较高的回报）和公司股票价格，以减少经营压力。例如，1986—1989 年，IBM 公司用于回购本公司股票的资金达到 56.6 亿美元，共回购 4 700 万股股票。另据了解，美国联合电信器材公司 1975—1986年，一直采用股票回购现金红利政策，使公司股票价格从每股 4 美元上涨到每股 35.5 美元。第四，重新资本化。即大规模借债用于回购股票和支付特殊红利，从而迅速而显著地提高长期负债比率和财务杠杆比率，优化资本结构。

标准普尔公司 2008 年 4 月 7 日公布统计报告显示，由于资金充足，2007 年标普 500 指数成分股公司回购股票金额达到创纪录的 5 890 亿美元。这一回购金额超过了标普 500 公司当年 2 460 亿美元的现金分红总额和 5 870 亿美元的盈利总额。根据标普公司的统计，2007 年回购股票规模靠前的 10 家公司依次为埃克森美孚、微软、IBM、通用电气、惠普、家得宝、美国电话电报、越洋、辉瑞和思科系统公司，这些公司分布在能源、信息技术、工业、消费和医药保健行业，其 2007 年的股票回购总额近 1 476 亿美元。而根据标普公司指数高级分析师西尔弗布拉特的估算，目前标普 500 公司仍然拥有约 6 160 亿美元现金。

2. 扩大分红比率

股息是股东定期按一定的比率从上市公司分取的盈利，红利则是在上市公司分派股息之后按持股比例向股东分配的剩余利润。

在分配股息红利时，首先是优先股股东按规定的股息率行使收益分配，然后普通股股东根据余下的利润分取股息，其股息率则不一定是固定的。在分取了股息以后，如果上市公司还有利润可供分配，就可根据情况给普通股股东发放红利。税后利润既是股息和红利的唯一来源，又是上市公司分红派息的最高限额。在上市公司分红派息时，其总额一般都不会高于每股税后利润，除非有前一年度结转下来的利润。

如上一小节所示，银行降低分红比率可以获得内源融资便利。当银行资本总额超越最优值时，银行也可以通过加大红利分配的比率将银行为股东创造的利益还给股东。同时也减少了银行可用经济资本的供给，使银行经营处于最优状态。扩大红利分配由于操作简便，交易成本低，也是降低资本供给的最便捷方法。

例如，经历了二十世纪五六十年代快速增长时期的 IBM 公司，70年代中期出现大量的现金盈余，1976 年末现金盈余为 61 亿美元，1977年末为 54 亿美元。由于缺乏有吸引力的投资机会，IBM 公司在股票回购的同时，增加现金红利，1978 年的红利支付率为 54%，而五六十年代红利支付率仅为 1% ~ 2%。

3. 战略并购

当银行资本足够多，又暂时无须进行股票回购时，银行可以通过进行战略并购将多余的资本再投资于新的银行，以使资本获得相应的收益。

并购是指银行在市场机制作用下为了获得其他企业的经营控制权而进行的产权交易活动。一般可以分为合并和收购两种方式，对于需要资本投资的大银行来讲多数适用于收购方式。从根本上讲银行的并购的原动力是追求股东价值最大化，增加银行的价值。与其他投资决策一样，并购是否发生取决于并购是否能够通过规模经济或者范围经济增加银行的市场价值。并购可以通过产生规模效益、拓展新的市场和新的业务领域、提高市场占有率、税收上的好处等为银行带来好处。根据曹军[1]（2005）对 1985—2001 年英国《银行家》杂志公布的 20 家并购银行的实证研究，在 1% 的显著水平下，并购可以给收购银行股东带来2.73% 的异常收益，可见并购对股东价值和银行价值提升作用明显。

并购过程中，银行常面临目标银行股东强烈的反弹，因此不得不通过谈判给予目标银行适当的溢价水平。根据美国相关机构统计，1982年至 1988 年并购案例中，收购价与目标银行账面价值的比率系数分别为 1.50、1.53、1.64、1.63、1.83、1.50，目标银行要求的溢价一般在

---

[1]　曹军：《银行并购问题研究》，中国金融出版社，2005。

0.5~0.8。并购银行以溢价购入目标银行后，溢价部分反映为商誉，而根据我们第三章的分析，商誉作为扣减项是不能作为经济资本进行管理和分配的。这样，我们就通过并购降低了经济资本的供给，同时为股东提供了较好的回报增长来源。

第五节　经济资本收益率管理

按照微观经济学的经典定义，供求决定价格，同时价格也对供求有一定的影响作用。经济资本收益率，作为经济资本的价格对经济资本供求有着调节和引导作用。

一、经济资本收益率与经济资本供求关系的理论分析

1. 经济资本供求与经济资本收益率之间的关系

根据微观经济学的经典结论，供给与价格成正比、需求与价格成反比。借鉴微观经济学的这一结论，我们把经济资本供求与经济资本收益率之间的关系用图 6.8 表示。

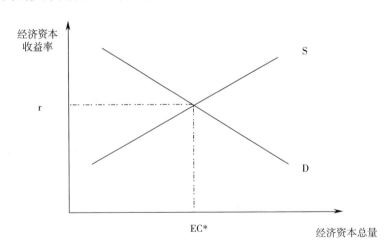

图 6.8　经济资本供求关系

根据图 6.8 所示，给定经济资本的供求，就可以得出一个最优的经

济资本总量（EC）和经济资本收益水平（r）。

这里的经济资本需求，就是由于各个业务单元开展业务所承担风险而要求的最低资本额。在主动经济资本管理的框架里，经济资本的需求主要由业务部门与资本管理部门讨论确定。

根据上面各章的论述，经济资本供给主要是银行可以用来抵御非预期损失的财务资源。这些财务资源是由银行通过股票、债券以及其他资本性工具筹集而来。

2. 经济资本收益率对经济资本供求的调节作用

理论上经济资本供求决定了均衡的经济资本收益水平。实际上，经济资本收益水平对经济资本供求同样有引导作用。

如果提高经济资本收益率到 r_1，可能使经济资本供给增加，经济资本需求下降，出现经济资本供给过剩。由于高企的经济资本成本导致业务部门放弃部分业务，出现业务发展乏力的现象；反之降低经济资本收益率到 r_2 可能会使经济资本供给减少，需求上升，出现经济资本供给不足，限制业务发展。经济资本供求受经济资本收益率影响的关系见图6.9。

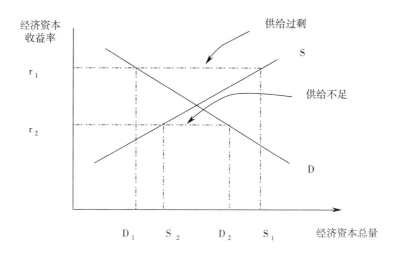

图 6.9　经济资本收益与经济资本供求

二、经济资本管理过程中的三个市场以及三个市场上的资本收益率

商业银行的经济资本管理过程中需要考虑三个市场：银行内部的经济资本供求市场、银行资本融通的外部资本市场和银行开展日常业务的外部金融市场。银行开展的存贷款、投资、服务、交易等所有业务必须依托于外部的金融市场完成，这个市场上有大量的参与者，市场价格相对均衡；银行内部要将经济资本分配到各个业务部门，需要将经济资本作为一种重要资源，在资本管理部门和具体业务部门之间进行分配。在银行资本不足或过剩而需要外部市场进行经济资本融通时，则需要考虑资本的筹集市场。银行就是要通过在三个市场上的经营不断为银行创造价值。

（一）银行内部的经济资本市场上的供求和价格

1. 银行内部经济资本市场的供求

从银行内部看，存在一个内部的经济资本市场。这个市场上的供给者是从事银行资本和风险管理的部门，经济资本供给总量由银行可支配的财务资源，也就是银行实际可分配经济资本的数量（论述见第四章）的大小决定。

为保证全行价值创造目标的实现，管理部门需要根据全行盈利目标为每个业务条线确定一个明确的 EVA 指标。业务单元要实现规定的 EVA 考核指标，就必须开展贷款、投资、交易等各项业务，而业务的开展就必须占用经济资本。因此，从事各项具体经营的业务条线、业务单元就成为了银行内部经济资本市场上的需求者。他们的经济资本需求取决于日常开展业务所承担风险对经济资本的占用总量，可以通过经济资本计量模型计算得到。

2. 银行内部经济资本市场的供求价格

经济资本成本率是银行内部市场上一个经济资本在流转的价格。

一般由管理部门在考虑资本的外资成本前确定。管理部门在制定经济资本成本率时需要充分考虑外部资本融通市场的资本供求情况，以及外部融资的成本。一般来讲，资本外部实际融资成本是经济资本成本率的下限，目标水平应该根据风险等因素综合确定。

在决定占用多少经济资本的时候，业务部门需要将外部业务市场能够提供的收益水平与管理部门要求的经济资本最低回报水平进行比较。如果外部收益大于内部收益水平，就能够创造 EVA，业务部门就会向管理部门申请该类经济资本，并通过与外部单位展开相关交易（存贷款、投资、交易等）赚取 EVA。

3. 银行内部市场的资本供求曲线

银行外部融资市场资本融通的真实成本，决定了内部经济资本供给曲线的起点。所有低于外部市场融资收益 r_2 的内部经济资本需求都将无法得到满足，原因是银行将因为上述业务的开展形成亏损。而所有高于外部业务可以创造的经济资本回报率 r_1 水平的经济资本，在银行内部将无人问津，最终无法形成有效的经济资本供给。

同样，银行外部市场的收益水平决定了银行内部经济资本需求曲线的起点。所有高于外部市场能够创造收益水平 r_1 的经济资本需求将为零，原因是开展这样的业务会给业务部门形成负的 EVA。而所有低于银行加权平均资本 r_2 的需求将无法得到满足，不会实现真实的需求。具体见图 6.10，内部市场上的有效经济资本供求存在于图中实线部分。

（二）资本融通市场上的供求分析

1. 外部市场的资本供求分析

银行可供选择的资本产品，如第五章所述，包括普通股、次级债、资本型票据等。在每一类产品市场上，筹资银行为市场上的资金需求者，投资人为市场上的资金供给者。针对每一类产品，资金供求双方根据产品本身的风险特征以及银行的风险水平确定价格。而银行外部资本需求的价格上限是能够在内部市场上运用的最高收益水平 r_1。外部资

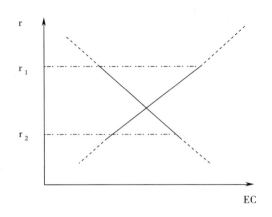

图6.10　银行内部市场经济资本供求曲线

本供求情况如图6.11所示。

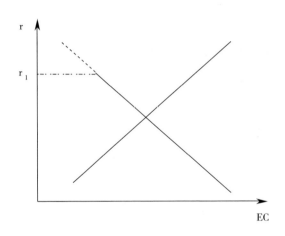

图6.11　银行外部市场经济资本供求

2. 银行资本筹集管理过程中的最优化决策过程

在银行资本筹集过程中，目标是最小化资本成本率。由于股权、次级债、资本工具等各项工具等承担的风险不同，所要求的回报水平就不同。银行的资本成本由各类融资工具的成本率以及它们在资本中所占比率决定。一般来讲，股本的成本最高，其次是债务和资本性票据成本。要最小化银行资本成本率，就要在内部约束和外部约束的条件下选

择最优的融资工具组合，即资本结构。资本结构的选择的外部约束条件
是监管部门对资本充足率和核心资本充足率的规定。内部约束条件是
目标评级和风险偏好等。因此，银行最优的资本机构就是选择每一类资
本工具的权重 ω_i 以实现经济资本成本的最小化，即

$$MIN(WACC) = MIN(\sum_{i=1}^{n} \omega_i \times r_i) \qquad (6.12)$$

$$st\begin{cases} \omega_i \geqslant 0 \\ \sum \omega_i = 1 \\ r_i > 0 \\ \omega_E > 50\% \\ E/A > X \\ \omega_M \leqslant 15\% \end{cases}$$

其中，ω_i 为第 i 种融资工具在全部股本中所占比重，r_i 为第 i 种融资工具
的收益，ω_E 为股权融资的比率，根据监管规定不低于 50%，E/A 为银
行核心资本与资产比率，最低比率 X 由银行目标外部评级决定，ω 为低
于市场风险融入的资本。

通过动态优化方法求解上述方程，就可以得到银行的最优资本结
构 ω_i 和最低资本成本 $WACC^*$。通常由于其他融资工具可以产生财务杠
杆效用，$WACC^* < r_E$。

3. 银行外部业务市场

银行业务部门通过外部市场开展存贷款、投资、交易等一系列业务
赚取回报，以满足部门的资本回报要求和 EVA 考核目标。在这个市场
上，银行是资金的供给方，而具有特定融资需求的客户为资金需求方。
在进行具体的项目选择过程中，银行必须考虑每个项目对经济资本的
占用水平以及能够带来的回报水平。那些回报率低于管理部门为业务
部门设置的最低资本回报要求的项目，将被银行排除在外，不提供资金
供给，因此在外部市场上的供求曲线可参见图 6.12。

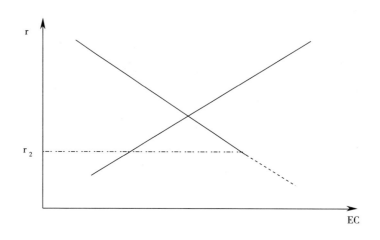

图 6.12　外部资本市场供求关系

4. 三个市场的均衡和经济资本的流动

经济资本能够在业务市场、内部市场和资本市场上顺畅流动，需要具有合理的经济资本收益水平作为前提。首先，管理部门需要确定经济资本的内部回报水平，也就是资本需求部门的资本成本水平。通常这一水平根据市场同业平均的资本回报水平，或根据 CAPM 模型确定；其次，业务部门根据自身业务的情况提出资本需求，同时接受内部确定的资本成本水平；最后，资本管理部门根据业务部门的需求向市场筹集资本，付出经济资本成本。

这样经济资本的实物形态就完成了从资本市场到内部市场再到业务经营市场的流动。这个流动的背后是资本资本收益的反向流动。通过内部资本市场的建立以及对资本收益率的管理，实现了资本在三个市场之间的流动和收益在不同主体之间的传递，具体过程如图 6.13 所示。

图 6.13　经济资本在三个市场上的流转

三、经济资本收益率与主动经济资本管理

1. 经济资本收益率在银行主动经济资本管理中的作用

从本章的定义可以知道，主动经济资本管理需要通过主动管理银行的资本需求和供给方，最终确定银行的最优经济资本总量。

在外部市场，业务部门根据管理部门确定的资本成本率进行业务选择的过程，实际就是通过资产配置实现收益最大化的过程。内部市场，银行通过经济资本配置实现资源的优化合理配置。而在资本市场，银行通过资本筹集工具的选择有效降低资本成本，实现对银行的价值创造。可见，银行的资本成本率有效地调动着银行内部的资本管理部门和业务部门的积极性，进行主动的经济资本管理，见图6.14。

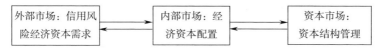

图6.14　经济资本收益与主动经济资本管理

2. 经济资本收益率与银行价值创造之间的关系

如前所述，主动经济资本管理的根本目的是为银行创造价值。经济资本收益率通过鼓励业务部门和资本管理部门积极参与到主动经济资本管理当中为银行创造价值。经济资本收益率为银行创造价值的原理如图6.15所示。

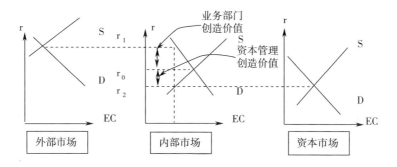

图6.15　经济资本收益与银行价值创造

首先，银行外部市场能够提供的均衡收益水平决定了银行内部经济资本需求最优需求量及最优收益水平 r_1；其次，外部资本市场的均衡，决定了银行资本供给的最优数量和融资成本 r_2；最后，外部市场情况决定了银行的资本成本率 r_0。

这样通过内部经济资本成本率的确定，就将银行的价值创造在业务部门和资本管理部门进行了清晰的分配，也就对各个部门价值创造能力给予了公平的评价。同时，将价值创造能力与绩效考核指标挂钩将实现对主动经济资本管理的利益驱动机制，确保主动经济资本管理的实现，以及通过主动经济资本管理为银行创造价值目标的实现。

本章小结

本章在银行最优经济资本区域存在性证明之后，创造性给出了主动经济资本管理的定义，即在内外部限制条件下，商业银行通过资本计划、资本分配、限额管理等一系列手段和工具，主动调整经济资本供给和需求的总量结构，使经济资本维持在最优水平目标区域内，以实现银行价值的最大化。主动经济资本管理成为银行持续不断价值创造能力的来源。在定义了主动经济资本管理概念后，本章又从主动经济资本管理的手段、资本需求和供给的管理对主动经济资本管理展开了论述。最后，在对银行的主动经济资本管理过程中，对经济资本收益率的作用机理进行了深入分析，创造性提出主动经济资本管理过程中的三个市场，即外部市场、内部市场和资本市场。通过对经济资本收益率使资本在三个市场上流动的作用，从理论上分析了银行通过管理经济资本收益率进行主动经济资本管理的过程以及为银行创造价值的理论基础。

本章完成了主动经济资本管理的理论体系架构建设，指出银行主动经济资本管理是持续不断提高银行机制创造能力的重要手段。主动经济资本管理理论框架的建立，是全文的重要发现。

第七章　商业银行经济资本传导机制

资本是商业银行的"本钱"，是业务发展和风险管理的平衡器。巴塞尔协议Ⅲ已明确规定，到 2019 年商业银行总资本充足率不得低于 10.5%，以资本为主导的模式更加符合监管要求和商业银行的长远发展。因此，将经济资本管理引入商业银行，一是通过资本配置可以确定未来一段时期的发展策略和资金投向，形成目标明确、约束严格、可执行性强的政策体系，实现各类资源的优化配置和高效使用；二是将经济资本管理应用于授信管理、业务管理以及利率定价等关键领域，实现风险管理科学化、系统化和精细化；三是建立以经济资本为核心的绩效考核体系，形成兼顾风险与收益、规模与质量的激励约束机制。

第一节　商业银行建立经济资本传导机制的必要性

一、经济资本传导的内容与对象

商业银行建立经济资本传导机制，主要是向前端传导风险限额约束与价值创造导向。一方面，商业银行通过在机构、产品、条线等不同维度设置经济资本限额，加强资本限额约束理念和行为的传导，可以约束风险加权资产的扩张速度，确保银行拥有足够的抵补非预期损失的能力和资本充足率的持续达标；另一方面，银行根据各项业务因承担风险而付出的资本成本多少及业务产生的资本回报情况，减少对资本高消耗、低回报的板块的资源投入，相应改变绩效考核方案重点，树立起资源配置中的价值导向，从而引导业务发展方向与业务人员的行为，优化业务结构，使稀缺的经济资本配置到回报最高的业务中去，提高商业银行的价值创造能力。

从经济资本要传导的对象来看，主要是银行的各业务部门和处于业务第一线的客户经理。对于机构分布广泛、管理层级较多的银行而言，各级机构及相应的业务部门在经济资本传导中发挥着承上启下的重要作用。总部的风险偏好、发展战略和绩效评价方案等均需各级机构逐一分解和落地。客户经理站在商业银行业务经营中最前线的位置，直接面对银行的客户，因此银行的资本约束和价值创造的理念只有有效传递给千千万万的客户经理，才能够在实际经营中真正贯彻发展的思路与策略，确保自上而下的整体联动。

二、建立有效的经济资本传导机制的必要性

有效的经济资本传导机制意味着商业银行能够通过一系列方式方法，使全行的风险偏好、发展战略和经营策略在每一层级的机构、每一位客户经理的思想和行为中得到充分体现，从而时刻以资本约束和资本回报作为开展业务的根本指导，为银行创造价值。

商业银行的经营好比一辆汽车，先进的发动机性能需要通过传导至车轮进行体现，而车轮的转动带动汽车不断前进。对银行而言，高级管理层的决策起着发动机的作用，各级机构、客户经理相当于是汽车的车轮，汽车发动机的动力通过传动装置传导至各个车轮，银行高级管理层所倡导的经济资本理念则是通过一系列规章制度落地，传导至一线的业务部门和客户经理，规范和引导他们的行为，保证银行从上至下的目标与利益始终是一致的，共同致力于为股东创造价值。如果银行不能建立有效的经济资本传导机制，高管层资本约束与价值创造的目标就不能被下级机构和广大客户经理所认知，业务经营中就会突出小集体和个人利益最大化目标，各自为战，不利于银行整体的风险控制和资本

回报提高，最终无法为股东创造价值。

具体来看，商业银行建立有效的经济资本传导机制意义有以下三个方面。

1. 事前资源引导

从经济学的角度出发，资源配置的最优状态就是实现"帕累托最优"。经济资本作为一种稀缺资源，在商业银行经济资本配置中，需要基于经济资本限额，综合考虑自身战略定位、未来发展规划、整体风险偏好、市场发展环境、资产负债结构、业务价值回报等因素，按照银行不同条线、部门及机构进行科学、合理、统一的限额分配，通过制定经济资本限额计划引领商业银行全面发展。

2. 事中过程传导

商业银行可以将经济资本理念应用到授信管理、业务管理、利率定价等多项经营管理中。在授信管理方面，贷前调查环节中应初步测算所调查业务的 EVA 和 RAROC，并以此作为评估该笔业务是否可行的重要依据。对 EVA、RAROC 水平较低的业务，一是选择主动压缩授信额度，提升资源使用效率；二是综合运用提升定价水平、调整贷款期限、增强综合营销、增加风险缓释措施等方式提升指标。贷中审批环节中审查审批人员应复核客户经理测算的 EVA、RAROC 是否准确，评估客户经理调查资料业务收益、业务成本、违约概率、经济资本占用系数等数据来源是否可靠、合理，评估客户经理授信建议是否合理。

在业务管理方面，树立"资本约束、差异配置、价值回报"等核心理念，坚持商业银行自身战略发展定位，积极响应国家宏观管控要求，深化业务结构调整力度，提高边际资本回报要求，建立与业务发展、资本约束、价值回报和结构优化相挂钩的信贷计划动态配置机制，提高信贷资源使用效率，持续引导业务由规模发展向价值创造发展转型。

在利率定价方面，RAROC 利率定价模型的本质是综合考虑商业银行贷款的预期损失、银行资本的风险溢价以及各项业务成本，通过计算每笔贷款的最低价格来指导利率定价决策。商业银行在科学合理设置内部资金转移定价、运营成本率、风险成本率等参数的基础上，可以通过 RAROC 利率定价模型实现产品效益水平的精细化测算。

3. 事后绩效引导

巴塞尔委员会要求银行应将风险评估和计量结果纳入日常经营决策和业绩考核中，以此实现成本与收益的合理匹配和有效激励。以 EVA 和 RAROC 为核心的经济资本考核体系兼顾了收益和风险两方面因素，比会计利润指标更能真实反映经营绩效和价值创造，在一定程度上解决了商业银行传统绩效考核体系中存在的问题，可以充分体现银行的价值理念和政策导向。同时，通过该考核体系，不仅可以实现对分支机构、产品或客户经理的绩效考核，而且可以分析不同产品、业务或客户的利润贡献和边际资本，以此持续优化和完善商业银行在授信管理、业务管理、利率定价等方面的要求，为商业银行经营决策提供有力支撑。

通过经济资本在事前、事中和事后的深入传导，以及前中后台各业务条线的联动配合，可以实现商业银行价值创造理念的和谐统一，从而真正达到提升价值创造能力、持续创造股东价值的要求。

三、经济资本传导的主要工具

现实中，为实现风险约束与价值创造，商业银行需要综合采用制度、考核和培训等多种方式将无形的战略与理念向前传导。

作为经营风险的特殊企业，合规与制度永远是商业银行经营的基础。银行可以将经济资本的相关理念与要求以制度化的形式确定下来，规范各级机构与客户经理在经营管理中的行为，来实现经济资本理念的传导。例如，在经济资本限额约束方面，为加强分支机构主动、精准的限额管理，银行可以在制度中规定对规定期间内资本耗用超出限额的机构对超出部分资本成本进行惩罚性计提，从而直接影响当期 EVA

水平；在价值评价方面，可以在制度中设置相应条款使 EVA 等效益指标的评价结果与资源分配挂钩，从而用制度来引导分支机构的行为，实现经济资本的有效传导。

　　银行的绩效考核是内部管理的重要工具，其结果可以影响到机构的成本费用预算、工资总额，也可以影响个人的工资、奖金、晋升等多个方面，对机构和个人的利益有着直接而重要的影响。因此，商业银行可以通过设置科学合理的绩效考核方案，将发展中所倡导的战略与要求纳入对机构和个人的绩效考核中，从而实现对行为的引导，有效传导经济资本理念。例如，银行在客户经理绩效考核方案中强调客户经理 EVA 的创造水平，且 EVA 在个人绩效中占有较高比重，那么客户经理在工作中就会时刻将 EVA 的贡献作为首要目标，进而会主动地关注自己所做的业务，提高存款业务与中间业务能力，加强贷款业务的风险控制，提升自身对客户的议价能力，应用各种办法努力提升创造的 EVA 水平，从而获得更为可观的绩效奖励。

　　适当的培训也是建立有效的经济资本传导机制中较为有效的一种方法。不同于制度与考核，对分支机构与客户经理的培训更多的是理念和意识层面的一种宣教，银行可以通过开展深入的培训，帮助分支机构和客户经理树立资本约束与价值创造的相关理念，从而让他们自发地调整自己的行为，实现经济资本的向前传导。在现代商业银行的管理实践中，基本都是综合运用制度、考核和培训等方法工具，建立起较为有效的经济资本传导机制。

第二节　经济资本在分支机构、业务条线的传导

一、传导的方式

商业银行的各项业务往往需着落在各级分支机构，分支机构成为

开展业务、耗用资本并创造价值的主体。一般来说，分支机构出于收入利润绝对增长的需要，往往具有规模扩张的冲动，这会大量消耗银行的资本金。因此对商业银行的分支机构而言，经济资本传导更为重要的是风险限额的约束，即用经济资本限额来约束分支机构风险加权资产的扩张，保证银行当期资本补充和资本消耗保持平衡，资本充足率持续达标。

本节将根据前述各项理论，结合国内商业银行的实践情况，介绍对机构进行风险限额传导方式的思考。商业银行风险限额传导机制的目标应为在"挣资本"理念的指导下，实现银行的各级机构主动、前瞻地计算因留存利润可挣得的资本和期间内的资本消耗，根据资本缺口或盈余主动发起与总行的限额交易，总行对额外的资本占用征收相对较高的成本，对超出限额部分进行惩罚性计提。通过一系列政策安排，使分行的限额管理行为与月度或季度的 EVA 考核挂钩，从而影响整个机构的经营绩效，推动分行主动进行经济资本限额管理，强化风险约束，同时优化业务结构，产生较优的 EVA 回报。

二、主动的经济资本限额管理：传导限额压力的一种有效途径

在主动的限额管理模式下，银行的季度经济资本限额分为季初参考限额和季末核定限额，季初参考限额根据分行、业务条线上年同期业务发展进度确定，目的在于保障分行和业务条线正常业务发展节奏，同时实现季度的资本约束；季末核定限额为分行和业务条线挣得资本与主动交易获得的资本的基础上核定的资本成本基数，直接影响当期 EVA 水平。下面以银行分支机构的限额管理为例，说明主动限额管理的主要内容。

（一）分支机构季初限额

季初限额的制定过程中，要考虑分行发展需要，同时体现挣资本要求，可以根据银行上年同期净利润、信贷发展节奏、各分行净利润进

度，年初分解经济资本年度限额计划，提前安排季初限额。具体核定方式如下：

季初限额＝（40％×全行上年同期净利润进度＋40％×上年同期贷款进度＋20％×本分行上年同期净利润进度）×年度经济资本限额计划

（二）限额交易环节

季度限额需分行挣得，挣得资本与当季经济资本需求缺口须通过限额交易调节和控制，并受季初限额约束。分行动态预计资本需求，在季末前向总部申请交易；总部可视资本约束和使用情况决定是否交易，以及交易的量和价。

1. 交易限额

（1）挣得资本

挣得资本＝当季净利润×留存比例＋存款增长贡献＋贷款增长贡献＋手续费及佣金净收入贡献

其中：

存款增长贡献＝0.5×存款增长量×全行平均风险权重×目标资本充足率×本分行 RAROC

贷款增长贡献＝0.5×〔贷款风险加权资产增长－贷款增长×（本分行风险权重－分行平均风险权重）〕×目标资本充足率×本分行RAROC

手续费及佣金净收入贡献＝手续费及佣金收入－手续费及佣金支出

（2）交易限额

分行动态预测当季挣得资本和经济资本需求，测算资本缺口，即交易限额。

预计资本需求＝∑〔（风险业务增量－减值准备－合格缓释）×业务风险权重＋合格缓释×合格缓释风险权重〕×目标资本充足率

交易限额＝挣得资本预计－资本需求预计

当交易限额为正时，说明分行当季挣得资本大于资本需求，可以考虑卖出资本以获取收益；交易限额为负时，说明分行当季资本消耗大于自身可挣得资本，为保证季末资本消耗控制在限额内，分行需从外部购入额外的资本。

2. 限额交易

（1）限额交易价格的确定

分行的卖出价格，即限额交易的收益率，其 RAROC 越高，交易的收益率越高；分行买入价格，即限额交易的资本成本率，其 RAROC 越低或超季初限额越高，交易的资本成本率越高。

经济资本限额交易价格标准如表 7.1 所示。

表 7.1　　　　　　　　　　经济资本限额交易价格标准

	预计需求 > 季初限额 （预计消耗超预期）	预计需求 < 季初限额 （预计消耗低于预期）
交易限额 > 0 （冗余）	1. RAROC ≥ 平均值 1.2 倍 交易价格 = 2% 2. 12% ≤ RAROC < 平均值 1.2 倍 交易价格 = 1% 3. RAROC < 12% 交易价格 = 0	1. EVA 相较不低，RAROC ≥ 平均值 1.2 倍 交易价格 = 2% 2. EVA 相较不低，12% ≤ RAROC < 平均值 1.2 倍 交易价格 = 1% 3. RAROC < 12%，或 EVA 相较低、RAROC > 12% 交易价格 = 0
交易限额 < 0 （缺口）	1. RAROC ≥ 平均值 1.5 倍 ①预计需求在季初限额 1 至 1.3（含）倍内，交易价格 = 12%； ②预计需求在季初限额 1.3 至 1.5（含）倍内，交易价格 = 14%； ③预计需求在季初限额 1.5 至 2（含）倍内，交易价格 = 16%；	1. RAROC ≥ 平均值 1.5 倍 交易价格 = 8% 2. 平均值 1.2 倍 ≤ RAROC < 平均值 1.5 倍 交易价格 = 12% 3. 10% ≤ RAROC < 平均值 1.2 倍 交易价格 = 14% 4. RAROC < 10%，原则不予交易

续表

	预计需求 > 季初限额 （预计消耗超预期）	预计需求 < 季初限额 （预计消耗低于预期）
交易限额 < 0 （缺口）	④预计需求在季初限额 2 倍以上，原则不予交易。 2. 平均值 1.2 倍 ≤ RAROC < 平均值 1.5 倍 ①预计需求在季初限额 1 至 1.3（含）倍内，交易价格 = 13%； ②预计需求在季初限额 1.3 至 1.5（含）倍内，交易价格 = 15%； ③预计需求在季初限额 1.5 倍以上，原则不予交易。 3. 10% ≤ RAROC < 平均值 1.2 倍 ①预计需求在季初限额 1 至 1.3（含）倍内，交易价格 = 14%； ②预计需求在季初限额 1.3 倍以上，原则不予交易。 4. RAROC < 12%，原则不予交易	1. RAROC ≥ 平均值 1.5 倍 交易价格 = 8% 2. 平均值 1.2 倍 ≤ RAROC < 平均值 1.5 倍 交易价格 = 12% 3. 10% ≤ RAROC < 平均值 1.2 倍 交易价格 = 14% 4. RAROC < 10%，原则不予交易

（2）交易审批

为充分体现主动测算资本的要求，分行须在季末最后一日前申请交易。总行根据当季资本约束情况决定是否交易以及交易量，总部可以在具体落实中设置每个季度分行交易的上限，超过上限的交易需求可不予批准。

（三）季末限额及资本成本核定

1. 季末限额

限额交易后，在季末后可核定季末限额。季末限额为限额控制率的基数和资本成本计提的基准数。

$$季末限额 = 实际挣得资本 - 交易限额$$

2. 资本成本

计提基数 = 季末限额 + α × MAX（0，实际占用 − 季末限额）

其中 α 为超限额惩罚因子，银行司库可视资本稀缺程度设置 α 的取值。

（1）交易限额为负、购入资本

资本成本 = 实际资本占用 × 资本成本率 + 管理 EVA

管理 EVA = ［季末限额 − 实际资本占用 + α × MAX（0，实际占用 − 季末限额）+（1 − 100 × 资本成本率 × 交易价格）× 交易限额］× 资本成本率

（2）交易限额为正、卖出资本

资本成本 = 实际资本占用 × 资本成本率 + 管理 EVA

管理 EVA = ［季末限额 − 实际资本占用 + α × MAX（0，实际占用 − 季末限额）− 100 × 资本成本率 × 交易限额 × 交易价格］× 资本成本率

通过上述政策安排，银行各级分支机构因超限额或额外交易的经济资本成本均体现在管理 EVA 中，对分行当期绩效考核与价值创造水平产生直接影响。

第三节　经济资本的客户经理传导：
价值传导的最后一公里

一、传导的方式

经济资本的事前、事中、事后管理构成了经济资本传导的完整机制链条，其作用的过程，最终是为了约束和激励人的行为，从而实现资本约束和价值创造的目标。在商业银行经济资本传导过程中，客户经理作为商业银行的一线员工，是商业银行经济资本管理政策落地实施的最后一公里。客户经理的客户识别能力、业务议价能力、综合金融服务提

供能力、风险管控能力都直接影响商业银行的整体评价。因此，商业银行要实现由高速增长阶段向高质量发展阶段的转型，就需要制定适合客户经理的工作目标和绩效考核，而目标和考核都不能再以高增长为重点，而应以价值创造为核心，层层传导、层层落实资本约束和资本回报理念。

目前常用的客户经理绩效考核方法包括：目标管理法、360 度绩效考核法、平衡计分卡法和关键绩效指标法等。这些考核方法都以业务规模、收入或利润贡献为考核标准，导致客户经理规模情节较重，而忽视对银行整体战略发展目标的关注。分支机构、部门和员工只是根据其自身利益和发展目标推进工作，实现自身利益最大化，而导致资本约束和价值创造传导不足，影响了商业银行在市场经济体制下的健康发展。

因此，对客户经理的激励约束机制必须"去业务量化"，强化经济资本约束和价值创造的传导。通过引入经济资本和 EVA，将产品计价、风险管理和绩效考评有效结合，探索建立客户经理 EVA 绩效考核体系，引导客户经理提高价值创造和风险防范能力，将客户经理工作目标与商业银行发展目标相统一，打通经济资本传导中最后一公里的梗阻问题。

二、客户经理 EVA 绩效考核介绍

（一）客户经理 EVA 绩效考核思路和原则

1. 方案设计思路

以经济增加值替代业务量作为客户经理的考核指标，不过多关注产品的增长目标，取而代之的是经济增加值目标。财务部门根据管理层的战略导向、制定的经济增加值目标和影响经济增加值的因素，设置客户经理绩效考核指标体系和指标计算参数，客户经理工资与经济增加值挂钩，引导客户经理按照管理层战略导向来发展业务。综合部门定期提交经济增加值业绩报告，业务部门根据报告形成阶段性营销决策，并

反馈给管理层，确保业务发展符合战略导向，达成机构的经济增加值目标。

2. 客户经理 EVA 绩效考核指标体系设置的原则

经济增加值指标的影响因素较多，与传统的客户经理绩效考核方案相比，既是一种进步，同时也增加了考核和执行的困难，因此需要考察商业银行客户经理绩效考核的一般原则进行优化。经过对现有银行考核方案的调查和梳理，我们就指标体系的设置确定以下原则。

一是全面性原则。只有系统、全面地对客户经理的工作绩效进行评价，才能得到正确的评价结果，才能使绩效评价和薪酬分配更为合理，更具有激励作用。因而，考核内容必须全面，一旦出现空白，就会造成考核激励机制的失衡和绩效管理方向的偏离。

二是可度量性原则。岗位职责主要采取定量计量方式，以便于进行绩效考核的实践操作。

三是简约性原则。尽量选取较少的指标反应较全面的情况，突出抓住少数几个与银行价值创造有密切关系的关键指标，且所选的指标要具有一定的综合性，指标之间的逻辑关联要强。

四是可操作性原则。所选取的指标影定义明确，指标的统计口径和数据来源具有统一规定，考核者和被考核者对此都一目了然，把握准确；业务绩效指标的基础数据能够从数据仓库提取，业务绩效指标的完成进度和得分情况，客户经理可以自行进行监测和计算。

五是可延续性原则。所涉及的指标体系不仅在时间上可以延续，而且在内容上能够拓展。

（二）客户经理 EVA 绩效考核主要内容

绩效考核的最终目的是引导客户经理的行为，使之顺应银行的经营发展战略。为实现这一目标，按照 EVA 绩效考核的思路和原则，设计客户经理 EVA 绩效考核方案。首先，针对不同业务产品经济特性的差异，对不同业务的 EVA 创造情况制定相应的量化积分；其次，将积分与客户经理的绩效奖励直接挂钩，真正发挥 EVA 考核的激励约束作用。

1. 不同种类业务 EVA 绩效考核指标的选取和单位积分确定的依据

依据经济增加值的理论影响因素，贯彻方案设计的原则，按照贷款业务、存款业务、中间业务分别梳理出关键因素指标，并对其在客户经理 EVA 绩效考核公式的适用性进行分析，得出：考核积分 = EVA 考核指标总的变动量 × 单位变动量获得的积分，初始获得积分标准为 1 积分/单位变动量。

（1）信贷业务。信贷业务是客户经理的主营业务，也是客户经理创造经济增加值的主要来源，通过设置经济效益、产品定价、风险成本三项考核指标，突出以风险调整后的经济利润为中心的经营导向，引导客户经理优化资产信贷结构，提高产品定价水平，降低经济资本占用，逐步建立资本集约型发展模式。

经济效益，主要是考核客户经理的价值创造能力。经济增加值积分 = Σ（各贷种经济增加值 × 单位积分），对不同产品（个人信用贷款、个人商务抵质押贷款、住房贷款、非住房消费贷款）根据业务营销的难易程度给予不同的单位积分。如个人信用贷款因单笔业务金额小、耗时多、且属于普惠金融重点支持的业务，因而对个人信用贷款业务的每单位经济增加值设置较高的积分；而住房贷款在当前楼市较为火热的情况下，办理难度较低，多为批量标准化操作，可适当降低积分以作为平衡。

产品定价，考核产品定价目的在于引导客户经理主动增强议价能力，以提升经济增加值。经济增加值积分 = Σ（各贷种新发放贷款平均利率/目标利率 -1）× 100 × 单位积分。客户经理贷款经济增加值的利率参数以银行要求的目标利率作为计算值，即对于存量业务，各种贷款的经济增加值率是固定的，相当于给予存量业务利率保护，只对新发放贷款业务进行定价水平考核。

风险成本，量化风险因子对经济增加值的影响。风险成本率＝违约概率×违约损失率，违约概率取自各种贷款不良率水平，因此不良率越高、风险成本越大、经济增加值越小。个人信用贷款、个人抵质押贷款、个人综合消费贷款可按照当月不良金额扣减相应经济增加值积分，住房贷款按当月逾期金额扣减相应经济增加值积分。为鼓励不良清收，若在之后年度能收回不良贷款，可以按收回时间给予不同程度的经济增加值返还。银行主要零售贷款的经济增加值率模拟结果见表7.2。

表7.2　　　　　　　　　主要零售业务经济增加值率　　　　　单位:%

贷种	目标利率	增值税率	资金成本率	运营成本率	风险成本率	所得税率	资本成本率	经济增加值率
个人信用贷款	6.52	0.41	2.83	0.60	1.59	0.27	0.77	0.05
个人抵质押贷款	5.68	0.36	2.81	0.35	0.31	0.45	0.79	0.57
住房消费贷款	5.37	0.34	3.22	0.15	0.07	0.41	0.53	0.69
非住房消费贷款	5.40	0.34	3.05	0.20	0.17	0.42	0.80	0.47

注：运营成本率为银行业务及管理费占业务日均余额的比例，反映业务全过程中应当承担的各项成本。

经济增加值率＝目标利率－增值税率－资金成本率－运营成本率－风险成本率－所得税率－资本成本率，反映单位业务的 EVA 创造效率。

（2）存款业务：在商业银行内部，通过 FTP 机制，存款能获得分配的利差收入，因此也应承担操作风险，进而占用经济资本。分摊存款的成本包括运营成本、税负成本和资本成本。扣除包括资本成本的各项成本后的收入剩余即是存款经济增加值，则经济增加值积分＝∑（存款经济增加值×单位积分）。

多数商业银行现行 FTP 政策对储蓄存款实行分档计费、利差锁定原则，储蓄业务经济增加值与存款期限有关，付息率的影响包含在利差率中，资本成本率根据存贷利差分割比例和操作风险收入计提比例确定。储蓄存款与公司存款的经济增加值率模拟测算结果见表7.3。

表7.3 　　　　　　　　储蓄/公司存款经济增加值率　　　　　单位:%

期限	存款FTP	付息率	运营成本率	风险成本率	所得税	经济资本成本率	经济增加值率
活期	2.64	0.30	0.29	0.00	0.52	0.48	1.05
3个月	2.80	1.35	0.13	0.00	0.32	0.29	0.71
6个月	2.86	1.56	0.13	0.00	0.29	0.26	0.62
1年	3.01	1.78	0.13	0.00	0.28	0.25	0.57
2年	3.25	2.25	0.10	0.00	0.22	0.20	0.48
3年	3.33	2.75	0.07	0.00	0.12	0.11	0.28

注：存款经济增加值率计算过程中，考虑其收入匹配了相应操作风险资本成本。

（3）中间业务：中间业务也应分摊运营成本和资本成本，净收入扣除各项成本后即得出经济增加值，则经济增加值积分 = Σ（中间业务经济增加值×单位积分）。

因中间业务产品多，但计算规则一致，其经济效益主要与产品手续费率挂钩（中间业务经济增加值率 = 手续费率 - 增值税率 - 运营成本率 - 所得税率）。以保险和理财业务为例，经济增加值率模拟结果见表7.4。

表7.4 　　　　　　　　　中间业务经济增加值率　　　　　　单位:%

期限	综合手续费率	增值税率	运营成本率	风险成本率	所得税	经济资本成本率	经济增加值率
保险	2.40	0.15	0.20	0.00	0.01	0.00	2.19
理财	0.47	0.03	0.10	0.00	0.00	0.00	0.37

2. 客户经理EVA绩效考核积分

在上述对贷款、存款和中间业务经济增加值计量、单位积分确定的基础上，按照内容全面、重点突出、操作简便的原则，改变传统绩效中的"业务量"本位绩效考核，优化为"经济增加值"本位，结合平衡计分卡工具，建立客户经理的关键业务及指标考核体系。根据各项业务经济增加值实现的难易程度、突出积分考核的导向作用，表7.5对信贷业务、存款业务和中间业务的积分规则做了具体设计。

表 7.5   零售客户经理 EVA 绩效考核积分规则

积分项目		积分内容	单位积分
类别	指标		
信贷业务	经济效益	当月个人信用贷款经济增加值每 1 万元	3
		当月个人抵质押贷款经济增加值每 1 万元	1
		当月住房贷款经济增加值每 1 万元	0.3
		当月个人非住房消费贷款经济增加值每 1 万元	1
	产品定价	当月新发放贷款加权平均利率每优于目标利率 1 个百分点	0.5
		当月新发放贷款加权平均利率每低于目标利率 1 个百分点	−0.5
	风险成本	当月个人信用贷款不良贷款余额每 100 万元	−5
		当月个人抵质押贷款不良贷款余额每 100 万元	−2
		当月消费不良贷款余额每 100 万元	−4
		当月住房逾期贷款余额每 100 万元	−3
存款业务	经济效益	当月储蓄存款经济增加值每 1 万元	1
		当月公司存款经济增加值每 1 万元	1
中间业务	经济效益	当月代理保险经济增加值每 1 万元	2
		当月人民币理财经济增加值每 1 万元	1

在客户经理 EVA 绩效积分方案中，客户经理的绩效不仅仅与业务量直接挂钩，还与业务品种、产品定价、风险水平密切相关。另外，在这里需要特别说明的是，单位积分并非一成不变。实际考核中可根据机构战略导向、监管导向、阶段性业务营销重点、市场行情的变动、经济资本约束压力等动态调整，以达到客户经理行为与机构战略目标的有机统一，实现价值最大化。

三、积分制 EVA 绩效考核对客户经理行为的引导

积分制的客户经理 EVA 绩效考核最大的优势在于用简单易行的方法将客户经理的 EVA 贡献与个人绩效直接挂钩，从而激励客户经理以 EVA 为导向调整自己的理念和行为，增加名下业务的 EVA 贡献度以提高个人绩效，进而也有利于商业银行整体价值创造能力的提升。

（一）EVA 绩效考核对客户经理行为的引导

1. 促使客户经理转变工作理念

传统的"业务量"导向的考核模式下，客户经理只要完成目标业务量即可获得相应的绩效奖励，就容易过多关注规模扩张而忽略了收益与风险，存在客户经理与银行利益不一致的问题。在 EVA 导向的绩效考核模式下，银行与客户经理的目标与利益变得一致，客户经理的绩效只与 EVA 贡献度相关，这就促使客户经理转变旧思维，积极寻找各种方法提高自己业务的利润回报，树立价值导向的工作理念。

2. 更加注重产品定价、提升议价能力

在传统的考核导向下，客户经理缺少关注定价水平、提高自身议价能力的激励与意识，甚至存在着靠低价扩张规模的潜在动力，导致业务发展质量不高。在 EVA 考核下，由于信贷业务的积分规则中引入了产品定价因素，对客定价高于目标利率水平可增加积分，低于目标水平会倒扣积分，且信贷业务 EVA 本身也与利率水平的高低有直接联系，因此，客户经理提高主动议价能力可以从多个方面提高个人绩效。

3. 更加注重风险控制

表 7.5 中的积分规则中，对客户经理名下不良贷款的积分作了明确安排，设置了权重较高的单位积分。客户经理很有可能因为一个大额不良贷款而前功尽弃。这就倒逼客户经理深入地了解贷款客户，做好贷前、贷中、贷后的全流程风险管理，监控贷款资金去向，降低发生不良贷款的概率。同时，资本成本是影响 EVA 的重要成本因素，信贷业务可以通过增加合格风险缓释来降低资本占用水平。客户经理可以对客户提出增加合格缓释的要求来降低业务资本成本，有利于降低信贷业务的风险。

4. 更加注重综合营销

客户经理在实际开展业务过程中，难免遇到因政策因素、客户意愿等很难提高定价水平的情形，在各项成本不变的情况下，低利率的业务会降低 EVA 贡献，影响个人绩效。客户经理需要重视业务的组合管理，存贷款、中间业务并重，为客户提供综合金融服务，用存款、中间业务的 EVA 去弥补信贷业务的 EVA 缺口，从而使业务组合整体上带来较好的 EVA 回报，稳定个人绩效水平。

（二）客户经理理念与行为的转变对银行的意义

1. 有利于稳定银行净利差水平

当前市场环境呈现贷款端利率下行、存款利率上行的整体趋势，给银行稳定净利差带来巨大挑战，在市场趋势下，如果不能对业务前端的定价行为做出合理引导，银行的净利差将会更加失控。通过 EVA 绩效考核改变客户经理行为，让千千万万的客户经理重视定价的作用，在业务组合中定价有升有降，保证加权平均利差的相对稳定，将对银行稳定净利差产生非常积极的影响。

2. 有利于从源头上控制资产风险

一般而言银行对贷款业务的风险审查控制由授信部门和风险管理部门完成，但从商业银行全面风险管理的视角来看，授信管理与风险管理部门应该说是风险管理的"第二道防线"，第一道防线应当是直接对客户开展营销的前台业务部门和客户经理。对客户经理提出不良贷款的考核要求，有利于从客户准入的源头上筛选客户，在前端识别并及时化解信用风险，有利于银行从源头上控制资产端的风险，降低资产不良水平。

3. 有利于增强客户黏性

客户是商业银行持续赖以发展的基础，为客户提供综合金融服务，增强客户黏性，挖掘综合回报潜力是银行经营能力的重要提升方向。客户经理作为联系银行与客户的纽带，是银行与客户关系的直接维护者，是客户需求的发掘者，及时传递最新市场需求，有助于银行改进服务质量、丰富业务产品，同时客户经理与客户在业务合作中形成的场景搭建与综合服务，成为银行增强客户黏性的重要方式，有利于稳定存款业务，提高中间业务收入。

4. 有利于提高价值创造水平

客户经理主动提升定价、防控风险、平衡存贷款和中间业务收入发展，维护高质量客户关系等行为，直接影响商业银行的经营成果，有利于银行实现收益回报高、资源消耗低、风险水平可控的高质量发展模式，持续为股东创造价值，对提升银行稳健经营能力和市场竞争力具有重要意义。

本章小结

本章着重介绍了商业银行的经济资本传导机制，在第一节中论述了银行搭建有效的经济资本传导机制的必要性，介绍了经济资本传导在事前资源引导、事中过程传导和事后考核引导中发挥作用的具体机制，介绍了银行较为常用的经济资本传导工具；后两节中分别对经济资本在分支机构、业务条线的风险限额传导和向客户经理的价值传导这两种重要的经济资本传导途径进行探讨，描述了对银行机构、条线的主动限额管理和对客户经理的 EVA 绩效考核的研究与设想。

第八章　金融危机对银行资本监管的影响——宏观审慎

第一节　高杠杆导致金融负外部性

一、金融负外部性概念与分类

1. 金融外部性的概念

金融外部性是指金融活动中金融主体的成本或收益向与该金融行为无关联的其他主体的溢出效应。

由于信息非对称引发的预期偏离等因素的影响，金融风险在传递过程中的积累与扩大往往引发巨大的连锁反应，即由微观个体行为引发宏观经济的巨大损失。金融领域的外部性破坏效应尤其显著，例如，2007 年爆发的次级贷款坏账危机直接诱发了由次贷提供机构直至大型投资银行破产、被收购、国有化等的连锁反应，甚至导致包括欧洲、亚洲在内的全球经济危机的爆发。

从监管者的角度出发，如何通过实施监管来预防和降低外部效应对宏观体系的影响是其制定政策的出发点之一。

2. 金融外部性的分类

通常根据金融活动对经济体系产生的影响是经济的或不经济的，金融外部性可分为金融正外部性和金融负外部性。金融活动使经济体系整体收益大于金融个体收益的，产生金融正外部性；金融活动使金融体系整体成本大于金融个体成本的，产生金融负外部性。金融负外部性也可以解释为金融资本收益比率高于整个经济体系平均收益水平，即金融成本向外部经济体系的溢出，金融危机更是该种成本外溢的极端化体现。

二、金融危机与负外部性的蔓延

1. 2008 年次贷危机回顾

从 2001 年 1 月到 2003 年 6 月，美联储通过连续 13 次下调联邦基金利率，使该利率降至 1% 的历史最低水平，释放出强烈的宽松货币政策信号。宽松的货币政策导致了房地产市场的过度繁荣和泡沫的产生，从 2000 年到 2006 年，美国主要城市房地产指数上涨一倍。而同期，美国国家和家庭负债的不平衡性却日益加强，财政赤字上涨一倍，国家债务总额占 GDP 比例达到 346%，家庭债务占 GDP 比例达到 100%。

2004 年 6 月至 2006 年 6 月，美联储连续 17 次上调联邦基金利率至 5.25%，货币紧缩政策导致次级抵押贷款借款人的还款压力不断上升。2006 年以来的房价下跌使次级抵押贷款借款人通过再融资避免违约的能力迅速下降，危机一触即发。

自 2006 年 7 月至 2008 年 9 月次级抵押贷款的违约率不断攀升，而由次级抵押贷款为基础资产通过金融创新出来的种类繁多的金融衍生产品则将次贷供应商、商业银行、投资银行、保险公司、对冲基金等一系列金融机构套入危机的链条中。

2007 年 4 月美国最大的次级抵押贷款供应商之一 New Century Financial 破产，8 月另一最大供应商之一 American Home Mortgage 破产。随着房价进一步下跌，次级抵押贷款市场违约扩散到优质抵押贷款市场，房地产抵押贷款巨头房地美和房利美于 2008 年 9 月被美国政府接管，当年面临亏损超过 140 亿美元。

投资银行方面，雷曼公司曾在住房抵押贷款证券化业务方面独占鳌头，由于过度投资次贷相关衍生产品和过度依赖高杠杆短期货币市场融资，危机爆发使其面临大规模亏损和市值缩水，并最终倒闭。同为投资银行的美林公司则被美国银行收购。

美国最大的保险公司 AIG 开发的信用违约掉期（CDS）几乎为全球范围所有主要银行所持有，规模高达数百亿美元，而次贷危机的爆发对 CDS 的估值造成巨大负面影响并最终造成 AIG 巨额账面亏损。美国政府和美联储通过持股救助等方式，最终将 AIG 拆分为若干家独立公司。

商业银行一方面投资次贷相关的证券产品谋利，另一方面又过度依赖购买 CDS 以规避风险。次贷危机爆发后，商业银行一方面提高坏账拨备，同时金融资产贬值引起的实际损失和股市暴跌都对商业银行造成复合式影响。2008 年 9 月，美国最大储蓄及贷款银行 Washington Mutual Inc. 倒闭，成为美国有史以来倒闭的最大规模银行。

美国、澳大利亚、英国、加拿大、瑞典、瑞士各国央行及欧洲央行连续下调基准利率，各国政府纷纷动用财政力量救助濒危金融机构和企业。

2. 次贷危机的原因分析

对次贷危机经验教训的总结包括了以下几个方面：

其一，"导致大规模跨国资本流动的世界主要经济体中存在的经济结构失调是金融体系过度扩张的一个重要源泉"。

美国通过控制世界金融市场发钞权的方式获得"发钞税"，为其本国谋取利益。美国政府长期以来采取宽松的货币政策，鼓励国民消费的同时抑制储蓄增长，在国际贸易方面多年维持经常性项目逆差，政府赤字居高不下，这种国际储备货币供求方面的不平衡，会对整个世界经济的稳定产生潜在的负面影响。一旦美国经济出现问题或者金融市场出现动荡，这种潜在的危机就将爆发。

其二，金融机构的规模过于庞大、集中、结构复杂，对自身和金融体系的稳定都造成了巨大的风险。

危机前，美国前十大金融机构拥有全美近60%的金融资产，而1990年这一比率仅为10%。高度集中而又相互关联的金融机构一旦其中一家倒闭，必然引起整个金融体系的多米诺骨牌效应，从而诱发其他金融机构的倒下。"大而不能倒"已经成为金融监管中必须面对的一个现实问题。

其三，金融系统过度依赖杠杆的使用，通过嵌入复杂和不透明的金融衍生产品的方式，使资本和流动性方面的缓冲措施不足，有效资本规模与显性、隐性风险资产规模存在悬殊，成为诱发危机爆发的直接原因。

截至2007年末，美国最大的两家房地产抵押贷款公司房地美和房利美核心资本规模832亿美元，而其支持的债务与担保规模高达5.2亿美元，杠杆倍数达到62.5倍。美国投资银行业长期以来更是极度依赖金融杠杆以及批发融资方式谋求流动性，一旦金融系统爆发危机，在短期货币市场的融资能力就会受到严重打击，从而导致支付违约引起的破产风险。

其四，监管制度存在缺陷，未能合理管控过度金融创新，从某种程度上助长了危机的爆发。

金融监管部门的监管滞后也是造成此次危机的原因之一。美国政府和美联储着眼于地产泡沫对经济的积极作用，鼓励金融机构发展次贷业务，而对由此产生的复杂、非透明的金融产品创新监管缺位，造成了金融体系的杠杆化程度加剧，从而为危机的爆发埋下了祸根。

美国1999年颁布了《金融服务现代化法案》，金融机构被允许混业经营，金融监管模式也对应实施"伞形监管模式"①。该模式造成了监管职责的交叉、空白，最终造成整体监管效率低下。

---

① 即金融控股公司各子公司依据业务的不同接受不同行业监管机构的分别监管。

3. 从金融监管角度剖析巴塞尔资本协议对危机的影响

危机爆发以前，以巴塞尔协议Ⅱ（Basel Ⅱ）为主导的国际金融监管体系便广受诟病，金融危机的爆发更加凸显了既有监管体系存在的缺陷与不足。金融危机虽然不能归咎于新资本协议，但是通过危机后的反思，协议本身固有的不足成为后危机时代监管创新的重要课题和出发点。

（1）顺周期性

顺周期性效应是指经济周期中金融变量围绕某一趋势之波动的倾向。顺周期性增强意味着波动的幅度增大。就监管政策的顺周期性效应，是指监管政策和要求通过影响银行行为而加大宏观经济周期波动幅度。

巴塞尔协议Ⅱ通过对金融机构提出单一的、非灵活的资本充足性的监管要求，影响商业银行经营行为，从而加剧顺周期性效应。举例说明，在经济繁荣期，由于违约率、资产损失率和风险暴露等指标的下降，商业银行的预期损失和非预期损失均可能下降，盈利能力上升，资本充足性水平提高。银行在资本约束相对放松的前提下，会加大信贷资产投入力度，从客观上进一步刺激经济的繁荣。而在经济下行阶段，银行在资本约束的前提下会选择收紧贷款的投放，从而使经济进一步紧缩。

（2）过度依赖风险计量模型

巴塞尔协议Ⅱ是建立在先进银行的实践基础上的监管体系，其中大量采纳了先进欧美商业银行的经验，鼓励构建内部风险计量模型。模型的复杂程度、自变量因子的增加都对模型的灵活性造成影响，一方面造成银行间管理模式、数据收集标准和模型选择方面的差异；另一方面也会诱发银行进行监管套利的冲动，规避监管。

为保证模型的有效性和可验证性，商业银行需要收集大量历史数据，而数据的积累一方面需要足够的时间；另一方面还对数据的准确性、一致性、全面性、跨周期性等各方面提出要求。在数据基础不完备的前提下，模型的有效性将受到极大影响。

（3）资本激励约束机制的有效性值得商榷

"巴塞尔资本协议的激励约束机制就是通过制定相关规则，提供监管资本奖励，引导监管机构来激励银行推行更优的风险管理实践，支持监管目标的实现"① 巴塞尔协议 II 旨在激励商业银行在满足最低资本要求的前提下，逐步采用更为精密的风险计量方法，从而提高整体风险管理水平。

但是，存在商业银行短期经营目标与长远监管目标不一致的可能性。例如，某些商业银行在采用内评法的前提下，存量资产占用资本规模远高于标准法的情况，则该银行将会选择继续使用标准法，从而节约资本。又比如，某些商业银行通过复杂的内评法实现了资本的节约，从而在同等资本规模的前提下，可以持有更大规模的风险资产，则新资本协议刺激商业银行通过内评模型节约资本的同时，加大了对风险的偏好性，从而违背了审慎经营的原则。

第二节　危机之后理论与实践的总结

一、宏观审慎监管的概念

次贷危机引起了以西方发达国家为首的国际金融监管体系的集体反思，如何通过优化改良监管体系，形成有效的防御和预警机制，预防金融危机的爆发和减缓金融危机对经济造成的负向影响，维护金融秩序的长期稳定，成为国际金融监管机构面临的重要课题。

2009 年在伦敦召开的 G20 峰会宣布成立金融稳定委员会（Finan-

---

① 巴曙松、邢毓静、朱元倩等：《金融危机中的巴塞尔新资本协议：挑战与改进》，中国金融出版社，2010。

cial Stability Board，FSB）作为全球维护金融稳定的宏观审慎监管国际组织。从此，宏观审慎监管作为微观审慎监管的必要补充，成为国际金融监管的重要组成部分。

1. 宏观审慎的缘起与发展

"宏观审慎"概念的首次提出始见于 1979 年国际清算银行一次关于国际信贷到期后归还和贷款期限转换讨论会的会议纪要中，纪要用这一说法来指代对潜在系统性金融风险进行监管的概念。1986 年，宏观审慎监管概念正式出现在欧洲煤钢联营（ECSC）《国际银行新近创新报告》中。在 1997 年亚洲金融危机之后，宏观审慎作为增强金融体系稳健运行的监管政策受到越来越多的重视。1998 年国际货币基金组织在《迈向一个健全的金融体系框架》报告中再次提及宏观审慎监管概念，并随后建立了一套对金融体系稳健性进行评估的宏观审慎指标体系。

2. 宏观审慎概念

宏观审慎是为了维护金融体系的稳定，防止金融系统对经济体系的负外部性溢出而采取的一种自上而下的监管模式。[1]

朱小川（2009）认为宏观审慎监管的目标有两个：一是限制金融风险的积累，降低危机爆发的可能性和强度；二是强化金融系统对经济衰退和其他负面冲击的恢复能力。两个目标一个是考虑对危机爆发前的预防功能，另一个是侧重对危机爆发后的修复功能。

英国英格兰银行则认为，宏观审慎监管的目标是保持金融体系的稳定，同时确保信贷资金的充足，通过适当的监管工具避免流动性供应的周期性波动。

由于金融机构的行为可能造成负外部性的溢出，为防止个别负外部性对其他金融体系和整个经济体系的侵蚀与干扰，必须强调对宏观

---

[1]　朱小川：《国际宏观审慎监管对我国的启示》，中欧陆家嘴国际金融研究院报告，2009。

经济波动的监测与防御，维护整体经济体系的稳定。

3. 宏观审慎监管与微观审慎监管的区别与联系

宏观审慎监管与微观审慎监管的区别重点在于监管的目标和出发点不同，进而延伸至所采用的工具和方法的差异。

宏观审慎重在维护整个金融体系、经济体系的稳定和健康运行，从宏观层面审视整体的趋势性变化和波动，宏观审慎关注整个体系在一段时间内的变化与波动；微观审慎则从个别金融机构的经营运作的合规、合法性入手，确保金融机构的投资者和社会公众的利益不受到侵害和损失，微观审慎关注个别机构在某一时点的情况与状态。

不同的目标和出发点，必然造成宏观审慎与微观审慎监管在工具和方法上的差异。宏观审慎监管更加侧重宏观跨周期系统的稳定，因此在工具选择上存在逆周期调节工具，比如动态资本要求、系统重要性金融机构监管、影子银行监管、负债期限监管和资产流动性监管、产业金融政策管理、金融危机应急处理机制等均属于宏观审慎监管范畴。而微观审慎监管则出于对个别金融机构的合规性要求，包括诸如合规准入、监管指标、衍生金融产品监管等。

在金融体系中，对于个体金融机构的稳健，集合后的效果也可能是灾难性的。因此，虽然宏观审慎监管与微观审慎监管存在不同，但是，绝不可以将二者割裂开来，而是要相互融合，统筹考虑以达到互相促进、互为补充、彼此强化的监管效果。

二、后危机时代国际金融监管的发展

当前，巴塞尔委员会是世界上认可度最高的全球金融监管国际组织，但是在实际制定和实施国际监管标准和要求的过程中，还要涉及其他相关的国际监管组织和各国监管机构。主要的国际监管机构包括国际货币基金组织（International Monetary Fund，IMF）、国际会计标准委员会（International Accounting Standard Board，IASB）、国际证券事务监察委员会（International Organization of Securities Commissions，IOSCO）、国际保险监督官协会（International Association of Insurance Supervisors，IAIS）、国际存款保险机构协会（International Association Deposit Insurers，IADI）、金融稳定理事会（Financial Stability Board，FSB）等。

金融危机爆发后，各国际监管机构和各重要金融中心管理当局纷纷出台相关报告、文件，就抵御危机、提升和防范风险提出了一系列改革意见和思路。

1. 国际金融监管改革路线图

（1）巴塞尔协议Ⅲ的第一阶段改革

前文已经分析了金融危机前后对以巴塞尔资本协议为基础的国际金融监管体系存在的弊端与不足。2010 年 12 月，巴塞尔委员会对国际银行监管架构进行进一步完善，颁布了巴塞尔协议Ⅲ（Basel Ⅲ），标志着 2008 国际金融危机以来第一阶段改革已完成。此次监管变革着重从以下几个方面展开。

第一，从微观审慎向宏观审慎与微观审慎并重的监管理念变革。

巴塞尔协议Ⅱ侧重于微观审慎监管，更加关注个体金融机构的合规性要求，而忽略了对金融系统整体风险状况的关注。巴塞尔协议Ⅲ则更多侧重于宏观审慎与微观审慎相结合，从对系统重要性金融机构监管的框架设立到对跨境危机管理及处置机制的建立，从对宏观压力测试的探索到对系统性风险变量的引入，均体现了对宏观审慎监管重视。

第二，从定量分析到定性与定量分析相结合的技术变革。

巴塞尔协议Ⅱ强调对内部模型的创建和精细化计量与管理的追求，强调对定量分析准确度和可验证性的追求。伴随着金融创新的复杂化和多样化，定量分析模型与风险管理的偏离程度日趋明显，模型缺乏灵活性、前瞻性，对不具备高频低损特性事件的预测分析有效性偏低。对模型和量化分析的过度依赖反而让数字"欺骗"了人类。巴塞尔协议

Ⅲ中增加了压力测试、情景分析、压力状态下的风险计量和移动平均分析等方法，引入了管理人员的经验判断，提升了现有模型前瞻性，更加提升了富有经验的管理层、风险控制专家的判断影响力，从而实现了技术分析向经验判断的理性回归。

第三，从事后监管向事前预警和周期性前瞻的变革。

以往国际监管的思路重在对金融机构个体合规性的考量，其着重点在于事后的监测与考核。但是金融危机将金融监管与宏观经济走势的结合提到了前所未有的高度，将监管政策的影响与对经济周期的监控预测相结合，加强监管政策对经济周期的平滑效应，成为国际监管新思路。

在协调监管政策与宏观经济走势方面的尝试包括：构建逆周期性补充资本框架，建立前瞻式拨备制度，调整内评法因子以减少顺周期性倾向，做好与存款保险制度和央行最终贷款人功能的协调。关于最后一点，巴塞尔委员会与国际存款保险机构协会（International Association Deposit Insurers，IADI）共同发布了《有效存款保险体系的核心原则》予以规范。

第四，从过程监管到原则监管的监管模式变革。

原则监管意指在监管规范体系中，以原则为监管的主要依据，规则的作用在于进一步明确原则的具体要求。[①] 从审慎监管角度，旧资本协议到新资本协议的演进实现了规则监管模式向过程监管模式的转变，而金融危机后巴塞尔协议Ⅲ又将过程监管向原则监管推进了一步，总体趋势上实现了从强调技术的复杂到强调原则的简约转变。从金融机构的实践中不难看出，原则监管较规则监管和过程监管具有更大的灵活性和包容性。具体体现在如对各级资本工具的认定原则之规定、高杠杆的创新业务向传统简约的回归等。

---

① 巴曙松等：《金融危机中的巴塞尔新资本协议：挑战与改进》，中国金融出版社，2010。

当然，从金融监管与市场创新的博弈角度看，有效的监管模式始终是三者的有效结合和灵活调整，单纯依赖任何一种监管模式，必然无法满足对日益充满多样性的金融市场风险的有效管理需求。

（2）巴塞尔协议Ⅲ的第二阶段改革

为提升巴塞尔协议Ⅲ监管架构的有效性，巴塞尔委员会从杠杆率、交易对手、信息披露等方面着手进行了补充与完善，目标是解决已暴露而尚未被有效纳入监管的一些问题。2011年11月巴塞尔委员会发布《全球系统重要性银行：评估方法和额外损失吸收能力要求》，提出了全球系统重要性银行定量与定性相结合的评估方法，并根据评估结果明确分档附加资本要求，以解决金融机构"大而不能倒"的道德风险。2014年1月，发布《巴塞尔协议Ⅲ：杠杆率框架和披露要求》，对衍生品和融资融券敞口计量方法进行了统一，允许满足条件下的净额结算，并明确表外项目转换系数；同时，将杠杆率改为强制性监管指标。2014年3月，发布《衡量交易对手信用风险敞口的标准化方法》，对交易对手风险敞口计量方法进行了统一，将违约风险敞口的计量方法由之前的现期暴露法、标准法及内部模型法，改为新标准法及内部模型法。2017年3月，发布《第三支柱市场约束：巩固和强化框架》，通过统一信息披露模板要求，细化风险资产计量的信息披露，引入银行关键审慎指标"数据仪表盘"等，进一步提升信息披露数据的透明度和可比性。

尽管巴塞尔委员会颁布一系列文件，对监管制度进行补充，但是这些改革并未真正解决第一支柱最低资本要求的风险资产计量方法中存在的缺陷和不足，风险加权资产存在计量方法过于复杂、计量结果不可比、模型方法容易低估银行资产组合风险等问题，降低了最低资本要求的可靠性和可比性。为恢复市场对资本充足率的信心，2011年巴塞尔委员会启动风险加权资产计量框架的改革进程，2013年发表了《监管框架：平衡风险敏感度、简洁性和可比性》的讨论文件。历时7年的讨论与评估，巴塞尔委员会2017年12月发布了《巴塞尔Ⅲ：后危机改革的最终方案》，重新构造风险加权资产监管框架，并定于2022年正式开始实施，这标志着后危机时代国际银行监管架构第二阶段改革完成。

（3）其他主要金融机构对金融监管改革的情况

在众多国际金融监管机构中，我们不可能面面俱到地介绍其应对金融危机所采取的改革举措，仅举其中较具代表性的国际货币基金组织和国际会计标准委员会进行介绍。

①国际货币基金组织的变革

对于基金组织的批评主要源自其由美国、欧盟等西方发达经济体控制，在基金份额、投票权等方面分配和管理机制不合理，美国甚至拥有一票否决权。在如此的管理机制下，美国可以利用其优势地位维护美元的国际储备货币统治地位，从而向其他经济体施加影响甚至转嫁其内部危机。同时，基金组织在调节国际收支平衡方面的能力有限，进一步导致并加剧了国际收支的失衡。

针对以上批评，国际货币基金组织的改革方向主要包括份额与决策机制、特别提款权等方面，其中份额与决策机制改革是关键。

第一，份额调整与决策机制改革。

金融危机的爆发给国际货币基金组织的改革提供了契机，2010年二十国集团峰会和随后的IMF理事会通过了国际货币基金组织份额和治理改革一揽子方案。

主要内容包括两个方面：一是份额增加与调整，份额增加一倍，从过度代表的国家向代表性不够的国家转移不低于6个百分点，向新兴经济体和发展中国家转移不低于6个百分点，保护最贫穷国家的投票权；二是执行董事会规模和构成的调整，24席执行董事会席位全部选举产生，将两个欠发达的欧洲席位转让给新兴经济体和发达经济体。根据改革方案，中国的份额和投票权将提高到第3位。巴西、俄罗斯、印度都将上升到前10位。

第二，特别提款权改革。

　　特别提款权（Special Drawing Right，SDR），是基金组织根据会员国认缴份额分配的，可用于偿还组织债务、弥补会员国政府间国际收支逆差的一种账面资产，也是基金组织分配给成员的一种资金使用权。目前，特别提款权以美元、欧元、英镑和日元为计价货币，所占权重分别为48.2%、32.7%、11.8%和7.3%，该权重每五年进行一次调整。

　　对特别提款权的改革主要包含计量货币的组成和份额的分配制度。随着新兴市场在国际经济格局中的地位和影响逐渐提升，特别提款权的组成和计价因素中应该更多地取用新兴市场货币，以更加适应当下世界经济格局的特点。近几年，人民币纳入特别提款权货币篮子的呼声日高，2015年11月基金组织执行董事会将会正式就人民币是否被纳入货币篮子进行讨论。由于特别提款权的定价机制使其具有较强的稳定性，能够较单一国际结算货币具有更小的价值波动风险，其在国际收支、贸易方面的功用必将具有更广阔的发展前景。但是，特别提款权目前更多地应用于国家、政府储备，而直接应用于国际贸易交易货币的功能尚未实现，取代美元主要国际货币地位的时机尚不成熟。在国际经济多元化进程中，基金组织一方面要在特别提款权货币组成中更多地体现新兴市场的影响；另一方面应该增加特别提款权的发行总量，并合理参照新兴市场的需求调节分配方式，提升其在国际储备资产中的占比和影响力，使其发挥更大的功用。

　　虽然对基金组织的改革呼声日益高涨，但是改革的进程一再受阻：一方面由于基金组织决策机制中美国一票否决权的牵制，导致美国从自身利益出发阻碍改革向新兴经济体和发展中国家倾斜；另一方面，在份额计算公式的调整方面各经济体提出的要素众多，尚未找到合适的统一决策依据。随着金融危机的远去，美国经济的恢复，欧债危机的转机，西方发达国家对新兴国家的依赖正在减少，改革的动力将大大减弱，基金组织的改革之路尚有很长的一段路要走。

②国际会计准则委员会

国际金融危机后，金融工具和公允价值的计量被指责为罪魁祸首，问题的暴露对国际会计准则关于该问题的研究起到很大的推动作用。

第一，公允价值计量相关准则的修订。所谓公允价值，又称为公允价格、公允市价，指市场参与者在计量日发生的有序交易中，出售一项资产所能收到或者转移一项负债所需支付的价格。[①]依据金融资产或负债的品种不同，一般通过三类方式获取公允价值：有活跃交易市场的金融产品，根据活跃交易市场价格确定金融产品价格；在市场中参照类似产品可观测价格确定金融产品价格；在既无市场也无类似参照产品的前提下，需要根据主观判断和市场假设量化金融产品价值。从公允价值的定价准则不难看出，其包含了客观市场价格与主观价值判断双重影响，与历史成本法强调历史价格和已实现损益存在本质差别。从公允价值计量原则不难发现，其强调对"当下"资产负债价值的真实体现，这种真实体现又以市场价格作为主要参照系，一旦市场失灵、有效性出现偏离，则使用公允价值原则会加剧市场价格相对于真实价值的偏离，即出现前文所述的顺周期现象。

2006 年美国财务会计准则委员会（Financial Accounting Standards Board, FASB）发布了《财务会计准则公告第 157 号——公允价值计量》（SFAS157），明确了公允价值的计量和披露框架。国际会计准则委员会以 SFA157 为蓝本不断探索优化公允价值计量的方式，2011 年美国财务会计准则委员会与国际会计准则理事会（International Accounting Standards Board, IASB）共同发布了关于公允价值计量和披露的最新规定：《国际财务报告准则第 13 号——公允价值计量》（IFRS13）与《2011 年第 4 号会计准则更新——公允价值计量（主题 820）：为取得美国公认会计原则与国际财务报告准则对公允价值计量与披露要求的

[①]《企业会计准则第 39 号》。

统一而作的修订》，二者进一步趋同。IFRS13 保留了 SFAS157 的整体框架和基本理论，对于公允价值的定义仍坚持脱手价的计量，维持了市场参与者观和公允价值层级作为基本理论，但是受金融危机影响 IFRS13 增加了部分新原则：一是提供非活跃市场下公允价值计量的指南，二是区分经常性和非经常性公允价值计量，三是对资产和负债的溢价和折价处理提供了指引，四是要求披露更多公允价值计量所使用的方法。

第二，金融工具相关准则的修订。出于应对全球范围内金融自由化带来的市场波动，以及规避资本监管目的，金融机构不断拓展新的业务领域、创造新的金融工具。鉴于金融工具自身的复杂性和特殊性，对传统财务会计确认、计量、列表和披露造成全新挑战。为规范金融工具的会计处理，国际会计准则理事会于 1998 年发布《国际会计准则第 39 号——金融工具：确认与计量》（IAS39），并于 2001—2004 年出台多次修订项目。但是金融危机的爆发使众人的矛头指向金融工具的公允价值计量，认为其是金融危机快速蔓延的推助器。对于 IAS39 缺陷的讨论主要集中于两个方面：金融资产的分类和减值。一方面，IAS39 中金融资产按照主体持有目的及意图分为四类：以公允价值计量且其变动计入当期损益的金融资产、持有至到期投资、贷款和应收款、可供出售金融资产，由于持有主体对于金融资产的持有目的具有主观性，因此为管理层利用金融资产分类进行盈余管理提供了操作空间，影响会计信息可靠性和可比性。另一方面，根据 IAS39 只有存在客观证据表明金融资产发生减值时，主体才可对其计提减值准备，即已发生损失模型。不难发现，已发生损益模型对减值的确认存在滞后性，使金融工具会计计量造成顺周期效应加剧金融危机恶化。因此，此次金融危机推动国际会计准则理事会对 IAS39 进行重大变革，于 2014 年颁布《国际财务报告准则第 9 号——金融工具》（IFRS9），完全取代 IAS39，而生效时间经历多轮推迟后定在 2018 年 1 月 1 日。为克服金融资产分类的缺陷，IF-RS9 按照主体管理金融资产的业务模式和金融资产合同现金流量特征将金融资产分为三类：以摊余成本计量的金融资产（AC）、以公允价值计量且其变动计入当期损益的金融资产（FVPL）、以公允价值计量且其变动计入其他综合收益的金融资产（FVOCI），使金融资产分类更具有客观性和简便性。同时，为解决金融资产减值确认滞后的问题，IFRS引入前瞻性减值方式——预期损失模型，删除了确认金融资产减值损失的阈值，并且实现在相关减值迹象未发生时提前确认预计信用损失并计入当期损益，这一方法使金融资产减值损失更早得到确认，缓解已发生损失模型的顺周期性，有助于提高金融系统稳定性。

2. 西方发达国家金融监管改革情况

2007年次贷危机爆发以来，西方发达国家由于全球金融市场一体化程度较深，遭受了更大的冲击和损失。各国政府除纷纷出手救市、提振市场信心以外，也纷纷对金融监管体系存在的弊端和问题进行了深刻的反省。下面仅就其中遭受影响最大的美国和进行金融监管改革最为积极的英国为例，对其后危机时代的监管体系改革进行简要回顾。

（1）美国金融监管改革

2008年3月，美国政府公布了《现代化金融监管架构蓝皮书》，提出四个方面的改革建议：继续按照惯例将金融市场划分为银行、保险、证券和期货四大产业部门分别监管；建议按照金融机构的功能而非机构种类进行分别监管；建立类似FSA的统一监管机构；依据监管的目标来构建监管模式和架构。蓝皮书分别制定了短期、中期和长期三个阶段的改革计划，以配合监管架构的逐步建立。

2010年美国最终颁布了《金融监管改革法案》（全称为《2010年华尔街改革与消费者保护法》，也称《多德—弗兰克法案》，以法案提出者多德—弗兰克的名字命名）。其主要内容为：第一，成立金融稳定监督委员会（Financial Stability Oversight Council, FSOC），负责大型金融机构的风险监测和处理；第二，明确美联储的金融监管权威性地位，建立对金融市场的全方位监管；第三，提出对银行控股公司更严格的资本监管要求；第四，改进提高对金融消费者和投资者的保护；第五，加强对信用评级机构的监管；第六，加强对对冲基金的监管；第七，加强对金融衍生品的监管。

法案的颁布使金融监管范围从传统的银行扩展到非银行金融机构、衍生品市场、对冲基金、投资银行等各金融领域；促使大型金融机构持续审慎经营的理念，回归传统经营模式；给予中小金融机构更为宽松、公平的市场竞争环境；加速金融体系中去杠杆化进程。

美国总统特朗普上任以来有意大刀阔斧修改《多德—弗兰克法案》，多次主张放松金融监管、刺激经济增长。美国众议院已通过了大幅修改《多德—弗兰克法案》的提案，但不同于众议院立场，参议院主张更为温和的改革，如对小型银行和社区银行免除部分监管，放宽特定贷款要求，提高审慎监管资产门槛等。2018 年 3 月，美国参议院通过《促进经济增长、放松监管要求、保护消费者权益法案》（*Economic Growth, Regulatory Relief, and Consumer Protection Act*），内容主要涉及减轻小型银行金融监管负担，放松部分中型银行金融监管要求。该法案对于减轻小型银行监管负担主要体现为简化资产充足率考量方法、允许更多银行接受互助存款、允许小银行豁免沃尔克规则、减轻小银行财务报告要求、减少小银行现场检查频率等。该法案中对于放松中型银行监管要求包括提高系统重要性金融机构门槛、豁免部分银行压力测试等相关要求、修改部分杠杆率计算细节、增列部分资产为高流动性资产等。中小银行无论在美国发达体，还是在新兴市场体，都是弱势经济体，有必要在金融监管政策上予以照顾，而不是与大型银行按照同一尺度接受监管。当前中国正大力发展普惠金融，而中小银行在支持小微企业方面具有特殊优势，通过发展中小微金融支持小微企业融资的思路值得借鉴。

（2）英国金融监管改革

2007 年次贷危机后，英国成立了以金融服务监管局（Financial Services Authority，FSA）主席特纳为首的调查机构，在 2009 年伦敦 G20 峰会前夕就金融危机后监管改革问题，提交了《特纳报告》。报告中提及了以下观点：第一，全球资本体系应该具备平滑经济周期的机制，要求对金融机构的监管中平抑顺周期效应。第二，全球银行体系应该具备更充分的高质量资本储备，才能够抵御其所面临的流动性危机。第三，控制一切对金融系统不利的风险，应将操作风险纳入监控范畴。第四，加强对宏观经济数据的分析，要警惕宏观层面的金融风险。第五，改革多边金融服务的监管，使其能够同时反映发起者与参与者的利益。可以看出，《特纳报告》中的重要观点也基本吻合了巴塞尔资本协议改革的重点。

2010 年，英国政府成立了以维克斯为主席的银行业独立委员会（Independent Commission on Banking，ICB），研究银行业结构性改革方案。该委员会于 2011 年 9 月正式向国会提交了对英国银行业进行结构化改革的建议，被称为维克斯报告（Vickers Report）。金融危机以前，英国实行全能银行模式，监管难度较大，维克斯报告提出重要的"围栏法则"（Ring - Fencing），将零售银行和投资银行业务隔离，用"围栏"保护英国国内零售银行，减少其遭受外部冲击和风险传染的可能性。维克斯报告提出将所有银行业务分为三类：第一类是必须放入围栏内的业务，包括面向英国境内居民个人和中小企业的存贷款业务和清算支付服务；第二类是不允许放入围栏的业务，即与第一类业务没有直接联系的业务，其开展情况不会对第一类业务产生直接或间接的影响，如国际业务、自营交易业务等；第三类是允许（但不要求）放入围栏的业务，如对大型企业提供的存贷款业务。零售银行和投资银行业务隔离主要体现在两个方面：首先是对零售银行实行组织机构隔离，法则中要求银行集团内部需要设立单独的国内零售银行法人实体，将前文所述的第一类业务和部分第三类业务放入其中，同时对零售银行的核心资本充足率要求高于巴塞尔协议Ⅲ标准，而其他银行业务只需要遵循国际标准；其次是通过公司治理结构和信息披露制度增强零售银行的独立性，公司治理方面设置独立董事比例和董事会主席任职要求，信息披露方面则要求采用独立上市公司标准而非子公司标准。

金融危机对英国金融业的影响不仅在于银行经营模式，更在于对金融监管体制形成冲击。金融危机以前，英国采用金融服务管理局（Financial Service Authority，FSA）、英格兰银行、财政部"三方共治"的监管模式。金融服务管理局肩负着对所有金融机构实施微观审慎监管的职责，但缺乏对系统性金融风险的关注；英格兰银行履行维护金融稳定的职责，但缺少有效履行职责的工具；财政部承担维护金融稳定的法律与制度框架的设计，但缺乏运用公共资金处理危机机构金融风险的明确授权。三方缺乏协同，职能存在漏洞和缺口。金融危机暴露出金融监管体制存在的严重缺陷，英国政府在对金融监管问题进行研究和反思的基础上，研究制定了一系列金融监管改革法令，将金融监管框架由"三方共治"的监管模式，改为以英格兰银行为核心的"双峰"监管模式。

2009年英国财政部颁布《改革金融市场白皮书》，提出了金融监管改革计划。同年，英国议会颁布了《2009年银行法》（Banking Act 2009），明确了苏格兰银行作为中央银行在维护金融稳定中的核心地位，集中了制定货币政策、维护金融稳定和金融市场运行等职能。2012年英国通过了《2012年金融服务法案》，于2013年4月开始实施。该法案在撤销金融服务管理局（FSA）的基础上成立金融行为监管局（Financial Conduct Authority，FCA），负责监管各类金融机构的业务行为，促进市场竞争保护消费者权益。在英格兰银行内部设立金融政策委员会（Financial Policy Committee，FPC）和审慎监管局（Prudential Regulation Authority，PRA），FPC负责履行宏观审慎管理，识别、监控、采取行动消除或降低系统性风险，同时对 FCA 和 PRA 进行指导，打通从宏观政策到微观监管的传导机制；PRA 负责履行微观审慎监管职能，对存款机构、保险公司和主要大型投资公司实施审慎监管。

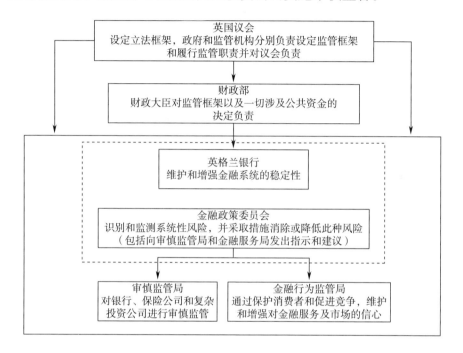

资料来源：英国财政部 2009 年 7 月发布《改革金融市场白皮书》（*White Paper on Reforming Financial Markets*）第 8 页。

图 8.1　英国审慎金融监管架构

新的监管体系，一方面体现了对宏观审慎的重视（FCP），另一方面用"双峰"（PRA 与 FCA）监管模式替代了单一监管模式，见图 8.1。同时，财政部、苏格兰银行和各监管机构之间的协调职责被以立法形式明确下来，各机构间的监管备忘录具有法律约束力，政府和立法机构可以据此问责监管机构。

第九章　经济资本管理中需要注意的问题及对中国商业银行的借鉴

第一节　经济资本管理的局限性

根据普华永道对 200 多家国际金融机构的调查，有大概四分之一的机构根本不打算实施经济资本管理，原因是它们认为经济资本管理存在其自身的局限性。经济资本管理的主要局限性包括以下几个方面。

一、过于严格的假设和理论化的推导存在误导决策的风险

经济资本管理基于严格的理论化假设，并基于历史数据建立的模型可能产生对未来误导性的分析。过度依赖于日益复杂的模型，如果模型的假设一旦被证明有误，则可能歪曲结果。而如果依赖这些可能误导的模型进行行动，此类错误造成的后果可能是灾难性的。"如果每个人提出相同的假设，采取相同的模型，那么就一定存在犯同一类相似错误的危险。"标准普尔公司 Laura Santori 表示。

针对上述问题，不同机构的高管都提出了明确的警告。加拿大帝国银行的 O'Dpnnell 先生表示：多数人的经验就是不存在一个完美的数字，你不要将自己局限于一个数字；第一资本公司的 Rubin 博士反对资本缓冲可以取代积极合理的风险管理，他表示：风险资本并非风险管理，而需要双管齐下。澳大利亚国民银行的 Ullmer 先生认为，关键问题在于不要设置一个多数人无法理解的黑箱。而采取压力测试的方法

取代其他风险管理公司也会导致灾难性后果。

二、银行数据对经济资本应用还存在一定限制

数据问题是经济资本管理中存在的一大隐患。模型对实际工作的指导作用体现在依据实际数据给出理论上的建议值。模型只是实现目标的工具，数据与模型的关系可以总结为"错进、错出"。再好的模型，没有理想的数据作为支持，也很难发挥作用。首先，在银行具体管理中，由于数据量庞大，存储介质各异，输入端分散，本身就存在数据的差错和遗漏的风险。其次，银行经营过程中可能经历外部经济的周期性波动和内部战略的调整等内外部因素变化的可能，数据的延续性和稳定性也受到一定的挑战。最后，银行的数据结构可能与模型要求的结构存在一定差异，按模型要求剪裁数据可能将其中重要而有意义的信息过滤掉，出现数据的偏误。基于错误数据上对银行风险的管理可能使银行处于更大的风险之中。

三、不可计量风险的存在使经济资本对风险的管控受到限制

由于大量风险是目前无法进行计量的，采用经济资本管理并不能取代谨慎而积极的风险管理。对于较难把握的无形风险进行量化具有难度，许多管理人员为此绞尽脑汁。在私人银行等部门尤其如此，因为其资本的计量并不大量依据通用的信用及市场风险方法。这样，即使银行针对已经计量的风险持有并分配足够的经济资本，也不代表银行就可以高枕无忧了，仍然需要银行各级管理人员对风险保持高度的敏感性和敏锐的观察力，只有这样才是银行稳健经营的有力保证。

第二节　经济资本应用中应注意的问题

一、经济资本应用过程中应该坚持的十个原则

第一，确保整个管理团队对经济资本管理项目的支持。高层管理者可以很容易了解实施经济资本管理的巨大收益，而部门管理者也需要知道为什么风险和收益同样重要。这可能是经济资本应用应该注意的最主要的问题。如果经济资本管理无法嵌入高级管理层的决策，它将永远只是一个概念而无法对银行的正常经营起到指导作用。而这可能也是目前经济资本管理中存在的重要问题。根据普华的一项调查显示，只有30%的高级管理层对经济资本在业务实践中的应用非常了解。

第二，同公司的利益相关者进行沟通，以确保采用经济资本手段能满足其期望或要求。例如对于监管者，尤其在巴塞尔银行监管协议生效时，通过经济资本能更充分地了解资本充足水平。

第三，要务实，循序渐进。数据对经济资本计量至关重要，但判断和经验同样重要。在设定工作框架之前不能指望各种数据都能得到。一旦项目启动和实施应确保能优化计量，并尽可能确保准确。

第四，研究从市场可获取的风险数据：评级机构、风险顾问公司和其他机构可提供外部数据支持，尤其是难以计量的操作风险。所以，即使你自己的公司没有足够的数据，也不要灰心。

第五，跟踪风险评估的最新方法。许多经济资本系统开发的先行者在经济资本计量的方法论方面取得了最新进展。现在，就风险计量方面积累的大量知识，包括标准的方法论和可用的软件，在信用和市场风险方面尤其如此。

第六，为确保你在经济资本方面的工作得到支持，就要持续不断地对管理层进行培训。有些公司甚至为达到经济资本管理的目标而发放

奖金，但一定记住要确保高级管理层完全理解你的工作。

第七，仔细捉摸你所倡导的经济资本系统离实现他的目标究竟有多远。即使培训和透明是经济资本得以成功执行的关键，但由于非常难以将风险和成本分配到越来越小的业务单元，经济资本管理系统的功效将大打折扣。

第八，保持经济资本管理的持续性。常见的问题来自银行仅有极少的人真正懂得经济资本，但他们又很容易离开银行。所以，应该确保公司的知识不会消散。

第九，保持透明性。确保你的经济资本方法论在公司内部所有关键股东都是可以理解的，并且内部关于经济资本的沟通也是清楚明了的。尤其重要的是起草一份前后一致的披露政策。对分析师、投资者和其他股票持有人进行培训，让他们理解你所公布的数据以及他们对于公司战略的意义。

第十，要牢记，只有当经济资本系统与战略、投资、定价等一系列决策机制很好契合时才能发挥它最大最好的作用。坚持对绩效的计量、管理和激励的原则要前后一致。

经济资本作为银行的一种内部管理手段，要想发挥作用必须与其他管理手段配合使用。正如上节所述，经济资本管理不应该取代积极的风险管理。而经济资本管理作为内部绩效评价体系的重要工具时，必须与内部资金转移价格配合使用才能发挥最大功效。

二、经济资本与内部资金转移价格的协调

通过前面的分析我们知道，经济资本要通过对风险的管理和分配最终实现价值创造的功能，必须嵌入到银行决策流程当中去，并且以绩效考评为手段对业务部门的具体经营决策起到引导和限制的作用。要实现对业务部门绩效的科学评价，仅有经济资本一个工具是远远不够的，还需要其他工具的有效支持和配合。这可以通过经济资本管理中重

要的绩效评价指标的计算方法进行分析。以 RAROC 为例，根据定义 RAROC = 风险调整后的回报/经济资本成本。而风险调整后的回报 = 营业收入 - 资金成本 - 营业费用 - 管理费用分摊 - 预期损失。可见，风险调整后的回报水平需要充分考虑银行各项收入和成本之后才能得以准确计量，公式中的每一个数据对业务部门的最终绩效都有明显影响。因此，经济资本要实现价值创造的功能，必须有费用分摊（管理会计）、内部资金转移定价（FTP）、风险计量等相关工作的支持才能实现，经济资本也需要与 FTP、费用分摊等财务管理指标紧密结合，才能实现管理目标。下面以内部资金转移定价为例，阐述经济资本与相关参数的配合问题。

1. 资金转移计价（FTP）的含义

对银行整体而言，其资金来源和运用比例一般比较稳定，单个分支机构的资产和负债的数量并不一定相对应，它们或者成为净资金提供者（负债大于资产），或者成为净资金使用者（资产大于负债）。可以将商业银行整体简化成两个部门：一个专门负责吸收存款的部门，一个专门负责贷款的部门。为了使来自银行各营业分支机构所吸收的存款能够为贷款部门有偿使用，就需要一个分配标准，这个标准就是内部资金转移价格。简而言之，商业银行的内部资金转移价格是资金在银行内部不同部门、不同分支机构之间流动的价格，因为银行内部转移的产品是资金，用来评价资金价格的是利率水平，因此，也可称为内部资金利率。向资金使用方收取的资金成本称为 COF（Cost of Funds），向资金提供方支付的资金收益称为 VOF（Value of Funds）。

2. 内部资金转移计价对商业银行的作用

（1）为正确评价业务部门、分支机构的经营业绩，建立有效的激励约束机制，正确、合理地评价各业务部门对整个银行的贡献，明确区分各自的经营责任，使各业务部门的业绩考核建立在客观公正、相互可比的基础上，对调动各业务部门的积极性是至关重要的。内部资金转移价格就是解决这个问题的有效方法之一，见图9.1。通过资金转移定价体系，高层管理人员可以比较合理地将银行的净利差收益在各业务部门之间进行划分，从而对各业务单元的经营绩效进行有效评估。

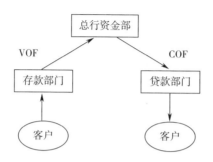

图9.1　商业银行内部资金转移

（2）作为产品定价的直接依据，使产品定价更加科学合理

目前商业银行对金融产品定价时通常采用成本法，即以资金成本为基础，加上该产品应分摊的营业费用、客户的信用风险和期望的资本回报率，形成对该产品的报价。一个有效的内部资金价格体系，反映了银行取得资金的真实成本，使产品定价建立在一个更加科学合理的基础之上。

（3）实现风险分离，提高银行风险管理的专业化水平

内部资金转移定价体系能够实现利率风险和信用风险相分离，有利于提高商业银行利率风险管理水平。存款部门每做一笔存款，相当于以固定的VOF卖给总行资金管理部门；贷款部门每做一笔贷款，都按照固定的COF从总行资金管理部门拿到资金。业务部门的利润不随市场利率变化而变化，从而实现市场风险和信用风险的分离。一方面，总行将资金集中管理，可以在银行总体水平上汇总各业务单元资产与负债的不匹配情况，并可以对这些不匹配的部分进行对冲。另一方面，将市场风险集中于资产负债管理部门管理，信用风险集中于业务部门管

理，通过专业化分工保证银行的有效风险管理和收入的稳定增长，从而提高利率风险管理水平。

3. FTP 的工作原理及与经济资本的配合

我们知道，银行是一个负债短期化和资产长期化现象并存的企业，由于预期等诸多因素的存在，市场上通常的收益率曲线呈现向上倾斜的状态。这样，如何准确衡量短期融资部门和长期放款部门的效益就成为了银行面临的一个难题。假定五年期固定利率贷款收益率为10%，三个月存款的利率为5%，这中间的利差水平如何在存贷款之间分配，就决定了存贷款部门的效益水平。通常，银行首先根据市场数据建立一条收益率曲线，然后在考虑流动性风险、信用风险和准备金等诸多因素的前提下，将收益率曲线分离成为 COF 和 VOF 曲线。其中的 COF 用于确定贷款的资金成本，VOF 用于确定存款的资金收益。COF 和 VOF 的差用来作为司库部门承担额外的利率风险和流动性风险的收益。具体的原理可以参照图9.2：

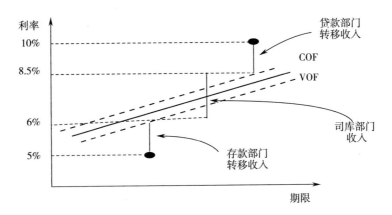

图9.2　FTP 的工作原理

存贷款部门给银行带来的收益需要与相应期限的转移价格相比较得出最后的结果，存款部门拿到1%的利差，贷款部门拿到1.5%的利差，而司库部门也因为承担了流动性和利率风险而收取了1.5%的利差。这样，银行名义 5% 的利差水平就通过内部资金转移定价在银行的各个部门之间进行了合理分配。

如果将银行 5% 的利差全部分配给存贷款部门（比如，存款部门 2%，贷款部门 3%），银行承担的流动性风险和利率风险就没有获得应有的收益。同时，也夸大了银行业务部门的绩效水平，对业务发展和激励约束都是不利的。

基于合理的转移价格体系，再根据各部门承担的风险水平对不同部门分配适当的经济资本，就可以对银行各个部门进行基于风险调整的绩效考评和激励约束了。经济资本对业务的指导作用也就可以发挥应有的作用。

第三节　我国商业银行经济资本管理现状

一、我国商业银行实施经济资本管理的驱动因素

1. 银行业务的综合扩张

在金融创新和竞争的影响下，商业银行积极拓展服务和产品范围，从传统的以存贷款为主体逐渐拓展加速多元化经营，形成公司金融业务、个人金融业务、资金业务、国际化经营以及证券、保险、信托等相关金融领域的综合化经营。同时，银行面临的风险种类已经从信用风险扩展到市场风险、操作风险和其他风险等，并且各类风险之间的关系变得异常复杂，监管资本已经无法反映特定银行的真实风险状况，并且加权资产也不可能对全部风险进行准确度量。

2. 风险度量技术的创新

近年来，金融交易的快速增长和金融业风险呈现新特点，大大加速了国际银行业风险管理技术的创新。经过理论和实践多方面的努力，风险管理技术已达到可以主动控制风险的水平，主要新方法包括风险价

值法（VAR）、风险调整的资本收益率法（RAROC）、信用矩阵法等。风险度量技术的发展和创新从技术上和成本上使经济资本体系在银行的实施具有可行性。

3. 资本监管要求的不断改进

新资本协议中，监管者已经不再单纯地进行资本充足率监管，而是意识到经济资本的作用，在监管资本中引入了经济资本的概念，并承认银行作为盈利主体，具有不同于监管者的目标和利益，允许银行开发自己的方法、程序和系统来确定自己的风险和相应的资本充足水平。这就进一步驱使银行重视风险和资本的动态匹配，谋求监管资本与经济资本的一体化。此外，外部评级机构已经将经济资本作为银行内部管理能力的参考指标，也迫使银行重视经济资本管理。

4. 外部竞争压力的增加

随着我国逐步取消对外资银行所有权、经营权设立形式以及业务开展方面的限制，允许外资银行向中国客户提供人民币业务服务，外资银行的全面进入对中资银行的垄断地位形成巨大冲击，使我国商业银行来自外资银行的外部竞争压力明显增大。中国商业银行要想提高自身核心竞争力，必须要提高自身风险管理与资本管理的能力。

二、我国商业银行经济资本管理现状

从各行实施经济资本管理的情况看，以中国建设银行等为代表的国有商业银行处于比较领先的阶段，建立了相对完整的经济资本管理规章和体系，在调整发展模式、优化业务结构、绩效考核体系的建设方面积累了宝贵经验，为向先进资本与风险管理迈进奠定了坚实基础。而股份制商业银行实行经济资本管理处于起步阶段，目前只是将一些核心概念引入银行经营管理中，试图从局部突破，逐步构建完整体系。但由于股份制商业银行分支机构相对较少，治理结构比较完善，推行效率较高，具有后发优势。

　　总的来看，当前我国商业银行经济资本管理还处于初级阶段，主要表现在：从银行治理结构上看，架构不健全，最终决策权仅停留在公司管理层面；从技术层面上看，大多数采用系数法，缺乏定量的分析工具与手段；从政策执行效果上看，前台的具体业务与银行经济资本配置战略往往有所出入；从绩效考核上看，观念和手段还比较落后。虽然我国主要商业银行目前均以不同的方式在经济资本管理方面进行着有益的尝试，很多做法还处于摸索和总结的阶段，实践效果也有待观察，但毕竟是走出了重要的一步。如何在经济资本约束下，理性选择有效市场、实现从规模扩张型向效益增长型的转变；如何围绕股东价值最大化的经营目标，使经济资本回报率（RAROC）和经济增加值（EVA）同步提高，成为我国商业银行所面临的崭新且迫切需要解决的新课题。

　　1. 国有商业银行经济资本管理现状

　　中国建设银行是我国最早推行经济资本管理的银行，该行于2002年初步建立起经济资本分配办法，2004年出台《经济资本预算管理暂行办法》，以确定的年度经济资本增长目标和经济资本回报目标为年度预算的逻辑起点，据此确定和分配增量经济资本额度，再安排年度业务计划和其他财务收支计划。在确定全行经济资本总额和当年经济资本增量的基础上，测算全年可扩张的风险资产数量。然后根据资产性质和资产损失特征的不同，采取不同的分配系数，在不同区域、行业、产品和企业间分配经济资本，引导各级行调整业务和产品结构。同时设定各级行占用经济资本的期望回报率以硬化资本约束，推动各级行权衡效益和风险，改善资源配置和经营绩效。2007年以来，以采用资产变动法计量经济资本占用的基础上，建行开始对部分客户的违约概率、违约损失率等计量参数进行积累与优化，尝试建立内部评级系统，设计自己的经济资本计量软件监控和评估经济资本使用情况。

　　中国工商银行于2006年在全行范围内实施经济资本配置方案，初步形成了经济资本管理框架。该行借鉴银监会《资本充足率管理办法》

和巴塞尔新资本协议的标准法，结合现阶段本行信息基础和管理现状，通过内部系数法、标准法等计量各种风险经济资本。工行的经济资本配置计划是资本充足率控制计划在系统内部的分解，根据一定的分配原则将经济资本计划向各级分行、业务部门配置，同时根据经济资本的实际分配额，通过经济资本总量结构、分配系数和回报系数进行转换，提供业务发展、风险控制和财务收支等计划的参考值。

中国农业银行于 2005 年初制定并下发《中国农业银行经济资本管理暂行办法》，力图以此加大业务调整力度。该办法以农业银行现有信息系统的会计和统计项目为基础进行了业务（资产）分类，参照巴塞尔新资本协议和银监会《商业银行资本充足率管理办法》中规定的风险权重，设计了"内部系数法"计量经济资本，结合农行的政策导向和实际的资产风险状况，对每类业务（资产）确定不同的"经济资本系数"，即资本需求比率，据此在各类业务（资产）中分割经济资本。

中国银行 2004 年引入经济资本的概念，2005 年发布《中国银行经济资本配置管理办法》，经济资本计量对象只涵盖信用风险，将经济资本管理同信贷计划管理流程相衔接；经济资本指标考核由指导性过渡到指令性，并成为绩效考核评价的重要组成部分。中行以风险调整收益率作为资产组合管理的核心指标，该指标分为度量和优化两个阶段，在度量阶段，根据资产组合在地区、行业、产品、客户分布状况，度量一年之内各维度资产组合产生的收益与占用经济资本之比；在优化阶段，以风险暴露的增长额和经济资本的增长额作为约束条件，对下一阶段风险调整的预期收益率进行优化，在全行整体优化的基础上设定地区、行业、产品和客户的风险限额，以此约束各级机构、各类业务按照全行最优结果扩展业务。

2. 股份制商业银行经济资本管理现状

在我国股份制商业银行中，部分风险管理较为领先的银行业开始意识到转变传统的经营管理手段的必要性，并试图建立经济资本管理概念。

　　例如，2006 年招商银行出台《全行经济资本管理方案》，突出经济资本管理的基本原则为总量控制、全面管理、战略主导、回报约束、区域调节、结构优化。根据年度经济资本总额，确定风险资产增长规模和业务计划安排。按照市场价格和股东期望确定经济资本回报率，要求占用经济资本必须达到最低回报要求。在经济资本计量中考虑信用风险和市场风险，信用风险经济资本计量采用系数法，以该行战略调整为重点，对重点业务、重点产品、重点客户在经济资本分配和风险资产系数上适当优惠，并根据区域进行调节；市场风险根据 VaR 的 3 倍计算。结合业务发展计划和可供分配经济资本总额进行配置，根据经济资本成本计算 EVA，并以之为基础，开展绩效考核和收入分配。

　　浙商银行于 2006 年开始在全行全面实施经济资本管理，建立以经济增加值和经济资本回报率为核心内容的绩效考核体系，彻底摒弃了存贷款认为考核等做法，在同行中率先迈出坚实的一步，并为今后提高资产风险定价能力打下了坚实基础。浙商银行主要针对信用风险的经济资本计量进行了细致的规范，在设计和实施经济资本管理时，更多地实行了多因素综合计量的思路。一是风险剂量范围涵盖全行表内外所有业务；二是设立多维经济资本风险系数标准；三是按系数法逐笔计量各项业务占用的经济资本。

三、我国商业银行经济资本管理案例分析

　　本节以具体案例的形式，在深入调研的基础上，对中国工商银行和招商银行已经开展的经济资本管理体系进行全面剖析，以期对我国商业银行经济资本管理体系的实际应用情况与存在问题进行客观总结与科学分析，为进一步完善我国商业银行经济资本管理体系提出针对性意见。

1. 中国工商银行经济资本管理实践

中国工商银行实施集团化的资本管理机制，以资本为对象和工具进行计划、计量、配置、应用和营运等管理活动。其资本管理目标为：保持合理的资本充足率水平，持续满足资本监管法规和政策要求；不断巩固和提升全行的资本基础，支持业务增长和战略规划的实施；建立以经济资本为核心的价值管理体系，强化资本约束和激励机制，提高资本配置效率；创新和拓展资本补充渠道，提升资本质量，优化资本结构。

2014 年 4 月，中国银监会正式批复中国工商银行实施资本管理高级方法。按照批准的实施范围，符合监管要求的公司信用风险暴露采用初级内部评级法、零售信用风险暴露采用内部评级法、市场风险采用内部模型法、操作风险采用标准法，见表 9.1。

表 9.1　　　　　　中国工商银行各类风险计量方法变更情况

风险类别	2014 年 12 月 31 日		2013 年 12 月 31 日
信用风险	内部评级法覆盖部分		权重法
	公司风险暴露	初级内部评级法	
	零售风险暴露	内部评级法	
	内部评级法未覆盖部分	权重法	
市场风险	内部模型法覆盖部分	内部模型法	标准法
	内部模型未覆盖部分	标准法	
操作风险	标准法		基本指标法

资料来源：中国工商银行 2014 年资本充足率报告。

中国工商银行经济资本管理包括计量、配置和应用三个主要方面，经济资本指标包括经济资本占用（EC）、经济资本回报率（RAROC）、经济增加值（EVA）三类指标，应用领域包括信贷资源配置、限额管理、绩效考核、费用分配、产品定价、客户管理等。通过经济资本管理，工行加强了对风险加权总量和结构的调控，进一步提高了资源配置效率和资本回报水平。

2. 招商银行经济资本管理实践

招商银行经济资本管理实践总体思路：以建立经济资本分配机制

为核心，进一步强化资本覆盖风险以及资本回报约束的理念，不断完善各类风险量化技术和经济资本管理方法，从而在科学衡量分支机构经营业绩的同时，引导经济资源合理流动和优化配置，促使以资本为基础的财务绩效达到最优。

2005 年，招商银行开始尝试实行经济资本有偿使用，2006 年正式推行经济资本分配、计量和考核机制，并于 2007 年深化为分条线考核经济资本占用，进一步促进全行经营战略结构调整；2008 年，招商银行借鉴信用风险内部评级成果，根据新资本协议要求采用内部评级法计量和检测信用风险经济资本占用，进一步提高了风险计量的科学性和准确性；2009 年、2010 年，在信用风险量化日趋成熟的前提下，招商银行正式采用内部评级法高级法计量公司贷款经济资本，资本回报指标在绩效考核中的应用更加广泛。

目前，招商银行采用混合法计算市场风险资本要求，具体而言：采用内模法计算境内机构的一般风险资本要求，采用标准法计算境内机构特定市场风险资本要求、境外机构一般市场风险和特定市场风险资本要求。

第四节　我国商业银行实施经济资本管理的问题和建议

目前，国内商业银行尤其是大型国有商业银行的经济资本管理体系初步形成、日益完善，但与国际先进银行经济资本管理与实践相比，无论在系统建设上还是在具体的操作执行上，仍然存在着明显的不足和差距。

一、国内商业银行实施经济资本管理过程中的问题

虽然国有商业银行都开始实行了经济资本管理，但是由于经营理念没有完全转变，对风险认识不足，执行力度不够以及一些关于经济资

本的管理办法不完善、管理手段不完备等原因，经济资本对风险的控制作用，对资源的优化配置作用没有得到充分发挥，下面简要分析一下我国商业银行实施经济资本管理中存在的主要问题。

1. 经济资本管理理念需强化

国外商业银行实践证明，经济资本的引入将极大地促进银行经济模式和增长方式的转变，使银行发展由传统的业务驱动向价值驱动演变。但在实际执行中，由于经济资本概念相对抽象，内部培训和理念疏导上还不十分系统深入，部分业务部门和分支机构员工对经济资本知之甚少，全过程经济资本管理战略架构还不成熟完善，虽然个别银行在关键指标考核上增加了经济资本约束的要求，但任务指标左右发展、向总量规模要效益的思想还没有得以彻底纠正，盲目追求发展速度、拼命扩大业务规模、不计成本争夺市场份额的现象还较为普遍。

2. 数据基础薄弱

与实物资本和监管资本不同，经济资本是银行根据内部管理需要，为防御非预期损失而计量的资本，具有虚拟资本的特性。经济资本计量在反映一家银行所可能面临的非预期损失和风险的同时，其计量过程本身也在一定程度上折射出这家银行的风险偏好和经营的审慎水平。非预期损失较预期损失具有更大的不确定性，但无论预期损失还是非预期损失，凡涉及未来的预测都离不开现实的数据基础，没有可靠数据支撑的推论演绎结果，会给整个银行体系风险防控工作带来灾难。

目前我国市场经济体制不完善，信用制度还不健全，信用体系尚未完全建立，关于企业的历史违约统计数据更是严重匮乏。

3. 经济资本计量覆盖范围不全面

巴塞尔新资本协议要求实施内部评级法的银行至少要累计有连续5年的违约概率和连续7年的违约损失率数据。近年来国内各家商业银行都在积极探索风险资产计量问题，但由于缺少准确、全面、时间连续的数据基础，专业人员匮乏以及对业务复杂性的理解认识不够全面深入，造成国内商业银行对经济资本计量还主要局限于表内资产方面，风险覆盖上侧重于对信用风险的计量，对于市场风险和操作风险的认知和计量上都还处在初级阶段，普遍采用的是简单的系数法，还远未建立起一套完整成熟的经济资本计量体系，还不能适应银行业内部业务转型和社会经济发展的复杂要求。市场风险方面，随着我国利率和汇率市场化改革进程不断加快，利率和汇率波动幅度将越来越大，由此造成的市场风险也日益加剧；近年来发生的不少由操作风险引发的金融案件，也对国内银行业面临的操作风险问题敲响了警钟，不少银行缺乏对操作风险的整体认知和把控，即使是已经引入操作风险概念的大型银行，也有不少仅是停留在对操作性风险和稽核监督的认知层面上，因此，重视并管理好操作风险显得尤为迫切和重要。

4. 经济资本管理文化贯彻不到位

经济增加值考核的"落地效果"还不明显。对于国内大型银行来说，相关考核约束主要集中在总行对一级分行和一级分行对二级分行的层面上，由于受制于各区域经济发展水平、金融资源和经营管理能力等影响，二级分行下属的各基层经营机构资产负债结构差异性较大，加上现有经济资本计量依重于信用风险计量，对操作风险和市场风险计量还比较粗略，经济资本考核战略没有现实地转换为各基层机构的绩效预算，难以在分行和一线形成经济资本预算管理的合力，必然使执行效果大打折扣。

此外，经济资本占用考核上的低风险低占用的计量模式，也使部分机构将表内业务表外化，以博得考核上的短期利益，损害了银行长远发展的价值，同时也在表外业务等低风险资产业务中埋下了风险隐患，如不及时纠正，势必影响全行整体的战略利益。

5. 对资源配置和考核的约束力不够

目前，国内包括四大国有商业银行在内的多家银行已初步搭建起了经济资本管理框架体系，以 RAROC 和 EVA 考核指标为核心的绩效评价模式初步应用，取得了一些效果。但从规划实施上看，依然还存在着诸多问题，尤其在基层机构层面，还难以深入到产品、客户、业务和部门实施精细化管理，主要表现在以下几个方面。

第一，经济资本考核与各项具体经营目标失衡。经济资本考核要求商业银行在经营中不仅要测算未来实现的利润，更要关注现有资产的预期损失和非预期损失水平，所以在建立经济资本考核机制中要正确处理好规模、利润和内在价值的关系。但在等级行评定、标杆管理上，规模优先的特点仍较为明显，这也导致基层行难以摆脱"规模情节"，经济资本对风险资产规模扩张约束作用被极大弱化。

第二，考核指标体系的设定还不科学。由于现有数据储备和质量远未达到要求，要实现收益、成本在不同层级进行精确的归集和分配还存在很多困难，在整个指标体系设计上还缺少对服务水平、经营能力和员工价值等持续发展能力指标上的综合考量，一定程度上影响了保持业务持续健康发展的内在驱动因素的打造。

第三，经济资本考核后续管理跟进不足。就目前来看，经济资本考核后的管理跟进程度还不够，在实施过程中"硬性约束"和"动态调整"的平衡能力还不强，后续管理跟进的不足直接影响到了经济资本管理方法作用的持续发挥。

二、经济资本管理应用改进的措施和建议

推行实施经济资本管理是一项庞大复杂的系统工程，离不开整个银行各层级、各条线部门的充分参与。当前，国内商业银行经济资本管理体系初步形成、日益完善，要确保经济资本管理切实发挥作用，唯有从完善管理和强化执行两个层面同时发力，才能确保经济资本管理工作的有效实施和效果落实。

1. 强化风险经营战略理念

对比国际先进银行，我国商业银行风险资本管理起步晚、起点低，

部分商业银行还没有真正树立起风险管理的理念和意识，风险管理水平不高，与商业银行业务的快速发展不相称。部分商业银行没有按照经济资本管理理念设计、完善法人治理结构及内部组织架构，经济资本管理的意图难以得到真正贯彻执行。由于资本约束的理念没有在体制、机制尚得到有效贯彻，长期以来我国商业银行难以真正实现战略转型。

为促进战略理念的上下贯通，商业银行应采用宣传、培训等教育手段，使各级经营人员充分了解实施经济资本管理的积极作用和重要意义，培养他们树立经济资本管理的意识和理念，并转换成自觉行为，由被动接受转变为主动管理，促进银行发展速度、业务结构、资产质量和效益的同步，真正实现战略转型。

2. 多方面着手完善数据基础

数据是计量工作的基础，是确保准确量化的前提和物质保障。巴塞尔新资本协议的风险计量模型的应用在很大程度上依赖于数据积累和完善的数据处理信息系统，其中内部评级法中的初级法要求银行具备 5 年以上连续的历史数据，而高级法更是要求具备 7 年以上连续的历史数据。国外先进银行在数据仓库建立和管理信息系统建设方面已积累了丰富的资源和经验，比如花旗银行、美国银行积累的客户数据已超过 10 年。目前，我国商业银行已纷纷着手建立以企业信息数据库为基础的现代信息管理系统，但是一方面数据资源的提取范围、数量和质量比较薄弱，另一方面管理系统的信息处理技术与国际水平相差较远。

在目前情况下，数据广度、深度和精度问题是推行经济资本管理必须正视的问题。完善的基础数据库不仅要具有客户和债项两个层面的信息，还要涵盖宏观经济、中观行业和区域。对此，当前要重点做好以下几方面的工作：

第一，加强宏观、中观经济研究，有效指导微观层面的管理应用。

第二，加强数据整合，丰富数据基础。

第三，加强系统日常维护，提高数据质量。

3. 降低经济资本亲周期效应

经济资本的亲周期效应源于风险计量的亲周期特点。根据时间跨度选择的不同，新巴塞尔协议要求的内部评级法可以分为时点法和跨周期法，从风险计量设计上来看，时点法和跨周期法在风险计量上各有优势，时点法是对交易对手在经济周期中某一时点风险的度量，其风险参数的风险敏感度在相当程度上超过跨周期法，跨周期法优于跨越了至少一个以上的经济周期，计量下的违约概率比较稳定，对确定经济资本限额和长期信贷策略有益，而时点法下的经济资本对风险反应敏感性强，较适用于经济资本配置、贷款定价和授信决策等。所以在强化经济资本管理的框架下，应针对不同时期经济运行的特点和战略发展重点，充分利用两种风险计量方法的积极作用，在一定程度上降低亲周期效应。

此外，在经济资本计量结果上，也非常有必要设计具有前瞻性的逆向调整参数，对计量结果进行必要的修正，这样不仅能够更好地反映经济资本占用，还可以较好地满足外部监管要求，增强业务发展的稳定性。

4. 扩大经济资本管理应用范围

目前，国内商业银行经济资本管理的应用已经涉及预算管理、绩效考核、信贷结构优化、风险限额管理等多个领域，在银行的战略管理中正日益发挥着重要作用。下一阶段推进关键集中在应用的细化和执行上，尤其要在贷款定价和审批决策上等类似实用功能上扎实落地，以切实强化经济资本管理导向。要充分借鉴国际先进银行经验，有效结合 RAROC 和 EVA 两个经济资本考核体系核心指标，优势互补，强化绩效考核体系与资源配置的约束力，引导各级机构将优先的资源优先配置到高回报低风险的业务上来，切实实现集约化的业务增长模式。

5. 培育先进经济资本管理文化

要把培育健康的风险管理文化提升到战略高度，将风险管理文化纳入企业文化建设整体范畴，要加大宣传培训力度，将经济资本管理概念和风险计量知识尽可能转换为更易被基层员工接受和理解的语言，在基层原工作普及经济资本管理知识，使全行员工深刻理解经济资本的内涵和意义，同时设置必要的激励措施等手段，进一步提升培训效果。

6. 完善资本配置和考核方式

在制度上要落实整个经济资本配置和管理的方法和流程，从预算管理、配置、监控等各方面对不同部门和岗位作出明确的具体要求，将经济资本考核落实到实际业务和管理流程中，将战略化的经济资本配置方案层层分解落实到各级机构和个人；通过缩短考核周期等方式推进动态管理，定期评估经济资本管理战略推进情况。

此外，在巴塞尔新资本协议的框架下，经济资本只涵盖了信用风险、操作风险和市场风险，对声誉风险、战略风险等其他非主要风险还没有做到完全覆盖。因此，实施经济资本管理还需要与其他风险管理手段相结合，才能有效避免单一风险管理工具的不足。

7. 转变业务经营发展方向

当前商业银行经营环境复杂多变，资本外部监管日趋严厉，筹措外源资本的成本和难度越来越大，客观形势促使商业银行必须通过主动的业务结构来调整和提高资本使用效率和回报水平。从主观上要高度重视经济资本管理的重要性，转变业务经营发展方向，在业务拓展和风险管理中，主动贯彻资本集约经营理念，将节约资本、降低资本占用的意识贯穿于客户选择、授信方案设计、产品配置以及风险缓释方式选择等各个环节，切实提高信贷资产的价值创造能力。

参考文献

［1］［美］Erik Banks：《金融风险管理的简要规则》，倪鹏翔、张晓英译，北京：清华大学出版社，2005。

［2］［英］艾迪·凯德：《银行风险管理》，王松奇、张云峰译，北京：中国金融出版社，2004。

［3］保罗·萨缪尔森：《经济学（第十六版）》，北京：华夏出版社，1999。

［4］［美］巴瑞·易臣格瑞：《金融危机的防范与管理》，北京：经济科学出版社，2003。

［5］曹军：《商业银行并购问题研究》，北京：中国金融出版社，2005。

［6］曹荣湘：《风险与金融安排》，北京：社会科学文献出版社，2004。

［7］查尔斯·I. 琼斯：《经济增长理论》，北京：北京大学出版社，2002。

［8］陈琦伟：《国际金融风险管理》，上海：华东师范大学出版社，1997。

［9］陈小宪：《风险·资本·市值——中国商业银行实现飞跃的核心问题》，北京：中国金融出版社，2005。

［10］戴国强：《商业银行经营学》，北京：高等教育出版社，1999。

［11］H. 范里安：《微观经济学：现代观点》，上海：上海三联书店，1998。

［12］［美］菲利普·乔瑞:《风险价值 VAR》,金融风险管理新标准,陈跃译,北京:中信出版社,2005。

［13］冯晓伟:基于 RAROC 模型的国有商业银行风险管理研究,四川农业大学硕士学位论文(未发表),2005。

［14］弗里德曼:《弗里德曼文萃》,北京:首都经济贸易大学出版社,2001。

［15］付正辉:《商业银行资本管理与风险控制》,北京:经济日报出版社,2005。

［16］［美］高盛公司、瑞银华宝:《风险管理实物》,北京:中国金融出版社,2000。

［17］格哈德·施罗克:《金融机构风险管理与价值创造》,北京:中国人民大学出版社,2006。

［18］葛奇、霍团结、黄小军:《美国商业银行流动性风险和外汇风险管理》,北京:中国经济出版社,2001。

［19］顾晓敏:《国有商业银行盈利问题研究》,上海:上海三联书店,2005。

［20］［美］哈里·马柯维茨:《资产选择——投资的有效分散化》,刘军霞、张一驰译,北京:首都经济贸易大学出版社,2000。

［21］哈维尔·弗雷克斯、让·夏尔·罗歇:《微观银行学》,刘锡良、陈建华、胡岷、陈铁军、曾欣、石静译,成都:西南财经大学出版社,2000。

［22］何泽荣:《“入世”与中国金融国际化研究》,成都:西南财经大学出版社,2002。

［23］凯文·多德,默文·K. 刘易斯:《金融与货币经济学前沿问题》,陈雨露、王芳译,北京:中国税务出版社,2000。

［24］［澳］克里斯·马滕:《银行资本管理——资本配置和绩效测评》,王洪、漆艰明译,北京:机械工业出版社,2004。

［25］克里斯蒂安·戈利耶：《风险和时间经济学》，北京：中信出版社，沈阳：辽宁出版社，2003。

［26］［美］勒内·M. 斯塔茨：《风险管理与衍生产品》，殷剑锋、程炼、杨涛译，北京：机械工业出版社，2004。

［27］雷宗怀：《商业银行经济资本管理研究》，浙江大学硕士学位论文（未发表），2005。

［28］李文：《从利润管理到价值管理——商业银行资本管理探析》，北京：中国金融出版社，2007。

［29］李志辉：《中国银行业风险控制和资本充足性管制研究》，北京：中国金融出版社，2007。

［30］李镇西：《商业银行经济资本管理探索与实践》，北京：中国经济出版社，2008。

［31］廖小彪：《当前商业银行实行经济资本管理的难点及对策》，载《企业经济》，2006。

［32］刘建德：《经济资本——风险和价值管理的核心》，载《国际金融研究》，2004。

［33］刘元庆等：《经济资本在我国商业银行风险管理中的应用》，载《经济导刊》，2005。

［34］卢唐来：《EVA 和经济资本及银行授信管理》，载《河南金融管理干部学院学报》，2006。

［35］罗开位等：《风险配置、资本配置与商业银行风险管理》，载《华南金融研究》，2004。

［36］马林等：《经济资本回报率在商业银行的应用》，载《金融会计》，2005。

［37］［美］默顿·米勒：《默顿·米勒论金融衍生工具》，刘勇、刘菲译，北京：清华大学出版社，1999。

［38］［美］默顿·米勒：《金融创新与市场的波动性》，王中华、

杨林译，北京：首都经济贸易大学出版社，2002。

［39］倪泽强：《商业银行风险度量方法的发展及其对我国的启示》，复旦大学硕士学位论文（未发表），2005。

［40］史建平：《商业银行管理学》，北京：中国人民大学出版社，2003。

［41］唐煌：《论商业银行经济资本管理》，载《企业经济》，2005。

［42］王春峰：《金融市场风险管理》，天津：天津大学出版社，2001。

［43］王广谦：《20世纪西方货币金融理论研究》，北京：经济科学出版社，2003。

［44］王自力：《中国金融市场化与国际化论纲》，北京：中国金融出版社，1999。

［45］魏灿秋：《统一的商业银行风险管理体系和资本配置风险管理模型研究》，四川大学博士学位论文（未发表），2004。

［46］吴恒煜：《信用风险控制理论研究——违约概率度量与信用衍生品定价模型》，北京：经济管理出版社，2006。

［47］武剑：《论商业银行经济资本的配置与管理》，载《新金融》，2004。

［48］杨云红：《高级金融理论》，武汉：武汉大学出版社，2001。

［49］薛楠等：《我国商业银行经济资本管理工作探讨》，载《金融会计》，2006。

［50］［德］于尔根·艾希贝格尔、［澳］伊恩·哈珀：《金融经济学》，刘锡良、陈建华、胡岷、陈铁军、曾欣译，成都：西南财经大学出版社，2000。

［51］俞乔、邢晓林、曲和磊：《商业银行管理学》，上海：上海人民出版社，1998。

［52］余永定：《西方经济学》，北京：经济科学出版社，1999。

［53］张华：《金融衍生工具及其风险管理》，北京：立信会计出版

社，1999。

[54] 张光平：《巴林倒闭与金融衍生工具》，上海：上海人民出版社，1996。

[55] 张维迎：《博弈论与信息经济学》，上海：上海人民出版社，1996。

[56] 张晓晴等：《基于 RAROC 的指标体系优势及对中国商业银行的启示》，载《北京化工大学学报社会科学版》，2006。

[57] 赵胜来等：《经济资本配置与商业银行价值管理》，载《上海金融》，2005。

[58] 郑新生等：《实施经济资本管理下的资源配置》，载《金融会计》，2006。

[59] 周大庆、沈大白、张大成、敬永康、柯琼凤：《风险管理前沿：风险价值理论与应用》，北京：中国人民大学出版社，2004。

[60] 周群：《经济资本约束与商业银行精细化管理研究》，天津大学博士学位论文（未发表），2004。

[61] ［美］兹维·博迪、罗伯特·C. 莫顿：《金融学》，欧阳颖、贺书捷、李振坤、周炜译，北京：中国人民大学出版社，2000。

[62] ［美］兹维·博迪、亚历克斯·凯恩、艾伦·J. 马科斯：《投资学精要》，陈雨露、刘毅、胡波、郑艳文、张彬译，北京：中国人民大学出版社、北京大学出版社，2003。

[63] 廖凡、张怡：《英国金融监管体制改革的最新发展及其启示》，载《金融监管研究》，2012（2）。

[64] 丁德圣：《次贷危机后国内外金融监管思路和模式研究》，辽宁大学博士学位论文，2013。

[65] 张波：《次贷危机驱动的监管改革：美国〈现代化金融监管机构蓝皮书〉评析及其启示》，载《西部金融》，2008（8）。

[66] 唐士奇、马可：《后金融危机时代下国际会计准则的变革》，

载《国际金融》，2011（5）。

[67] 高维阳：《会计准则修订对金融机构的影响分析》，载《商》，2014（17）。

[68] 巴曙松、邢毓静、朱元倩：《金融危机中的巴塞尔新资本协议：挑战与改进》，北京：中国金融出版社，2010。

[69] 潘沁、余珊萍：《巴塞尔协议Ⅲ对我国商业银行的影响》，载《金融会计》，2011（4）。

[70] 蔡正旺：《中国版巴塞尔协议Ⅲ对我国上市银行的影响》，载《金融与经济》，2011（8）。

[71] 王炯：《我国商业银行经济资本管理的经验比较与启示》，载《金融理论与实践》，2008（12）。

[72] 崔光华：《商业银行经济资本管理问题研究》，天津：南开大学，2009（4）。

[73] 刘冰洋：《我国商业银行经济资本管理探究》，载《经济金融》，2010（20）。

[74] 孟钊兰、黄惠：《浅析如何优化商业银行经济资本管理》，载《金融观察》，2010。

[75] 解冉：《经济资本配置在商业银行的实践应用》，载《金融与保险》，2008（1）。

[76] 刘建业：《商业银行经济资本与实践研究》，山东大学。

[77] 经济研究（各期）。

[78] 金融研究（各期）。

[79] 中国统计年鉴。

[80] 中国金融年鉴。

[81] 肖艳芳. 国际会计准则理事会《公允价值计量》准则评介[J]. 金融会计，2011（9）：16 - 23.

[82] 孙若鹏.《巴塞尔协议Ⅲ》最终版的背景、变化及对中国银

行业的影响［J］. 金融监管研究，2018（10）：33 – 47.

[83] 邱月华，曲晓辉. 后金融危机时期金融工具国际准则的发展及启示［J］. 会计研究，2016（8）：3 – 9.

[84] 蓝虹，穆争社. 英国金融监管改革：新理念、新方法、新趋势［J］. 南方金融，2016（9）：69 – 76.

[85] 王兆星. 结构性改革：金融分业混业的中间路线——国际金融监管改革系列谈之九［J］. 中国金融，2013（20）：20 – 23.

[86] Gerhard Schroeck：2002，Risk management and value creation in financial institutions，John Wiley & Sons Inc. .

[87] Hennie van Greuming & Sonja Brajovic Bratanovic：2000，Analyzing Banking Risk，The World Bank.

[88] Steven Allen：2003，Financial risk management：A Practitioner's Guide to Managing Market and Credit risk，John Wiley & Sons Inc. .

[89] Jack E. Wahl & Udo Broll：2001，Value at Risk，Bank Equity and Credit Risk.

[90] Joel Bessis：1995，Risk Management in Banking，John Wiley & Sons Inc. .

[91] Chris Marrison，2002，The fundamentals of risk measurement，McGraw – Hill.

[92] James Gleason：2002，The new management imperative in finance risk，Bloomberg Press，Princeton，New Jersey.

[93] Neil Pearson：2006，Risk budgeting：portfolio problem solving with value – at – risk，John Wiley & Sons Inc. .

[94] Chris Matten：1996，Managing bank capital：capital allocation and performance measurement，John Wiley & Sons Inc. .

[95] David Vance：2005，Raising capital，Springer.

[96] Kent Matthews & John Thompson：2005，The economics of

banking, John Wiley & Sons Inc..

[97] Shannon Pratt: 2004, Cost of capital: estimation and applications, second edition, John Wiley & Sons Inc..

[98] Tim Ogier: 2006, The real cost of capital: a business field guide to better financial dicisions, Prentice Hall.

[99] Bruce Porteous & Pradip Tapadar: 2006, Economic capital and financial risk management for financial services firms and conglomerates, Palgrave Macmillan.

[100] Martin Gorrod: 2004, Risk management systems: process, technology and trends, Palgrave Macmillan.

[101] Carol Alexander & Jacques Pezier: 2003, On the aggregation of market and credit risks, ISMA Centre.

[102] Francesco Saita: 1999, Allocation of Risk Capital in Financial Institutions.

[103] ——: 2003, Trends in risk integration and aggregation, The Joint Forum of Basel Committee on Banking Supervision.

[104] Winfried Hallerbach: 2003, Capital allocation, portfolio enhancement and performance measurement: a unified approach.

[105] Michel Crouhy & Dan Galai: 2000, A comparative analysis of current credit risk models, Jouranl of Banking & Finance.

[106] Roger Laeven & Marc Goovearts: 2004, An optimization approach to the dynamic allocation of economic capital.

[107] Mario Strassberger: 2006, Capital requirement, portfolio risk insurance and dynamic risk budgeting, Investment Management and Financial Innovations, Volume 3, Issue 1, 2006.

[108] Goovearts & Kaas & Dhaene: 2002, Economic capital allocation derived from risk measures.

［109］ Donald Kohn：，Commentary：has financial development made the world riskier?

［110］ Goovaerts & Borre & Laeven：2005，Managing economic and virtual economic capital within financial conglomerates.

［111］ Paul Glasserman：2000，Efficient monte carlo methods for value at risk.

［112］ Neal Stoughton & Josef Zechner：1999，Optimal capital allocation using RAROC and EVA.

［113］ Patricia Jackon & David Maude & William Perraudin：1998，Bank capital and Value at Risk.

［114］ Francesco Saita：2004，Risk capital aggregation：the risk manager's perspective.

［115］ Michel Denault & Ecole：2001，Coherent allocation of risk capital.

［116］ Fischer：2003，Risk capital allocation by coherent risk measures based on one – sided moments.

［117］ Nicolas Baud & Antoine Frachot & Philippe Igigabel：2000，an analysis fro bank capital allocation.

［118］ Carlo Acerbi & Dirk Tasche：2001，expected shortfall：a natural coherent alternative to Value at Risk.

［119］ Tanja Dresel & Robert Hartl & Lutz Johanning：，capital budgeting for independently acting traders using Value at Risk limits：the case of nonstable correlations.

［120］ ——，Guidelines on bank – wide risk management：internal capital adequacy assessment process，Pesterreichische Nationalbank.

［121］ Glyn Holton：2004，Capital calculations：has the CCRO missed the point?

［122］ Kenji Nishiguchi & Hiroshi Kawai & Takanori Sazaki：，Capital allocation and bank management based on the quantification of credit risk.

［123］ Patrick Fontnouvelle & John Jordan：2003，Capital and risk：new evidence on implications of large operational losses.

［124］ Anthony Santomero：1995，Commercial bank risk management：an analysis of the process，Wharton Financial Institutions Center.

［125］ Roberto Perli & Willam Nayda：2004，Economic and regulatory capital allocation for revolving retail exposures.

［126］ Joseph Hughes & William Lang：1997，Measuring the efficiency of capital allocation in commercial baning.

［127］ Haizhou Huang & Kal Wajid：Financial Stability in the World of Global Finance，Finance & Delepment，March 2002，Volume 39，Number 1.

［128］ ——：1999，Guiding principals in risk management for US Commercial banks.

［129］ Elena Medova：Operational risk capital allocation and integration of risk.

［130］ ——：2005，Analysis of QIS4 results versus internal economic capital calculations – level and diversity，risk management association.

［131］ Jed Emerso：2002，A capital idea：total foundation asset management and the unified investment strategy.

［132］ Robert Bushman：2005，Capital allocation and timely accounting recognition of economic losses：international evidence.

［133］ Beverly Hirele & Mark Levonian：Using credit risk models for regulatory capital：issues and options，FRBNY Economic Policy Review，March 2001.

［134］ Mark Carey：1999，A flexible framework for credit – risk – sensitive capital allocation and sustainable regulatory capital standards.

［135］Chris D' Souza & Alexandra Lai：The effects of bank consolidation on risk capital allocation and market liquidity.

［136］Perold：2005，Capital allocation in financial firms，Journal of Applied Corporate Finance，Volume 17 Number 3.

［137］Edward Zaik & Jhon Walter & Gabriela Kelling：1996，RAROC at bank of America：from theory to practice，Journal of Applied Corporate Finance，Volume 19 Number .

［138］The Banker.

后 记

2004年，我有幸考入中央财经大学，拜著名金融学家史建平教授为师，攻读金融学博士学位。史老师治学严谨，为人豁达宽厚，对我做人为学均给予极大帮助，使我受益匪浅。

入学后，除了日常上课外，我就积极结合自己的工作实践思考毕业论文研究的方向。适逢国有银行股改上市，加上新巴塞尔协议推出，资本之于银行管理的重要性日益凸显。在导师的指导下，我结合在中国建设银行总行资产负债管理部工作的实践，于2008年完成了博士论文。论文答辩中得到了李扬教授、张杰教授等知名专家的指导和肯定，这里一并致谢。当时就想在论文的基础上整理完善，争取公开出版与大家分享自己的研究。

毕业之后，由于工作由建行调动到渤海银行，事情繁杂，加之个人惰性日盛，遂渐渐淡忘了出书之事。时光荏苒，一晃几年过去，华发早生，看看躺在书柜里的博士论文渐渐感到时光催人。加之2008年以来的金融危机，国际监管更加强调对资本的监管，我再回看自己在金融危机之前成稿的论文，觉得还有现实的指导意义。此事与经济观察研究院的焦新望院长和中国金融出版社的魏革军社长谈起，两位兄长大力鼓励，也给我增加许多信心。在此对两位学长的鼓励和帮助表示深深的谢意。

在大家的鼓励下，我又重拾书稿，发现很多文字由于实践发展已经不适用，很多数据也已经无法反映现在的情况，遂进行了大量的修订更新。书稿的更新过程中，我在渤海银行的同事孙睫、赵健、安冉帮我做了大量的数据更新，并帮我一起重写了第七、第八章。在此表示深深的谢意。

　　在写此后记时，已临近农历猴年新春。在此对过去十年中对我本人和本书出版过程中给予极大帮助的各位高朋一并表示深深的谢意，并祝诸位万事顺利。

刘宏海

2016 年 1 月